美国年鉴（2002）

中国社会科学院美国研究所　编

中国社会科学出版社

图书在版编目（CIP）数据

美国年鉴（2002）/中国社会科学院美国研究所编．
北京：中国社会科学出版社，2002.10
ISBN 7-5004-3556-8

Ⅰ.美… Ⅱ.中… Ⅲ.美国-2002-年鉴
Ⅳ.Z571.2

中国版本图书馆 CIP 数据核字（2002）第 071832 号

责任编辑 孔继萍
责任校对 林福国
封面设计 王 华
版式设计 王炳图

出版发行 中国社会科学出版社
社 址 北京鼓楼西大街甲 158 号 邮 编 100720
电 话 010—84029453 传 真 010—64030272
网 址 http：//www.csspw.com.cn
经 销 新华书店
印 刷 北京奥隆印刷厂 装 订 三河鑫鑫装订厂
版 次 2002 年 10 月第 1 版 印 次 2002 年 10 月第 1 次印刷
开 本 880×1230mm 1/32
印 张 10.625 插 页 2
字 数 310 千字 印 数 1—3000 册
定 价 25.00 元

编纂人员名单

主　编　王缉思

副主编　胡国成　赵　梅

撰稿人　王缉思　胡国成　倪　峰

袁　征　姬　虹　韦　伟

李晓岗　肖　蓉　刘得手

樊吉社　王荣军　张　帆

徐　辉　高英东等

编纂说明

为加强对当今世界上惟一的超级大国——美国之现状的基础研究，为给我国的美国学研究界深入探讨美国现状问题提供准确而翔实的系统性资料，为满足国内各界在了解美国现状方面的需要，在中国社会科学院领导和科研部门的大力支持下，从1999年起，由中国社会科学院美国研究所组织逐年编纂《美国年鉴》。

作为编者，我们力求将《美国年鉴》编纂成无论从学术水准还是从资料的准确和翔实程度来衡量都不失为一部具有权威性的基本资料工具书。由于受获取资料及编辑、出版过程的时间所限，每年上半年出版的《美国年鉴》，其主要内容是上一年的、但却是《美国年鉴》出版时所能获得的最新的美国状况资料。它大体由以下几个部分构成：(1) 分类资料部分。这些资料包括美国官方或权威机构公布的政治、经济、军事、社会、法律、文化、科技、教育等最新统计资料，以及我国学者撰写的为中国读者感兴趣的部分有关美国的基本知识。(2)美国发展报告部分。这部分内容由我国研究美国问题的知名学者和专业研究人员撰写，包括一篇有关美国总体或某个重要领域的发展状况及趋势的带有分析性的报告，以及数篇涉及美国有关领域重要发展变化的专题报告。(3)大事记。这是由我国专业研究人员整理、编写的上一年美国内政外交的重要事件的系统记录。此外，每年出版的《美国年鉴》都将根据当年的美国发展，适当增补有价值的新内容。

我们希望读者在使用本书的过程中能对其编辑和内容提出宝贵的建议和意见，同时也希望《美国年鉴》能成为我国的美国问题研究工作者和众多对美国问题感兴趣的各界人士所喜爱的一部工具书。

编　者

目　录

分类资料

美国的总统选举 ……………………………………………………（3）
　美国历任总统 ……………………………………………………（8）
　美国历任副总统 …………………………………………………（9）
美国联邦政府 ………………………………………………………（11）
　美国第 107 届国会 ………………………………………………（11）
　　参议院 …………………………………………………………（12）
　　　参议员名单 …………………………………………………（12）
　　　参议院常设委员会……………………………………………（19）
　　　参议院特别委员会和小型特别委员会………………………（21）
　　众议院 …………………………………………………………（21）
　　　众议员名单 …………………………………………………（22）
　　　美国国会众议院历任议长 …………………………………（35）
　　　众议院常设委员会……………………………………………（37）
　　　众议院小型特别委员会 ……………………………………（39）
　　国会联合委员会 ………………………………………………（39）
　美国联邦行政部门 ………………………………………………（39）
　　乔治·W. 布什政府 ……………………………………………（40）
　　联邦主要独立机构和半官方机构 ……………………………（50）
　美国联邦司法部门 ………………………………………………（58）
　　联邦最高法院现任大法官 ……………………………………（59）

联邦最高法院历任大法官 …………………………… (59)
联邦各巡回法院 ……………………………………… (63)
联邦地区法院 ………………………………………… (66)
联邦地区法院的分布 ………………………………… (66)
美国领地法院 ………………………………………… (72)
美国领地法院的分布 ………………………………… (72)
特别法院 ……………………………………………… (73)
联邦其他司法机构 …………………………………… (73)
美国武装力量 …………………………………………… (75)
参谋长联席会议 ……………………………………… (78)
历任参谋长联席会议主席 …………………………… (78)
各联合司令部驻地和司令官 ………………………… (79)
美军军力及主要武器系统 …………………………… (80)
空军主要部队 ………………………………………… (81)
海军主要部队 ………………………………………… (81)
陆军主要部队 ………………………………………… (82)
海军陆战队主要部队 ………………………………… (83)
海岸警卫队 …………………………………………… (84)
主要军事训练基地 …………………………………… (84)
联邦军事学院 ………………………………………… (86)
美国州政府主要官员 …………………………………… (87)
美国 50 个最大的城市 ………………………………… 101
1. 纽约市（101）2. 洛杉矶（103）3. 芝加哥（104）4. 休斯敦（105）5. 费城（106）6. 菲尼克斯（106）7. 圣迭戈（107）8. 达拉斯（108）9. 圣安东尼奥（109）10. 底特律（110）11. 圣何塞（111）12. 印第安纳波利斯（112）13. 旧金山（113）14. 杰克逊维尔（114）15. 哥伦布（115）16. 奥斯汀（116）17. 巴尔的摩（116）18. 孟菲斯（117）19. 密尔沃基（118）20. 波士顿（119）21. 华盛顿（120）22. 纳什维尔（121）23. 埃尔帕索（122）24. 西雅图（122）25. 丹佛（124）

26. 夏洛特（124）27. 沃思堡（125）28. 波特兰（126）29. 俄克拉何马城（127）30. 图森（128）31. 新奥尔良（128）32. 拉斯韦加斯（129）33. 克利夫兰（130）34. 长滩（131）35. 阿尔伯克基（132）36. 堪萨斯城（133）37. 弗雷斯诺（133）38. 弗吉尼亚比奇（134）39.亚特兰大（135）40. 萨克拉门托（136）41. 奥克兰（137）42. 梅萨（138）43. 塔尔萨（138）44. 奥马哈（139）45. 明尼阿波利斯（140）46. 火奴鲁鲁（141）47. 迈阿密（141）48. 科罗拉多斯普林斯（142）49. 圣路易斯（143）50. 威奇托（144）

经济统计资料 ……………………………………（146）

1997—2001 年美国联邦预算收支 ……………………（146）

美国的国内生产总值、国民生产总值、国民生产净值、国民收入和个人收入 ……………………（149）

美国国内生产总值 ……………………（150）

1936—2001 年收入、支出以及预算盈余或赤字 ……………（151）

美国国民收入（按行业分类） ……………………（152）

美国国民收入（按收入分类） ……………………（153）

美国全部个人收入的分配 ……………………（154）

美国的国债 ……………………（155）

2000 年总收入最多的美国公司 ……………………（156）

美国银行的数量和存款额 ……………………（157）

美国银行破产数 ……………………（158）

联邦储备委员会贴现率 ……………………（158）

美国 50 家最大的银行持股公司 ……………………（159）

2000 年各类共同基金业绩 ……………………（161）

美国的共同基金持有者情况 ……………………（162）

道—琼斯工业平均指数里程碑 ……………………（163）

1963 年以来的道—琼斯指数极端值 ……………………（164）

道—琼斯工业平均指数一天内损益纪录 ……………………（165）

纳斯达克股市里程碑 ……………………（166）

1971 年以来的纳斯达克指数极端值 …………………………(167)
纳斯达克股市一天内损益纪录 ……………………………………(168)
2000 年最活跃的普通股 …………………………………………(169)
2001 年 5 月联邦政府部门雇员状况 ……………………………(170)
1999 年和 2000 年的美国个人收入中位数 ………………………(172)
1900—2000 年美国的就业与失业情况 …………………………(173)
1950 年以来联邦每小时最低工资率 ……………………………(174)
2000 年美国年均工资最高的 15 个大都市区……………………(175)
2001 年第二季度美国工人小时工资率 …………………………(176)
1975—2000 年美国部分种类商品的消费物价指数 ………(177)
美国的部分个人消费支出（1993—2000） …………………(178)
美国零售物价指数（CPI—U）年度百分比变化 …………(181)
2000—2001 年美国零售物价指数 ………………………………(181)
美国的国际收支往来 ……………………………………………(182)
美国对外贸易趋势（1790—2000） ……………………………(183)
美国与部分国家和主要地区的贸易（2000） ………………(184)
按主要商品种类分类的美国进出口（2000） ………………(187)
美国在部分国家和地区的对外直接投资 ………………………(188)
部分国家和地区在美直接投资 …………………………………(191)
2001 年联邦公司税率 ……………………………………………(192)
美国资本收益税 …………………………………………………(192)
美国经济常用词汇 …………………………………………………(193)
美国教育统计资料 …………………………………………………(199)
美国各类学校数量 ………………………………………………(199)
公立中小学收入 …………………………………………………(199)
教育经费支出 ……………………………………………………(200)
获捐赠资产最多的 20 所美国高校情况…………………………(201)
美国公立学校计算机拥有量 ……………………………………(202)

美国高校收费情况 ……………………………………… (203)
美国最大的20家公共图书馆 ……………………………… (204)
1990年以来美国科学家和学者
获诺贝尔奖情况 ……………………………………… (206)
2000年夏季奥运会（悉尼）
美国获金牌的项目 …………………………………… (209)

美国发展报告

执政一年评布什…………………………………… 王缉思 (213)
美国经济陷入衰退………………………………… 王荣军 (226)
"9·11"事件与美国国内政治 …………………… 倪　峰 (238)
中美关系：柳暗花明的一年……………………… 袁　征 (246)
布什政府的军控政策：调整与变革……………… 樊吉社 (256)
2001年美国防务战略与QDR …………………… 徐　辉 (266)
美国对外关系的调整…………… 李晓岗　肖　蓉　刘得手 (279)
美国在国际战线上的反恐战争…………………… 张　帆 (290)
"9·11"后的美国移民政策及种族关系 ………… 姬　虹 (298)

2001年美国大事记 ……………………………………… (312)

分类资料

美国的总统选举

预选 也称“初选”，是在州的范围内选举政党全国代表大会代表和提名总统候选人的选举过程，也是总统选举程序中的第一阶段。美国联邦宪法和法律中没有有关预选的规定，因此，预选是由州立法规定，并由州政府负责施行的。

佛罗里达州最先于1904年开始采用总统预选制，威斯康星州于1905年也制定了《总统预选法》。现今，美国多数的州都实行了总统预选制，但具体方式各不相同。多数州实行一种要求选民按隶属的或本人申明隶属的党派来领取和填写预选选票的关门预选方式，也有的州实行选民不分党派、自由参加任何一党预选的开放预选方式。一般来说，寻求总统候选人提名的人须公开宣布参加提名竞选，然后履行该州法律规定的登记手续（登记的条件或须一定数量的选民联署，或须缴纳一定数量的手续费，或须得到某大党的支持），即可使自己的名字列入预选选票。竞选政党代表的人也以类似方式列入预选名单，并申明自己支持某人为本党总统候选人，以便选民通过投票选择代表来间接选择自己中意的总统候选人。州预选的结果，仅表明寻求某党总统候选人提名者将在该党全国代表大会上获得该州多少名代表的支持。

由于新罕布什尔州法律规定，该州预选必须早于任何其他州预选至少一周时间完成，因此该州预选在惯例上是最先进行的。事实表明，最终获得总统候选人提名者，多是在该州预选中的领先者。也正是由于这些原因，新罕布什尔州的预选对总统大选具有不可忽视的影响力。

一般而言，总统预选开始于新罕布什尔州的预选，结束于政党全国代表大会正式提出本党总统候选人。

地方党员会议 这是在未实行总统预选制的州中选举政党全国代表大会代表和提名总统候选人的一种党内选举方式。实行地方党员会议制的州，多数是在大选年的2—4月间的某一天，由政党分别根据州法律所规定的规则或自己制定的规则举行地方党员会议，选举各级党代表会议代表和全国代表大会代表。由于出席政党全国代表大会的代表多数是在表明支持某人为本党总统候选人后当选的，所以一经选出，即可知道某位寻求总统候选人提名者获得了多少竞选提名的选票。

艾奥瓦州的地方党员会议通常先于其他州举行、甚至常常先于新罕布什尔州的预选举行，因此对总统大选也具有很大影响力。当艾奥瓦州地方党员会议先于新罕布什尔州预选举行时，也有传媒将其视做总统大选中预选阶段的开端。

大选年 美国的大选年即总统选举之年。在这一年，除选举总统和副总统之外，同时也选举国会众议院的全部议员（任期2年）和参议院的1/3的议员（任期6年）。

美国宪法第一条第二款规定，总统和副总统的任期为4年。第一次总统选举本该在1788年举行。当年7月2日，在批准宪法的州达到法定的9个州之后（当时美国共有13个州，9个州即为全部各州总数的2/3；新罕布什尔州于当年6月21日成为批准宪法的第九个州，6月26日，弗吉尼亚州成为批准宪法的第十个州），邦联国会（美国当时的中央政府）宣布合众国宪法生效，并发出指令要求已批准宪法的各州选举第一个两院制国会的议员，同时推举负责选举首任总统的选举人。但由于种种原因，各州实际上在1789年的1月初才分别完成这两项选举任务。2月4日，选举团投票，选举了华盛顿和约翰·亚当斯为总统和副总统。3月4日，第一届联邦国会开幕。当年4月30日，华盛顿在当时的美国临时首都纽约市就职。第二次总统选举在1792年12月举行的，当选总统华盛顿于1793年3月4日在费城（1790年8月12日被定为临时首都）就职。从1792年以来，总统选举便每隔4年一次，这些年份均为能够被4整除的年份。

选举日 现行美国的大选选举日定在大选年11月份第一个星期一后的第一个星期二。这一天被多数的州法定为假日，以便公民投票。在除大选年外的能够被2整除的年份中，这一天为选举全部国会众议院议员和1/3国会参议院议员的日子，称为中期选举或国会中期选举。1848年以前，除第一次总统选举外，历次大选均在12月初举行，各州投票的日期也不尽相同。从1848年大选开始，根据国会有关立法，各州都在11月初的同一天举行大选公民投票，直至今天。

总统就职日 现行法律规定，美国总统和副总统的任期“应在选举人投票选举日之后的1月20日开始”。这样，总统就职日即为大选之后下一年的1月20日。这一规定的实行是从1937年富兰克林·罗斯福第二次就任美国总统时开始的。此前，除第一任总统华盛顿的第一任期外，历任总统的历次就职仪式均在大选后下一年的3月4日这个根据宪法组成的首届政府开始运作的日子举行（因总统死亡或辞职等原因而由副总统继任总统的，只举行宣誓仪式，不举行就职仪式）。由于选举日与总统就职日相距4个月，其间，去职总统已无心或无力理政，而当选总统则无权当政，致使国家政权处于行政当局难有作为的"跛鸭时期"。这种现象在20世纪30年代美国经济大危机期间赫伯特·胡佛总统与当选总统富兰克林·罗斯福之间的政权交接时最为突出。于是，1933年2月6日，宪法第20条修正案被批准生效。它规定：从该条修正案被批准之后的10月15日起，总统和副总统的任期在其原应届满之年的1月20日正午终止，其继任者的任期在上述时间开始。

选举团 选举团是由各州选择的最终负责选举美国总统的选举人组成的团体。美国宪法的制定者们既不想让国会来选举总统，也不想让人民来直接选举总统，于是便设立了由后来被称为"选举团"的团体来选举总统的间接选举制度。选举团由选民或州议会选举。按照宪法第二条第一款的第二、三节的规定："每州应依照该州州议会所规定的方式，指派选举人若干名，其人数应与该州在国会内的参议员和众议员之总数相等；但参议员、众议员及任何在合众国政府担任有职责或有俸禄之官职的人，不得被指派为选举人。"

选举人照理说应该是公民中的"杰出的开明人士"，在总统选举投票中理应公正无私。然而，从有美国总统选举以来，选举人实际上一直是党派斗争的工具。最初，大多数州的选举人由该州议会负责指派，但是到了1828年，除南卡罗来纳州之外，其余各州都采用了由选民直接选择选举人的方式（南卡罗来纳州议会指派选举人的做法一直持续到美国南北战争时期）。选举人由选民直接选举的方式被采纳后，各党派便各自提出自己在该州的全部总统选举人名单，这些人实际上都是心照不宣地发誓支持本党提名的总统和副总统候选人的人。大选选举日时，选民们对各党派的选举人名单进行投票，得简单多数票的某党名单上的选举人则全部当选。而这些选举人在总统选举投票时，几乎会无一例外地投本党总统候选人的票。于是，总统选举开始了以州为投票单位的历史。后来，许多州索性通过法律，要求本州选举人作为一个集团来投票。而在没有通过这类法律的州，该州所有选举人投票支持获得本州多数选民票的总统候选人，则成为一种惯例。

多数州的选票上仅有总统和副总统候选人名单，有些州的选举人候选名单也出现在他们保证支持的总统和副总统候选人名单上。这样，选民在投票时好像是在选举总统，但实际上，他们是在选举该州的总统选举人。但选举人一经选出，就等于总统选举的结果揭晓，因为选举人的投票倾向是任何人都一目了然的。

由选民在大选年11月选出的总统选举人，将在当年12月第二个星期三后的第一个星期一聚集在各自所在州的首府，投票选举总统和副总统。投票结果由选举人签字认证后，密封送交联邦参议院议长、联邦总务局长、该州州务卿和选举人集会所在地的联邦地区法院法官，并于次年1月6日在国会两院全体会议上开封计票，正式公布大选结果。

最初，选举人是在一张选票上选举两名总统候选人，获得超过半数的最多票者当选为总统，得票第二位者即当选为副总统。如不止一人得票过半数并相等，则由众议院以每州一票的方式选举其中一人为总统；如无人得票超过半数，则由众议院以每州一票的方式在得票最多的5人中（宪法第12条修正案改为3人中）选举总统。

在1800年的大选中，民主—共和党的总统候选人杰斐逊和副总统候选人艾伦·伯尔都获得了73票的同样的超过半数的选举人票。众议院不得不投票表决，结果杰斐逊当选为总统。这种情况导致1804年宪法第12条修正案的生效。该修正案要求选举人对分开的总统和副总统候选人选票进行投票。如果副总统候选人无人得票过半数，则由参议院在得票最多的两名候选人中投票选出。1836年大选中，理查德·约翰逊即由参议院根据这条宪法修正案选为副总统。

如今，美国50州的参议员共100人（每州2人），众议员435人，加上根据1961年生效的宪法第23条修正案分配给哥伦比亚特区（首都华盛顿所在地）的3个选举人名额，共有总统选举人538名。当选总统所需选举人票的简单多数为270票。

在历次美国总统选举中，候选人没有获得多数选举人票的有两次：一次是1824年大选，另一次是1876年大选。在前一次大选中，众议院投票选举了约翰·昆西·亚当斯为总统；在后一次大选中，国会的一个选举特别委员会将有争议的南卡罗来纳、路易斯安那和佛罗里达3州的选举人票判给了拉瑟福德·海斯，使其当选为总统。

在美国的这种间接选举制度下，一个没有获得多数选民票的候选人也可能得到多数选举人票，从而当选为总统。在上述两次大选中，当选者均未获得多数选民票。此外，

1888年大选中，当选总统的本杰明·哈里森所获得的选民票也少于他的竞争对手格罗弗·克利夫兰。

副总统 根据美国宪法第一条第三款规定，美国副总统即为联邦参议院议长，但无表决权，除非在参议院投票票数相等的情况下。直到1967年宪法第25条修正案生效之前，美国没有任何法律条款涉及副总统职位的填补问题。因此，美国历史上存在数次副总统去世或继任总统后，该职位空缺的现象（副总统职位空缺时，参院可根据宪法规定，选举临时议长）。根据宪法第25条修正案的规定，在副总统职位出现空缺时，总统必须提出人选，经国会两院分别以多数票批准后，担任副总统职务。杰拉尔德·福特是第一位根据此条宪法修正案之规定，在斯皮罗·阿格纽于1973年因被控受贿而辞职后，由理查德·尼克松总统提名担任副总统的。第二位根据此条宪法修正案担任副总统的是纳尔逊·洛克菲勒。他是在1974年尼克松因水门事件辞职后，由继任总统福特提名担任此职的。

总统继承顺序 美国宪法的第二条将有关在总统和副总统均因免职、死亡、辞职或丧失能力而无法履行其职责时的总统继承顺序的决定权赋予了国会。现行的有关法律是1947年通过的《总统继承法》。该法律规定，在上述情况出现后，总统职务的继承顺序为：(1) 联邦众议院议长，(2) 联邦参议院临时议长。此后，则为内阁成员，其顺序依照内阁各部建立的时间先后排定，依次为：①国务卿，②财政部长，③国防部长，④司法部长，⑤内政部长，⑥农业部长，⑦商务部长，⑧劳工部长，⑨卫生和公众服务部长，⑩住房和城市发展部长，⑪运输部长，⑫能源部长，⑬教育部长，⑭退伍军人事务部长。

在1970年的一项立法取消了邮政部长这一内阁级部长职务、建立独立的邮政服务局之前，邮政部长在内阁成员继承总统职位的顺序中排在第五位。新建立的内阁级各部的部长则自动增补进这个继承顺序中。

内阁成员必须是美国公民，年龄必须在35岁以上，才有权继承总统职位。按照继承顺序，即使轮到某位不足35岁的阁员继承总统职位，也会越过他而让下一位达到这一法定年龄的阁员继任总统。

美国历任总统

姓　名	党派	出生	所在州	就任	去世
1. 乔治·华盛顿	联邦	1732.2.22	弗吉尼亚	1789	1799.12.14
2. 约翰·亚当斯	联邦	1735.10.30	马萨诸塞	1797	1826.7.4
3. 托马斯·杰斐逊	民—共	1743.4.13	弗吉尼亚	1801	1826.7.4
4. 詹姆斯·麦迪逊	民—共	1751.3.16	弗吉尼亚	1809	1836.6.28
5. 詹姆斯·门罗	民—共	1758.4.28	弗吉尼亚	1817	1831.7.4
6. 约翰·Q. 亚当斯	民—共	1767.7.11	马萨诸塞	1825	1848.2.23
7. 安德鲁·杰克逊	民主	1767.3.15	南卡罗来纳	1829	1845.6.8
8. 马丁·范·布伦	民主	1782.12.5	纽约	1837	1862.7.24
9. 威廉·哈里森	辉格	1773.2.9	弗吉尼亚	1841	1841.4.4
10. 约翰·泰勒	辉格	1790.3.29	弗吉尼亚	1841	1862.1.18
11. 詹姆斯·波尔克	民主	1795.11.2	北卡罗来纳	1845	1849.6.15
12. 扎卡里·泰勒	辉格	1784.11.24	弗吉尼亚	1849	1850.7.9
13. 米勒德·菲尔莫尔	辉格	1800.1.7	纽约	1850	1874.3.8
14. 富兰克林·皮尔斯	民主	1804.11.23	新罕布什尔	1853	1869.10.8
15. 詹姆斯·布坎南	民主	1791.4.23	宾夕法尼亚	1857	1868.6.1
16. 亚伯拉罕·林肯	共和	1809.2.12	肯塔基	1861	1865.4.15
17. 安德鲁·约翰逊	民主	1808.12.29	北卡罗来纳	1865	1875.7.31
18. 尤利塞斯·格兰特	共和	1822.4.27	俄亥俄	1869	1885.7.23
19. 拉瑟福德·海斯	共和	1822.10.4	俄亥俄	1877	1893.1.17
20. 詹姆斯·加菲尔德	共和	1831.11.19	俄亥俄	1881	1881.9.19
21. 切斯特·阿瑟	共和	1830.10.5	佛蒙特	1881	1886.11.18
22. 格罗弗·克利夫兰	民主	1837.3.18	新泽西	1885	1908.6.24
23. 本杰明·哈里森	共和	1833.8.20	俄亥俄	1889	1901.3.13
24. 格罗弗·克利夫兰	民主	1837.3.18	新泽西	1893	1908.6.24
25. 威廉·麦金莱	共和	1843.1.29	俄亥俄	1897	1901.9.14
26. 西奥多·罗斯福	共和	1858.10.27	纽约	1901	1919.1.6
27. 威廉·塔夫特	共和	1857.9.15	俄亥俄	1909	1930.3.8
28. 伍德罗·威尔逊	民主	1856.12.28	弗吉尼亚	1913	1924.2.3
29. 沃伦·哈定	共和	1865.11.2	俄亥俄	1921	1923.8.2
30. 卡尔文·柯立芝	共和	1872.7.4	佛蒙特	1923	1933.1.5
31. 赫伯特·胡佛	共和	1874.8.10	艾奥瓦	1929	1964.10.20
32. 富兰克林·罗斯福	民主	1882.1.30	纽约	1933	1945.4.12

续表

姓　名	党派	出生	所在州	就任	去　世
33. 哈里·杜鲁门	民主	1884.5.8	密苏里	1945	1972.12.26
34. 德·艾森豪威尔	共和	1890.10.14	得克萨斯	1953	1969.3.28
35. 约翰·肯尼迪	民主	1917.5.29	马萨诸塞	1961	1963.11.22
36. 林登·约翰逊	民主	1908.8.27	得克萨斯	1963	1973.1.22
37. 理查德·尼克松	共和	1913.1.9	加利福尼亚	1969	1994.4.22
38. 杰拉尔德·福特	共和	1913.7.14	内布拉斯加	1974	
39. 吉米·卡特	民主	1924.10.1	佐治亚	1977	
40. 罗纳德·里根	共和	1911.2.6	伊利诺伊	1981	
41. 乔治·布什	共和	1924.6.12	马萨诸塞	1989	
42. 比尔·克林顿	民主	1946.8.19	阿肯色	1993	
43. 乔治·W. 布什	共和	1946. 7. 6	得克萨斯	2001	

注：表中“联邦”即联邦党；“辉格”为辉格党；“民—共”为民主—共和党；“民主”即民主党；“共和”即共和党。

美国历任副总统

姓　名	党派	在任	所在州	生卒年代
1. 约翰·亚当斯	联邦	1789—1797	马萨诸塞	1735—1826
2. 托马斯·杰斐逊	民—共	1797—1801	弗吉尼亚	1743—1826
3. 艾伦·伯尔	民—共	1801—1805	纽约	1756—1836
4. 乔治·克林顿	民—共	1805—1812	纽约	1739—1812
5. 埃尔布里奇·格里	民—共	1813—1814	马萨诸塞	1744—1814
6. 丹尼尔·汤普金斯	民—共	1817—1825	纽约	1774—1825
7. 约翰·卡尔霍恩	民—共	1825—1832	南卡罗来纳	1782—1850
8. 马丁·范·布伦	民主	1833—1837	纽约	1782—1862
9. 理查德·约翰逊	民主	1837—1841	肯塔基	1780—1850
10. 约翰·泰勒	辉格	1841	弗吉尼亚	1790—1862
11. 乔治·达拉斯	民主	1845—1849	宾夕法尼亚	1792—1864
12. 米勒德·菲尔莫尔	辉格	1849—1850	纽约	1800—1874
13. 威廉·金	民主	1853	亚拉巴马	1786—1853
14. 约翰·布里肯里奇	民主	1857—1861	肯塔基	1821—1875
15. 汉尼巴尔·哈姆林	共和	1861—1865	缅因	1809—1891
16. 安德鲁·约翰逊	民主	1865	田纳西	1808—1875

续表

姓　名	党派	在任	所在州	生卒年代
17. 斯凯勒·科尔法克斯	共和	1869—1873	印第安纳	1823—1885
18. 亨利·威尔逊	共和	1873—1875	马萨诸塞	1812—1875
19. 威廉·惠勒	共和	1877—1881	纽约	1819—1887
20. 切斯特·阿瑟	共和	1881	纽约	1829—1886
21. 托马斯·亨德里克斯	民主	1885	印第安纳	1819—1885
22. 利瓦伊·莫顿	共和	1889—1893	纽约	1824—1920
23. 艾德莱·史蒂文森	民主	1893—1897	伊利诺伊	1835—1914
24. 加勒特·霍巴特	共和	1897—1899	新泽西	1844—1899
25. 西奥多·罗斯福	共和	1901	纽约	1858—1919
26. 查尔斯·费尔班克斯	共和	1905—1909	印第安纳	1852—1918
27. 詹姆斯·谢尔曼	共和	1909—1912	纽约	1855—1912
28. 托马斯·马歇尔	民主	1913—1921	印第安纳	1854—1925
29. 卡尔文·柯立芝	共和	1921—1923	马萨诸塞	1872—1933
30. 查尔斯·道威斯	共和	1925—1929	伊利诺伊	1865—1951
31. 查尔斯·柯蒂斯	共和	1929—1933	堪萨斯	1860—1936
32. 约翰·加纳	民主	1933—1941	得克萨斯	1868—1967
33. 亨利·华莱士	民主	1941—1945	艾奥瓦	1888—1965
34. 哈里·杜鲁门	民主	1945	密苏里	1884—1972
35. 艾尔本·巴克利	民主	1949—1953	肯塔基	1877—1956
36. 理查德·尼克松	共和	1953—1961	加利福尼亚	1913—1994
37. 林登·约翰逊	民主	1961—1963	得克萨斯	1908—1973
38. 赫伯特·汉弗莱	民主	1965—1969	明尼苏达	1911—1978
39. 斯皮罗·阿格纽	共和	1969—1973	马里兰	1918—1996
40. 杰拉尔德·福特	共和	1973—1974	密歇根	1913—
41. 纳尔逊·洛克菲勒	共和	1974—1977	纽约	1908—1979
42. 沃尔特·蒙代尔	民主	1977—1981	明尼苏达	1928—
43. 乔治·布什	共和	1981—1989	得克萨斯	1924—
44. J. 丹福思·奎尔	共和	1989—1993	印第安纳	1947—
45. 小艾尔伯特·戈尔	民主	1993—2001	田纳西	1948—
46. 理查德·切尼	共和	2001—	纽约	1941—

注：第4、5、13、18、21、24、27任副总统均死于任内。第40任副总统杰拉尔德·福特，是在前任副总统阿格纽被控在任马里兰州长和副总统期间受贿而辞职后，被当时的总统尼克松根据1967年生效的宪法第25条修正案提名为副总统的；尼克松因水门事件辞职后，福特继任总统，又提名纳尔逊·洛克菲勒为副总统。这是美国历史上第一次，也是迄今为止惟一一次出现未经大选的总统和副总统同时在任的情况。

美国联邦政府

美国宪法的制定者们在一种经过精心设计的制衡体系基础上创立了联邦政府，他们将权力分别赋予3个相互独立的政府部门，即立法、司法和行政部门。这3个部门的基本宗旨、组织机构、权限范围和运转方式在宪法的前3条中均有规定。经过两个多世纪，尽管后来者又创建了数十个联邦部、局及各类委员会，政府雇员增加到近250万人，常备武装力量在和平时期也保持在150万人左右，但联邦政府的结构却基本未变。

美国第107届国会

美国国会的上议院即参议院，由100名议员组成，每州2名，任期6年。每2年改选参议院的1/3议员。当选联邦参议员的条件是：年满30岁，取得美国公民资格满9年，并为其将要代表的州的居民。

联邦政府的下议院即众议院，由435名议员组成。各州国会众议员的数量由每10年进行一次的人口普查结果决定，但每州至少要有1名议员。众议院全体议员每2年改选一次，当选国会众议员的条件是：年满25岁，取得美国公民资格满7年，并为其将要代表的州的居民。

除了各州的国会众议员外，联邦众议院中还有哥伦比亚特区、美属萨摩亚群岛、关岛、美属维尔京群岛以及波多黎各的代表各1人。这些代表在众议院中享有参与辩论权，但没有表决权。

参议院

议长：理查德·切尼（Richard Cheney，共和党）

临时议长：罗伯特·伯德（Robert C. Byrd，民主党）

多数党领袖：托马斯·达施勒（Thomas Daschle）

多数党督导：哈里·里德（Harry Reid）

少数党领袖：特伦特·洛特（Trent Lott）

少数党督导：唐·尼克利斯（Don Nickles）

参议员名单

（本届国会参议院共100名参议员。自2001年5月24日，佛蒙特州共和党人詹姆斯·杰福兹宣布退出共和党，成为无党派人士后，民主党成为参议院多数党，拥有议员50名。共和党议员49名。）

州属	姓名	党派	任职日期	任期届满
亚拉巴马	杰夫·塞欣斯 Jeff Session	共和	1997.1.7	2003
	理查德·谢尔比 Richard Shelby	共和	1987.1.6	2005
阿拉斯加	特德·史蒂文斯 Ted Stevens	共和	1968.12.24	2003
	弗兰克·莫科斯基 Frank H. Murkowski	共和	1981	2005
亚利桑那	乔恩·凯尔 Jon Kyl	共和	1995.1.4	2007
	约翰·麦凯恩 John McCain	共和	1987.1.6	2005
阿肯色	蒂姆·哈钦森 Tim Hutchinson	共和	1997.1.7	2003
	布兰奇·林肯 Blanche L. Lincoin	民主	1999.1.6	2005

续表

州　属	姓　名	党派	任职日期	任期届满
加利福尼亚	黛安娜·范斯坦 Dianne Feinstein	民主	1992.11.10	2007
	巴巴拉·博克塞 Barbara Boxer	民主	1993	2005
科罗拉多	韦恩·阿拉德 Wayne Allard	共和	1997.1.7	2003
	本·坎贝尔 Ben N. Campbell	共和	1993	2005
康涅狄格	约瑟夫·利伯曼 Joseph Lieberman	民主	1989	2007
	克里斯托弗·多德 Christopher J. Dodd	民主	1981	2005
特拉华	托马斯·卡帕 Thomas R. Carper	民主	2001	2007
	小约瑟夫·比登 Joseph R. Biden Jr.	民主	1973	2003
佛罗里达	比尔·尼尔森 Bill Nelson	民主	2001	2007
	鲍勃·格雷厄姆 Bob Graham	民主	1987.1.6	2005
佐治亚	马克斯·克莱兰 Max Cleland	民主	1997.1.7	2003
	泽尔·米勒[1] Zell Miller	民主	1993	2005
夏威夷	丹尼尔·阿卡卡 Daniel K. Akaka	民主	1990.4.28	2007
	丹尼尔·井上 Daniel K. Inouye	民主	1963	2005

续表

州属	姓名	党派	任职日期	任期届满
爱达荷	拉里·克雷格 Larry E. Craig	共和	1991	2003
	迈克·克拉珀 Mike Crapo	共和	1999.1.6	2005
伊利诺伊	理查德·德宾 Richard J. Durbin	民主	1997.1.7	2003
	皮特·菲茨杰拉德 Peter G. Fetzgerald	共和	1999.1.6	2005
印第安纳	理查德·卢加尔 Richard G. Lugar	共和	1977	2007
	埃文·贝赫 Evan Bayh	民主	1999.1.6	2005
艾奥瓦	汤姆·哈金 Tom Harkin	民主	1985	2003
	查克·格拉斯利 Chuck Grassiey	共和	1981	2005
堪萨斯	帕特·罗伯茨 Pat Roberts	共和	1997.1.7	2003
	萨姆·布朗贝克 Sam Brownback	共和	1997.1.7	2005
肯塔基	米奇·麦康内尔 Mitch McConnell	共和	1985	2003
	吉姆·邦宁 Jim Bunning	共和	1999.1.6	2005
路易斯安那	玛丽·兰德里欧 Mary M. Landrieu	民主	1997.1.7	2003
	约翰·布劳克斯 John B. Breaux	民主	1987.1.6	2005

续表

州 属	姓 名	党派	任职日期	任期届满
缅因	奥林皮亚·斯诺 Olympia J. Snowe	共和	1995.1.4	2007
	苏珊·柯林斯 Susan M. Collins	共和	1997.1.7	2003
马里兰	保罗·萨班斯 Paul S. Sarbanes	民主	1997	2007
	巴巴拉·米奎斯基 Barbara Ann Mikulski	民主	1987.1.6	2005
马萨诸塞	爱德华·肯尼迪 Edward M. Kennedy	民主	1962.11.7	2007
	约翰·克里 John F. Kerry	民主	1985.1.2	2003
密歇根	戴比·斯塔贝诺 Debbie Stabenow	民主	2001	2007
	卡尔·莱文 Carl Levin	民主	1979	2003
明尼苏达	马克·戴顿 Mark Dayton	民主	2001	2007
	保罗·韦尔斯通 Paul D. Wellstone	民主	1991	2003
密西西比	特伦特·洛特 Trent Lott	共和	1989	2007
	撒德·科克兰 Thad Cochran	共和	1978.12.27	2003
密苏里	简·卡纳汉[2] Jean Carnahan	民主	2001	2003
	克里斯托弗·邦德 Christopher Bond	共和	1987.1.6	2005

续表

州属	姓名	党派	任职日期	任期届满
蒙大拿	康拉德·伯恩斯 Conrad Burns	共和	1989	2007
	马克斯·鲍卡斯 Max Baucus	民主	1978.12.15	2003
内布拉斯加	本·尼尔森 Ben Nelson	民主	2001	2007
	查克·哈格尔 Chuck Hagel	共和	1997.1.7	2003
内华达	约翰·恩塞因 John Ensign	共和	2001	2007
	哈里·里德 Harry Reid	民主	1987.1.6	2005
新罕布什尔	罗伯特·史密斯 Robert Smith	独立	1990.12.7	2003
	贾德·格雷格 Judd Gregg	共和	1993	2005
新泽西	乔恩·科津 Jon S. Corzine	民主	2001	2007
	罗伯特·托里切利 Rjobert G. Torricelli	民主	1997.1.7	2003
新墨西哥	杰夫·宾加曼 Jeff Bingaman	民主	1983	2007
	皮特·多米尼西 Pete V. Domenici	共和	1973	2003
纽约	希拉里·克林顿 Hillary R. Clinton	民主	2001	2007
	查尔斯·舒默尔 Charles E. Schumer	民主	1999.1.6	2005

续表

州属	姓名	党派	任职日期	任期届满
北卡罗来纳	杰西·赫尔姆斯 Jesse Helms	共和	1973	2003
	约翰·爱德华兹 John Edwards	民主	1999.1.6	2005
北达科他	肯特·康拉德 Kent Conrad	民主	1987.1.6	2007
	拜伦·多根 Byron L. Dorgan	民主	1992.12.14	2005
俄亥俄	迈克·德怀恩 Mike Dewine	共和	1995.1.4	2001
	乔治·沃伊诺维奇 George V. Voinovich	共和	1999.1.6	2005
俄克拉何马	詹姆斯·英霍夫 James M. Inhofe	共和	1994.11.21	2003
	唐·尼克利斯 Don Nickles	共和	1981	2005
俄勒冈	戈登·史密斯 Gordon Smith	共和	1997.1.7	2003
	罗恩·怀登 Ron Wyden	民主	1996.2.6	2005
宾夕法尼亚	里克·桑托拉姆 Rick Santorum	共和	1995.1.4	2007
	阿伦·斯佩克特 Arlen Specter	共和	1981	2005
罗得岛	林肯·查菲 Lincoln D. Chafee	共和	1999. 11. 2	2007
	约翰·里德 John F. Reed	民主	1997.1.7	2003

续表

州 属	姓 名	党派	任职日期	任期届满
南卡罗来纳	斯特罗姆·瑟蒙德 Strom Thurmond	共和	1956.11.7	2003
	欧内斯特·霍林斯 Ernest Hollings	民主	1966.11.9	2005
南达科他	蒂姆·约翰逊 Tim Johnson	民主	1997.1.7	2003
	托马斯·达施勒 Thomas Daschle	民主	1987.1.6	2005
田纳西	比尔·弗里斯特 Bill Frist	共和	1995.1.4	2007
	弗雷德·汤普森 Fred Thompson	共和	1994.12.9	2003
得克萨斯	凯·哈奇森 Kay B. Hutchison	共和	1993.6.5	2007
	菲尔·格拉姆 Phil Gramm	共和	1985	2003
犹他	奥林·哈奇 Orrin G. Hatch	共和	1977	2007
	罗伯特·贝内特 Robert F. Bennett	共和	1993	2005
佛蒙特	詹姆斯·杰福兹[3] James M. Jeffords	独立	1989	2007
	帕特里克·莱希 Patrick Leahy	民主	1975	2005
弗吉尼亚	乔治·艾伦 George F. Allen	共和	2001	2007
	约翰·沃纳 John W. Warner	共和	1979.1.2	2003

续表

州 属	姓 名	党派	任职日期	任期届满
华盛顿州	斯莱德·戈顿 Slade Gorton	共和	1989	2007
	帕蒂·默里 Patty Murray	民主	1993	2005
西弗吉尼亚	罗伯特·伯德 Robert C. Byrd	民主	1959	2007
	约翰·洛克菲勒第四 John Rockefeller IV	民主	1985.1.15	2003
威斯康星	赫伯特·科尔 Herbert H. Kohl	民主	1989	2007
	拉塞尔·范戈尔德 Russ Feingold	民主	1993	2005
怀俄明	克雷格·托马斯 Craig Thomas	共和	1995.1.4	2001
	迈克尔·恩齐 Michael B. Enzi	共和	1997.1.7	2003

注：(1) 泽尔·米勒于2000年7月24日被任命为参议员，以填补因保罗·科弗代尔2000年7月18日去世而造成的空缺，并在2000年11月7日举行的特别选举中正式当选。(2) 梅尔·卡纳汉于2000年10月16日去世。根据密苏里州宪法，提出替代人选的最后期限是10月13日，因此他的当选依然有效。该州州长已任命卡纳汉的妻子简·卡纳汉来填补这一空缺，直到2002年11月国会中期选举。(3) 詹姆斯·杰福兹于2001年6月5日正式宣布自己的党派归属从共和党转变为无党派（独立派）人士。

参议院常设委员会

农业、营养和林业委员会

主席：汤姆·哈金

(Tom Harkin)

少数党召集人：理查德·卢加尔

(Richard Lugar)

拨款委员会

主席：罗伯特·伯德

(Robert Byrd)

少数党召集人：特德·史蒂文斯
（Ted Stevens）

武装力量委员会

主席：卡尔·莱文
（Carl Levin）

少数党召集人：约翰·沃纳
（John Warner）

银行、住房和城市事务委员会

主席：保罗·萨班斯
（Paul Sarbanes）

少数党召集人：菲尔·格拉姆
（Phil Gramm）

预算委员会

主席：肯特·康拉德
（Kent Conrad）

少数党召集人：皮特·多米尼西
（Pete Domenici）

商业、科学和运输委员会

主席：欧内斯特·霍林斯
（Ernest Hollings）

少数党召集人：约翰·麦凯恩
（John McCain）

能源与自然资源委员会

主席：杰夫·宾加曼
（Jeff Bingaman）

少数党召集人：弗兰克·莫科斯基 （Frank Murkowski）

环境与公共工程委员会

主席：哈里·里德
（Harry Reid）

少数党召集人：罗伯特·史密斯
（Robert Smith）

财政委员会

主席：马克斯·鲍卡斯
（Max Baucus）

少数党召集人：查尔斯·格拉斯利 （Charles Grassley）

对外关系委员会

主席：约瑟夫·比登
（Joseph Biden）

少数党召集人：杰西·赫尔姆斯
（Jesse Helms）

政府事务委员会

主席：约瑟夫·利伯曼
（Joseph Lieberman）

少数党召集人：弗雷德·汤普森
（Fred Thompson）

印第安人事务委员会

主席：丹尼尔·井上
（Daniel Inouye）

少数党召集人：本·坎贝尔
（Ben N. Campbell）

司法委员会

主席：帕特里克·莱希
（Patrick Leahy）

少数党召集人：奥林·哈奇
（Orrin Hatch）

卫生、教育、劳工和退休金委员会

主席：爱德华·肯尼迪
（Edward Kennedy）

少数党召集人：詹姆斯·杰福兹
（James Jeffords）

规则与管理委员会

主席：克里斯托弗·多德
（Christopher Dodd）

少数党召集人：米奇·麦康内尔

（Mitch McConnell）

小企业委员会

主席：约翰·克里

（John Kerry）

少数党召集人：克里斯托弗·邦德 （Christopher Bond）

退伍军人事务委员会

主席：约翰·洛克菲勒

（John Rockefeller）

少数党召集人：阿伦·斯佩克特

（Arlen Specter）

参议院特别委员会和小型特别委员会

老龄问题特别委员会

主席：约翰·布劳克斯

（John Breaux）

少数党召集人：拉里·克雷格

（Larry Craig）

道德问题小型特别委员会

主席：哈里·里德

（Harry Reid）

少数党召集人：帕特·罗伯兹

（Pat Roberts）

情报问题小型特别委员会

主席：鲍勃·格雷厄姆

（Bob Graham）

少数党召集人：理查德·谢尔比

（Richard Shelby）

注：小型特别委员会（Select Committee）是为研究和处理某类特别问题而由精选出来的少数议员组成的国会特别委员会。

众议院

议长：J. 丹尼斯·哈斯特尔特（J. Dennis Hastert）

多数党领袖：理查德·阿梅（Richard K. Armey）

多数党督导：汤姆·迪莱（Tom Delay）

少数党领袖：理查德·格普哈特（Richard A. Gephardt）

少数党督导：戴维·博尼尔（David E. Bonior）

众议员名单

（本届国会众议院 435 名议员中，目前有共和党议员 222 名，民主党议员 211 名，无党派议员 2 名。任期至 2003 年 1 月 3 日届满。）

州　　属	选区	姓　　名	党派
亚拉巴马	1	索尼·卡拉汉（H. L. “Sonny” Callahan）	共和
	2	特里·埃弗雷特（Terry Everett）	共和
	3	鲍勃·赖利（Bob Riley）	共和
	4	罗伯特·艾德霍尔特（Robert Aderholt）	共和
	5	巴德·克拉默（Bud Cramer）	民主
	6	斯潘塞·巴库斯（Spencer Bachus）	共和
	7	厄尔·希利亚德（Earl F. Hilliard）	民主
阿拉斯加	全州	唐·扬（Don E. Young）	共和
亚利桑那	1	杰夫·弗莱克（Jeff Flake）	共和
	2	埃德·帕斯特（Ed Pastor）	民主
	3	鲍勃·斯顿普（Bob Stump）	共和
	4	约翰·沙德格（John Shadegg）	共和
	5	吉姆·科尔比（Jim Kolbe）	共和
	6	J. D. 海沃思（J. D. Hayworth）	共和
阿肯色	1	马里恩·贝里（Marion Berry）	民主
	2	维克·斯奈德（Vic Snyder）	民主
	3	约翰·布兹曼[1]（John Boozman）	共和
	4	迈克·罗斯（Mike Ross）	民主
加利福尼亚	1	迈克·汤普森（Mike Thompson）	民主
	2	沃利·赫格（Wally Herger）	共和
	3	道格·小尾（Doug Ose）	共和
	4	约翰·杜利特尔（John T. Doolittle）	共和
	5	罗伯特·松井（Robert T. Matsui）	民主
	6	林恩·伍尔西（Lynn Woolsey）	民主
	7	乔治·米勒（George Miller）	民主
	8	南希·佩洛西（Nancy Pelosi）	民主
	9	巴巴拉·李（Barbara Lee）	民主
	10	埃伦·陶斯彻（Ellen O. Tauscher）	民主

续表

州属	选区	姓名	党派
	11	理查德·波姆勃（Richard W. Pombo）	共和
	12	汤姆·兰托斯（Tom Lantos）	民主
	13	福特尼·斯塔克（Fortney Pete Stark）	民主
	14	安娜·伊舒（Anna G. Eshoo）	民主
	15	迈克·本田（Mike Honda）	民主
	16	佐夫·洛夫格伦（Zoe Lofgren）	民主
	17	萨姆·法尔（Sam Farr）	民主
	18	加里·康迪特（Gary A. Condit）	民主
	19	乔治·兰达诺维奇（George Randanovich）	共和
	20	卡尔文·多利（Cal Dooley）	民主
	21	威廉·托马斯（William Thomas）	共和
	22	洛伊斯·卡普斯（Lois Capps）	民主
	23	埃尔顿·加勒格利（Elton W. Gallegly）	共和
	24	布莱德·谢尔曼（Brad Sherman）	民主
	25	霍华德·麦基翁（Howard P. McKeon）	共和
加利福尼亚	26	霍华德·伯曼（Howard L. Berman）	民主
	27	亚当·希夫（Adam Schiff）	民主
	28	戴维·德赖尔（David Dreier）	共和
	29	亨利·韦克斯曼（Henry A. Waxman）	民主
	30	泽维尔·贝塞拉（Xavier Becerra）	民主
	31	希尔达·索利斯（Hilda L. Solis）	民主
	32	黛安娜·沃森[2]（Diane Watson）	民主
	33	露西尔·罗伊鲍尔—阿拉德（Lucille Roybal - Allard）	民主
	34	格雷斯·纳波利塔诺（Grace F. Napolitano）	民主
	35	马克辛·沃特斯（Maxine Waters）	民主
	36	简·哈曼（Jane Harman）	民主
	37	胡阿尼塔·米伦德—麦克唐纳（Juanita Millender - McDonald）	民主
	38	史蒂夫·霍恩（Steve Horn）	共和
	39	爱德华·罗伊斯（Ed Royce）	共和
	40	杰里·刘易斯（Jerry Lewis）	共和
	41	加里·米勒（Gary G. Miller）	共和
	42	乔·巴卡（Joe Baca）	民主
	43	肯·卡尔弗特（Ken Calvert）	共和
	44	玛丽·博诺（Mary Bono）	共和

续表

州属	选区	姓名	党派
加利福尼亚	45	达纳·罗拉巴切尔（Dana Rohrabacher）	共和
	46	洛雷塔·桑切斯（Loretta Sanchez）	民主
	47	克里斯托弗·考克斯（Christopher Cox）	共和
	48	达雷尔·伊萨（Darrell Issa）	共和
	49	苏珊·戴维斯（Susan A. Davis）	民主
	50	鲍勃·菲尔尼尔（Bob Filner）	民主
	51	兰迪·坎宁安（Randy "Duke" Cunningham）	共和
	52	邓肯·亨特（Duncan Hunter）	共和
科罗拉多	1	戴安娜·德格特（Diana Degette）	民主
	2	马克·尤德尔（Mark Udall）	民主
	3	斯科特·麦金尼斯（Scott McInnis）	共和
	4	鲍勃·谢弗（Bob Schaffer）	共和
	5	乔尔·赫夫利（Joel Hefley）	共和
	6	托马斯·坦克雷多（Tom Tancredo）	共和
康涅狄格	1	约翰·拉森（John B. Larson）	民主
	2	罗布·西蒙斯（Rob Simmons）	共和
	3	罗莎·德劳罗（Rosa L. Delauro）	民主
	4	克里斯弗·谢伊斯（Christopher Shays）	共和
	5	詹姆斯·马洛尼（James Maloney）	民主
	6	南希·约翰逊（Mancy L. Johnson）	共和
特拉华	全州	迈克尔·卡斯尔（Michael N. Castle）	共和
佛罗里达	1	杰夫·米勒[3]（Jeff Miller）	共和
	2	艾伦·博伊德（Allen Boyd）	民主
	3	科赖恩·布朗（Corrine Brown）	民主
	4	安德·克伦肖（Ander Crenshaw）	共和
	5	卡伦·瑟曼（Karen L. Thurman）	民主
	6	克利福德·斯特恩斯（Clifford B. Stearns）	共和
	7	约翰·迈卡（John L. Mica）	共和
	8	里克·凯勒（Ric Keller）	共和
	9	迈克尔·比利拉基斯（Michael Bilirakis）	共和
	10	C. W. 比尔·扬（C. W. Bill Young）	共和
	11	吉姆·戴维斯（Jim Davis）	民主
	12	亚当·普特南（Adam H. Putnam）	共和
	13	丹·米勒（Dan Miller）	共和

续表

州属	选区	姓名	党派
佛罗里达	14	波特·戈斯（Proter Goss）	共和
	15	戴夫·韦尔登（Dave Weldon）	共和
	16	马克·弗利（Mark Foley）	共和
	17	卡里·米克（Carrie P. Meek）	民主
	18	伊丽娜·罗斯—莱蒂南（Ileana Ros - Lehtinen）	共和
	19	罗伯特·韦克斯勒（Robert Wexier）	民主
	20	彼得·多伊彻（Peter Deutsch）	民主
	21	林肯·迪亚兹—巴拉特（Lincoln Diaz - Balart）	共和
	22	克莱·肖（Clay Shaw）	共和
	23	艾尔西·黑斯廷斯（Alcee L. Hastings）	民主
佐治亚	1	杰克·金斯顿（Jack Kingston）	共和
	2	小桑福德·毕晓普（Sanford D. Bishop，Jr.）	民主
	3	麦克·柯林斯（Michael A. Collins）	共和
	4	辛西亚·麦金尼（Cynthia McKinney）	民主
	5	约翰·刘易斯（John Lewis）	民主
	6	约翰尼·艾萨克森（Johnny Isakson）	共和
	7	鲍勃·巴尔（Bob Barr）	共和
	8	萨克斯比·钱布利斯（Saxby Chambliss）	共和
	9	内森·迪尔（Nathan Deal）	共和
	10	查利·诺伍德（Charlie Norwood）	共和
	11	约翰·林德（John Linder）	共和
夏威夷	1	尼尔·阿伯克龙比（Neil Baercrombie）	民主
	2	帕特西·明克（Patsy T. Mink）	民主
爱达荷	1	C. L. 奥特（C. L. “Butch” Otter）	共和
	2	迈克尔·辛普森（Michael Simpson）	共和
伊利诺伊	1	鲍比·拉什（Bobby L. Rush）	民主
	2	小杰西·杰克逊（Jesse L. Jackson，Jr.）	民主
	3	威廉·利平斯基（William O. Lipinski）	民主
	4	路易斯·格蒂尔雷斯（Luis V. Gutierrez）	民主
	5	罗德·布莱哥耶维奇（Rod R. Blagojevich）	民主
	6	亨利·海德（Henry J. Hyde）	共和
	7	丹尼·戴维斯（Danny K. Davis）	民主
	8	菲利普·克兰（Philip M. Crane）	共和
	9	简·沙科斯基（Jan Schakowsky）	民主

续表

州　属	选区	姓　名	党派
伊利诺伊	10	马克·科克（Mark Steven Kirk）	共和
	11	杰拉尔德·韦勒（Gerald C. Weller）	共和
	12	杰里·科斯特洛（Jerry F. Costello）	民主
	13	朱迪·比格特（Judy Biggert）	共和
	14	J. 丹尼斯·哈斯特尔特（J. Dennis Hastert）	共和
	15	蒂姆·约翰逊（Tim Johnson）	共和
	16	唐纳德·曼祖洛（Donald A. Manzullo）	共和
	17	莱恩·伊文斯（Lane A. Evans）	民主
	18	赖伊·拉胡德（Ray LaHood）	共和
	19	戴夫·菲尔普斯（Dave Phelps）	民主
	20	约翰·希姆克斯（John M. Shimkus）	共和
印第安纳	1	彼得·维斯克罗斯基（Peter J. Visclosky）	民主
	2	迈克·彭斯（Mike Pence）	共和
	3	蒂姆·罗默（Tim Roemer）	民主
	4	马克·苏德（Mark E. Souder）	共和
	5	史蒂夫·拜伊尔（Steve Buyer）	共和
	6	丹·伯顿（Dan Burton）	共和
	7	布赖恩·柯恩斯（Brian D. Kerns）	共和
	8	约翰·霍斯泰特勒（John N. Hostetter）	共和
	9	巴伦·希尔（Baron Hill）	民主
	10	朱利亚·卡森（Julia M. Carson）	民主
艾奥瓦	1	詹姆斯·利奇（Jim Leach）	共和
	2	吉姆·纳斯尔（Jim Nussle）	共和
	3	莱昂纳德·博斯韦尔（Leonard L. Boswell）	民主
	4	格雷格·甘斯基（Greg Ganske）	共和
	5	汤姆·莱瑟姆（Tom Latham）	共和
堪萨斯	1	杰里·莫兰（Jerry Moran）	共和
	2	吉姆·赖恩（Jim Ryun）	共和
	3	丹尼斯·莫尔（Dennis Moore）	民主
	4	托德·蒂阿特（Todd Tiahrt）	共和
肯塔基	1	埃德·惠特菲尔德（Edward Whitfield）	共和
	2	罗恩·刘易斯（Ron Lewis）	共和
	3	安妮·诺萨普（Anne M. Northup）	共和
	4	肯·卢卡斯（Ken Lucas）	民主

续表

州属	选区	姓名	党派
肯塔基	5	哈罗德·罗杰斯（Harold Rogers）	共和
	6	欧内斯特·弗莱彻（Ernest Fletcher）	共和
路易斯安那	1	戴维·维特（David Vitter）	共和
	2	威廉·杰斐逊（William J. Jefferson）	民主
	3	W. J. 陶津（W. J. "Billy" Tauzin）	共和
	4	吉姆·麦克雷里（Jim McCrery）	共和
	5	约翰·库克西（John C. Cooksey）	共和
	6	理查德·贝克（Richard H. Baker）	共和
	7	克里斯托弗·约翰（Christopher John）	民主
缅因	1	托马斯·艾伦（Thomas H. Allen）	民主
	2	约翰·巴尔达西（John E. Baldacci）	民主
马里兰	1	韦恩·吉尔克雷斯特（Wayne T. Gilchrest）	共和
	2	小罗伯特·埃利希（Robert L. Ehrlich, Jr.）	共和
	3	本杰明·卡丁（Benjamin L. Cardin）	民主
	4	艾尔伯特·温（Albert R. Wynn）	民主
	5	斯坦尼·霍耶（Steny H. Hoyer）	民主
	6	罗斯科·巴特莱特（Roscoe G. Bartlett）	共和
	7	伊莱贾·卡明斯（Elijah E. Cummings）	民主
	8	康斯坦斯·莫雷拉（Constance A. Morella）	共和
马萨诸塞	1	约翰·奥利弗（John W. Oliver）	民主
	2	理查德·尼尔（Richard E. Neal）	民主
	3	詹姆斯·麦戈文（James P. McGovern）	民主
	4	巴尼·弗兰克（Barney Frank）	民主
	5	马丁·米汉（Martin T. Meehan）	民主
	6	约翰·蒂尔尼（John F. Tierney）	民主
	7	爱德华·马基（Edward J. Markey）	民主
	8	迈克尔·卡普阿诺（Michael E. Capuano）	民主
	9	斯蒂芬·林奇[4]（Stephen F. Lynch）	民主
	10	威廉·德拉亨特（William D. Delahunt）	民主
密歇根	1	巴特·斯塔帕克（Bart Stupak）	民主
	2	彼得·霍克斯特拉（Peter Hoekstra）	共和
	3	弗农·埃勒斯（Vernon Ehlers）	共和
	4	戴夫·坎普（Dave Camp）	共和
	5	詹姆斯·巴西亚（James A. Barcia）	民主

续表

州属	选区	姓名	党派
密歇根	6	弗雷德·厄普顿（Fred Upton）	共和
	7	尼克·史密斯（Nick Smith）	共和
	8	迈克·罗杰斯（Mike Rogers）	共和
	9	戴尔·基尔迪（Dale E. Kildee）	民主
	10	戴维·博尼尔（David E. Bonior）	民主
	11	乔·诺伦伯格（Joe Knollenberg）	共和
	12	桑德·莱文（Sander Levin）	民主
	13	林恩·里弗斯（Lynn N. Rivers）	民主
	14	小约翰·科尼尔斯（John Conyers, Jr.）	民主
	15	卡罗林·基尔帕特里克（Carolyn C. Kilpatrick）	民主
	16	约翰·丁格尔（John D. Dingell）	民主
明尼苏达	1	吉尔·古特尼克特（Gil Gutknecht ）	共和
	2	马克·肯尼迪（Mark Kennedy）	共和
	3	吉姆·拉姆斯特德（Jim Ramstad）	共和
	4	贝蒂·麦科勒姆（Betty McCollum）	民主
	5	马丁·萨博（Martin O. Sabo）	民主
	6	比尔·卢瑟（Bill Luther）	民主
	7	科林·彼得森（Collin C. Peterson）	民主
	8	詹姆斯·奥伯斯塔（James L. Oberstar）	民主
密西西比	1	罗杰·威克（Roger F. Wicker）	共和
	2	本尼·汤普森（Bennie G. Thompson）	民主
	3	查尔斯·皮克林（Charles W. Pickering, Jr.）	共和
	4	龙尼·肖斯（Ronnie Shows）	民主
	5	吉恩·泰勒（Gene Taylor）	民主
密苏里	1	威廉·克莱（William L. Clay, Jr.）	民主
	2	托德·艾金（Todd Akin）	共和
	3	理查德·格普哈特（Richard A. Gephardt）	民主
	4	艾克·斯克尔顿（Ike Skelton）	民主
	5	克伦·麦卡锡（Karen McCarthy）	民主
	6	塞缪尔·格雷夫斯（Samuel B. Graves, Jr.）	共和
	7	罗伊·布伦特（Roy Blunt）	共和
	8	乔·安·埃默森（Jo Ann Emerson）	共和
	9	肯尼·赫尔肖夫（Kenny Hulshof）	共和
蒙大拿	全州	丹尼斯·雷伯格（Dennis Rehberg）	共和

续表

州属	选区	姓名	党派
内布拉斯加	1	杜格·贝罗特（Doug Bereuter）	共和
	2	李·特里（Lee Terry）	共和
	3	汤姆·奥斯本（Tom Osborne）	共和
内华达	1	谢利·伯克利（Shelley Berkley）	民主
	2	吉姆·吉本斯（Jim Gibbons）	共和
新罕布什尔	1	约翰·苏努努（John E. Sununu）	共和
	2	查尔斯·巴斯（Charles Bass）	共和
新泽西	1	罗伯特·安德鲁斯（Robert E. Andrews）	民主
	2	弗兰克·洛比昂多（Frank A. LoBiondo）	共和
	3	吉姆·萨克斯顿（Jim Saxton）	共和
	4	克里斯托弗·史密斯（Christopher H. Smith）	共和
	5	马杰·鲁克马（Marge Roukema）	共和
	6	小弗兰克·帕洛恩（Frank Pallone, Jr.）	民主
	7	迈克·弗格森（Mike Ferguson）	共和
	8	小比尔·帕斯克里尔（BillJ. Pascrell, Jr.）	民主
	9	史蒂文·罗思曼（Steven R. Rothnam）	民主
	10	唐纳德·佩恩（Donald M. Payne）	民主
	11	罗德尼·弗里林海森（Rodney P. Frelinghuysen）	共和
	12	拉什·霍尔特（Rush Holt）	民主
	13	罗伯特·梅南德兹（Robert Menendez）	民主
新墨西哥	1	希瑟·威尔逊（Heather A. Wilson）	共和
	2	乔·斯基恩（Joe R. Skeen）	共和
	3	汤姆·尤德尔（Tom Udall）	民主
纽约	1	小费利克斯·格鲁齐（Felix J. Grucci, Jr.）	共和
	2	史蒂夫·伊斯利尔（Steve J. Israel）	民主
	3	彼得·金（Peter T. King）	共和
	4	卡罗林·麦卡锡（Carolyn McCarthy）	民主
	5	加里·阿克曼（Gary L. Ackerman）	民主
	6	格雷戈里·米克斯（Gregory W. Meeks）	民主
	7	约瑟夫·克劳利（Joseph Crowley）	民主
	8	杰罗尔德·纳德勒（Jerrold L. Nadler）	民主
	9	安东尼·韦纳（Anthony D Weiner）	民主
	10	埃多尔法斯·汤斯（Edolphus Towns）	民主
	11	梅杰·欧文斯（Major R. Owens）	民主

续表

州　属	选区	姓　名	党派
纽约	12	尼迪亚·维拉兹奎兹（Nydia M. Velazquez）	民主
	13	维托·福塞拉（Vito J. Fossella）	共和
	14	卡罗林·马洛尼（Carolyn B. Maloney）	民主
	15	查尔斯·兰格尔（Charles B. Rangel）	民主
	16	乔斯·塞拉诺（Jose E. Serrano）	民主
	17	埃利奥特·恩格尔（Eliot L. Engel）	民主
	18	尼塔·洛维（Nita M. Lowey）	民主
	19	休·凯利（Sue W. Kelly）	共和
	20	本杰明·吉尔曼（Benjamin A. Gilman）	共和
	21	迈克尔·麦克纳尔蒂（Michael R. McNulty）	民主
	22	约翰·斯威尼（John E. Sweeney）	共和
	23	舍伍德·贝勒特（Sherwood L. Boehlert）	共和
	24	约翰·麦克休（John M. McHugh）	共和
	25	詹姆斯·沃尔什（James T. Walsh）	共和
	26	莫里斯·欣奇（Maurice D. Hinchey）	民主
	27	托马斯·雷诺兹（Thomas M. Reynolds）	共和
	28	路易丝·斯劳特（Louise M. Slaughter）	民主
	29	约翰·拉法尔斯（John J. La Falce）	民主
	30	杰克·奎因（Jack Quinn）	共和
	31	阿莫·霍顿（Amo Houghton）	共和
北卡罗来纳	1	伊娃·克莱顿（Eva M. Clalyton）	民主
	2	鲍勃·埃思里奇（Bob Etheridge）	民主
	3	沃尔特·琼斯（Walter B. Jones）	共和
	4	戴维·普赖斯（David Price）	民主
	5	理查德·伯尔（Richard M. Burr）	共和
	6	霍华德·科布尔（Howard Coble）	共和
	7	迈克·麦金太尔（Mike McIntyre）	民主
	8	罗伯特·海斯（Robert C. Hayes）	共和
	9	休·迈里克（Sue Myrick）	共和
	10	卡斯·巴伦杰（T. Cass Ballenger）	共和
	11	查尔斯·泰勒（Charles H. Taylor）	共和
	12	梅尔文·瓦特（Mel Watt）	民主
北达科他	全州	厄尔·波默罗伊（Earl Pomeroy）	民主
俄亥俄	1	史蒂夫·查博特（Steve Chabot）	共和

续表

州 属	选区	姓 名	党派
俄亥俄	2	罗布·波特曼（Rob Portman）	共和
	3	托尼·霍尔（Tony P. Hall）	民主
	4	迈克尔·奥克斯利（Michael G. Oxley）	共和
	5	保罗·吉尔摩（Paul E. Gillmor）	共和
	6	特德·斯特里克兰（Ted Strickland）	民主
	7	戴夫·霍布森（Dave Hobson）	共和
	8	约翰·贝纳（John A. Boehner）	共和
	9	马西·卡普特尔（Marcy Kaptur）	民主
	10	丹尼斯·库西尼奇（Dennis J. Kucinich）	民主
	11	斯蒂芬尼·塔布斯—琼斯（Stephanie Tubbs - Jones）	民主
	12	帕特·蒂贝里（Pat Tiberi）	共和
	13	谢罗德·布朗（Sherrod Brown）	民主
	14	托马斯·索耶（Thomas C. Sawyer）	民主
	15	德博拉·普赖斯（Deborah Pryce）	共和
	16	拉尔夫·里古拉（Ralph Regula）	共和
	17	小詹姆斯·特拉菲桑特（James A. Traficant, Jr.）	民主
	18	鲍勃·奈伊（Bob Ney）	共和
	19	史蒂文·拉图雷特（Steven C. LaTourette）	共和
俄克拉何马	1	史蒂夫·拉金特（Steve Largent）	共和
	2	布雷德·卡森（Brad Carson）	民主
	3	韦斯·沃特金斯（Wes Watkins）	共和
	4	小 J. C. 瓦茨（J. C. Watts, Jr.）	共和
	5	小欧内斯特·伊斯图克（Ernest Istook）	共和
	6	弗兰克·卢卡斯（Frank D. Lucas）	共和
俄勒冈	1	吴振伟（Daved Wu）	民主
	2	格雷格·沃尔登（Greg Walden）	共和
	3	厄尔·布卢梅诺（Earl Blumenauer）	民主
	4	彼得·德法齐奥（Peter A. DeFazio）	民主
	5	达林·胡利（Darlene Hooley）	民主
宾夕法尼亚	1	罗伯特·布雷迪（Robert A. Brady）	民主
	2	查卡·法塔赫（Chaka Fattah）	民主
	3	罗伯特·博斯基（Robert A. Borski）	民主
	4	梅利莎·哈特（Melissa Hart）	共和
	5	约翰·彼得森（John E. Peterson）	共和

续表

州　　属	选区	姓　　名	党派
宾夕法尼亚	6	蒂姆·霍尔登（Tim Holden）	民主
	7	科特·韦尔登（Curt Weldon）	共和
	8	詹姆斯·格林伍德（Jim Greenwood）	共和
	9	比尔·舒斯特[5]（Bill Shuster）	共和
	10	唐·舍伍德（Don Sherwood）	共和
	11	保罗·坎乔斯基（Paul E. Kanjorski）	民主
	12	约翰·莫萨（John P. Murtha）	民主
	13	约瑟夫·霍菲尔（Joseph M. Hoeffel）	民主
	14	威廉·科因（William J. Coyne）	民主
	15	帕特里克·图米（Pat Toomey）	共和
	16	约瑟夫·皮茨（Joseph R. Pitts）	共和
	17	乔治·吉卡斯（George W. Gekas）	共和
	18	迈克尔·多伊尔（MIke Doyle）	民主
	19	托德·普拉茨（Todd Platts）	共和
	20	弗兰克·马斯卡拉（Frank Mascara）	民主
	21	菲尔·英格利希（Phil English）	共和
罗得岛	1	帕特里克·肯尼迪（Patrick J. Kennedy）	民主
	2	詹姆斯·兰格温（James R. Langevin）	民主
南卡罗来纳	1	亨利·布朗（Henry Brown）	共和
	2	乔·威尔逊[6]（Joe Wilson）	共和
	3	林赛·格雷厄姆（Lindsey Graham）	共和
	4	吉姆·戴明特（Jim DeMint）	共和
	5	约翰·斯普拉特（John Spratt）	民主
	6	詹姆斯·克莱伯恩（James E. Clyburn）	民主
南达科他	全州	约翰·图恩（John R. Thune）	共和
田纳西	1	威廉·詹金斯（William L. Jenkins）	共和
	2	小约翰·邓肯（John J. Duncan, Jr.）	共和
	3	扎克·万普（Zack Wamp）	共和
	4	范·希勒里（Van Hilleary）	共和
	5	鲍勃·克莱门特（Bob Clement）	民主
	6	巴特·戈登（Bart Gordon）	民主
	7	埃德·布赖恩特（Ed Bryant）	共和
	8	约翰·坦纳（John S. Tanner）	民主
	9	小哈罗德·福特（Harold E. Ford, Jr.）	民主

续表

州属	选区	姓名	党派
得克萨斯	1	马克斯·桑德林（Max Sandlin）	民主
	2	吉姆·特纳（Jim Turner）	民主
	3	萨姆·约翰逊（Sam Johnson）	共和
	4	拉尔夫·霍尔（Ralph M. Hall）	民主
	5	皮特·塞欣斯（Pete Sessions）	共和
	6	乔·巴顿（Joe Barton）	共和
	7	约翰·卡伯森（John Culberson）	共和
	8	凯文·布雷迪（Kevin Brady）	共和
	9	尼克·兰普森（Nick Lampson）	民主
	10	劳埃德·多格特（Lloyd Doggett）	民主
	11	切特·爱德华兹（Chet Edwards）	民主
	12	凯·格兰杰（Kay Granger）	共和
	13	威廉·索恩伯里（William Thornberry）	共和
	14	罗恩·保罗（Ron Paul）	共和
	15	鲁宾·希诺约萨（Ruben Hinojosa）	民主
	16	西尔维斯特里·雷耶斯（Silvestre Reyes）	民主
	17	查尔斯·斯坦霍姆（Charles Stenholm）	民主
	18	希拉·杰克逊—李（Sheila Jackson – Lee）	民主
	19	拉里·库姆贝斯特（Larry Combest）	共和
	20	查尔斯·冈萨雷斯（Charles A. Gonzalez）	民主
	21	拉马尔·史密斯（Lamar Smith）	共和
	22	汤姆·迪莱（Tom DeLay）	共和
	23	亨利·博尼拉（Henry Bonilla）	共和
	24	马丁·弗罗斯特（Martin Frost）	民主
	25	肯·本特森（Ken Bentsen）	民主
	26	理查德·阿梅（Richard Armey）	共和
	27	索罗门·奥蒂兹（Solomon P. Ortiz）	民主
	28	西罗·罗德里格斯（Ciro D. Rodriguez）	民主
	29	吉恩·格林（Gene Green）	民主
	30	埃迪·约翰逊（Eddie B. Johnson）	民主
犹他	1	詹姆斯·汉森（James V. Hansen）	共和
	2	吉姆·马西森（Jim Matheson）	民主
	3	克里斯·坎农（Chris Cannon）	共和
佛蒙特	全州	伯纳德·桑德斯（Bernard Sanders）	独立

续表

州属	选区	姓名	党派
弗吉尼亚	1	乔·戴维斯（Jo Ann S. Davis）	共和
	2	爱德华·施罗克（Edward L. Schrock）	共和
	3	罗伯特·斯科特（Robert C. Scott）	民主
	4	J. 兰迪·福布斯[7]（J. Randy Forbes）	共和
	5	小弗格尔·古德（Virgil H. Goode, Jr.）	独立
	6	鲍勃·古德拉特（Robert W. Goodlatte）	共和
	7	埃里克·坎托（Eric I. Cantor）	共和
	8	詹姆斯·莫兰（James P. Moran, Jr.）	民主
	9	里克·博彻（Frederick C. Boucher）	民主
	10	弗兰克·沃尔夫（Frank R. Wolf）	共和
	11	托马斯·戴维第三（Thomas M. Davis III）	共和
华盛顿	1	杰伊·英斯利（Jay Inslee）	民主
	2	里克·拉森（Rick Larsen）	民主
	3	布赖恩·贝尔德（Brian Baird）	民主
	4	多克·黑斯廷斯（Doc Hastings）	共和
	5	小乔治·内瑟卡特（George R. Nethercutt, Jr.）	共和
	6	诺曼·迪克斯（Norm Dicks）	民主
	7	吉姆·麦克德莫特（Jim McDermott）	民主
	8	詹尼弗·邓恩（Jennifer Dunn）	共和
	9	亚当·史密斯（Adam Smith）	民主
西弗吉尼亚	1	艾伦·莫洛汉（Alan B. Mollohan）	民主
	2	谢利·卡比托（Shelley M. Capito）	共和
	3	尼克·拉霍尔第二（Nick J. Rahall II）	民主
威斯康星	1	保罗·瑞安（Paul D. Ryan）	共和
	2	塔米·鲍德温（Tammy Baldwin）	民主
	3	罗恩·金德（Ron Kind）	民主
	4	杰拉尔德·克莱克兹卡（Jerry Kleczka）	民主
	5	托马斯·贝内特（Tom Barrett）	民主
	6	托马斯·皮特里（Tom Petri）	共和
	7	戴维·奥贝（David R. Obey）	民主
	8	马克·格林（Mark Green）	共和
	9	小詹姆斯·森森布伦纳（F. James Sensenbrenner, Jr.）	共和
怀俄明	全州	巴巴拉·丘宾（Barbara Cubin）	共和

注：本届国会中无表决权的代表有：阿尼巴尔·维拉（民主党人，代表波多黎各）、埃莉诺·诺顿（民主党人，代表哥伦比亚特区）、罗伯特·安德伍德（民主党人，代表关岛）、伊尼·法里奥马维加（民主党人，代表美属萨摩亚群岛）、唐娜·克里斯蒂安—克里斯坦森（民主党人，代表美属维尔京群岛）。(1) 阿萨·哈钦森于2001年8月6日辞职，去担任毒品管理局局长。在2001年11月20日为填补此空缺而举行的特别选举中，约翰·布兹曼当选。(2) 戴安娜·沃森在2001年6月5日举行的特别选举中获胜，填补了朱利安·迪克森2000年12月8日去世后留下的空缺。(3) 杰夫·米勒于2001年10月16日举行的特别选举中获胜，填补了乔·斯卡伯勒辞职后留下的空缺。(4) 斯蒂芬·林奇在2001年10月16日的特别选举中获胜，填补了约翰·莫阿克利2001年5月28日去世后留下的空缺。(5) 比尔·舒斯特在2001年5月15日的特别选举中获胜，填补了其父巴德·舒斯特辞职后留下的空缺。(6) 乔·威尔逊在2001年12月18日的特别选举中获胜，填补了弗洛伊德·斯彭斯2001年8月16日去世后留下的空缺。(7) J. 兰迪·福布斯在2001年6月9日举行的特别选举中获胜，填补了诺曼·西西斯基2001年5月29日去世后留下的空缺。

美国国会众议院历任议长

姓　名	党　派	所在州	任　期
1. 弗雷德里克·米伦伯格	民主—共和	宾夕法尼亚	1789—1791
2. 乔纳森·特朗布尔	联邦	康涅狄格	1791—1793
3. 弗雷德里克·米伦伯格	民主—共和	宾夕法尼亚	1793—1795
4. 乔纳森·戴顿	联邦	新泽西	1795—1797
5. 乔治·登特	联邦	马里兰	1797—1799
6. 西奥多·塞奇威克	联邦	马萨诸塞	1799—1801
7. 纳撒尼尔·梅肯	民主—共和	北卡罗来纳	1801—1807
8. 约瑟夫·瓦农	民主—共和	马萨诸塞	1807—1811
9. 亨利·克莱	民主—共和	肯塔基	1811—1814
10. 兰登·切夫斯	民主—共和	南卡罗来纳	1814—1815
11. 亨利·克莱	民主—共和	肯塔基	1815—1820
12. 约翰·泰勒	民主—共和	纽约	1820—1821

续表

姓 名	党 派	所在州	任 期
13. 菲利普·巴伯	民主—共和	弗吉尼亚	1821—1823
14. 亨利·克莱	民主—共和	肯塔基	1823—1825
15. 约翰·泰勒	民主—共和	纽约	1825—1827
16. 安德鲁·史蒂文森	民主	弗吉尼亚	1827—1834
17. 约翰·贝尔	民主	田纳西	1834—1835
18. 詹姆斯·波尔克	民主	田纳西	1835—1839
19. 罗伯特·亨特	民主	弗吉尼亚	1839—1841
20. 约翰·怀特	辉格	肯塔基	1841—1843
21. 约翰·琼斯	民主	弗吉尼亚	1843—1845
22. 约翰·戴维斯	民主	印第安纳	1845—1847
23. 罗伯特·温思罗普	辉格	马萨诸塞	1847—1849
24. 豪厄尔·科布	民主	佐治亚	1849—1851
25. 林·博伊德	民主	肯塔基	1851—1855
26. 纳撒尼尔·班克斯	共和	马萨诸塞	1855—1857
27. 詹姆斯·奥尔	民主	南卡罗来纳	1857—1859
28. 威廉·彭宁顿	辉格	新泽西	1859—1861
29. 加卢沙·格罗	共和	宾夕法尼亚	1861—1863
30. 斯凯勒·科尔法克斯	共和	印第安纳	1863—1869
31. 詹姆斯·布莱恩	共和	缅因	1869—1875
32. 迈克尔·克尔	民主	印第安纳	1875—1876
33. 塞缪尔·兰德尔	民主	宾夕法尼亚	1876—1881
34. J. 沃伦·凯弗	共和	俄亥俄	1881—1883
35. 约翰·卡莱尔	民主	肯塔基	1883—1889
36. 托马斯·里德	共和	缅因	1889—1891
37. 查尔斯·克里斯普	民主	佐治亚	1891—1895
38. 托马斯·里德	共和	缅因	1895—1899
39. 戴维斯·亨德森	共和	艾奥瓦	1899—1903
40. 约瑟夫·坎农	共和	伊利诺伊	1903—1911
41. 钱普·克拉克	民主	密苏里	1911—1919
42. 弗雷德里克·吉勒特	共和	马萨诸塞	1919—1925

续表

姓　　名	党　派	所在州	任　期
43. 尼古拉斯·朗沃思	共和	俄亥俄	1925—1931
44. 约翰·加纳	民主	得克萨斯	1931—1933
45. 亨利·雷尼	民主	伊利诺伊	1933—1935
46. 约瑟夫·伯恩斯	民主	田纳西	1935—1936
47. 威廉·班克黑德	民主	亚拉巴马	1936—1940
48. 萨姆·雷伯恩	民主	得克萨斯	1940—1947
49. 小约瑟夫·马丁	共和	马萨诸塞	1947—1949
50. 萨姆·雷伯恩	民主	得克萨斯	1949—1953
51. 小约瑟夫·马丁	共和	马萨诸塞	1953—1955
52. 萨姆·雷伯恩	民主	得克萨斯	1955—1961
53. 约翰·麦科马克	民主	马萨诸塞	1962—1971
54. 卡尔·艾伯特	民主	俄克拉何马	1971—1976
55. 小托马斯·奥尼尔	民主	马萨诸塞	1977—1987
56. 小詹姆斯·赖特	民主	田纳西	1987—1989
57. 托马斯·弗利	民主	华盛顿	1989—1995
58. 纽特·金里奇	共和	佐治亚	1995—1998
59. J. 丹尼斯·哈斯特尔特	共和	伊利诺伊	1999—

众议院常设委员会

农业委员会

主席：拉里·库姆贝斯特 (Larry Combest)

少数党召集人：查尔斯·斯坦霍姆 (Charles Stenholm)

拨款委员会

主席：C.W. 比尔·扬 (C. W. Bill Young)

少数党召集人：戴夫·奥贝 (Dave Obey)

武装力量委员会

主席：鲍勃·斯顿普 (Bob Stump)

少数党召集人：艾克·斯克尔顿 (Ike Skelton)

银行与金融服务委员会

主席：迈克尔·奥克斯利 (Michael G. Oxley)

少数党召集人：约翰·拉法尔斯
(John J. LaFalce)

预算委员会

主席：吉姆·纳斯尔
(Jim Nussle)

少数党召集人：约翰·斯普拉特
(John Spratt)

能源和商业委员会

主席：W. J. 陶津
(W. J. "Billy" Tauzin)

少数党召集人：约翰·丁格尔
(John D. Dingell)

教育与劳动力委员会

主席：约翰·贝纳
(John A. Boehner)

少数党召集人：乔治·米勒
(George Miller)

政府改革委员会

主席：丹·伯顿
(Dan Burton)

少数党召集人：亨利·韦克斯曼
(Henry A. Waxman)

住房管理委员会

主席：罗伯特·奈伊
(Robert W. Ney)

少数党召集人：斯特尼·霍耶
(Steny H. Hoyer)

国际关系委员会

主席：亨利·海德
(Henry J. Hyde)

少数党召集人：汤姆·兰托斯
(Tom Lantos)

司法委员会

主席：小詹姆斯·森森布伦纳
(F. J. Sensenbrenner Jr.)

少数党召集人：小约翰·科尼尔斯 (John Conyers, Jr.)

资源委员会

主席：詹姆斯·汉森
(James V. Hansen)

少数党召集人：尼克·拉霍尔第二 (Nick J. Rahall II)

规则委员会

主席：戴维·德赖尔
(David Dreier)

少数党召集人：马丁·弗罗斯特
(Martin Frost)

科学委员会

主席：舍伍德·贝勒特
(Sherwood L. Boehlert)

少数党召集人：拉尔夫·霍尔
(Ralph M. Hall)

小企业委员会

主席：唐·曼祖洛
(Don Manzullo)

少数党召集人：尼迪亚·维拉兹奎兹 (Nydia Velazquez)

官员行为标准委员会

主席：乔尔·赫夫利
(Joel Hefley)

少数党召集人：霍华德·伯曼
(Howard L. Berman)

运输与基础设施委员会

主席：唐·扬
(Don Young)

少数党召集人：詹姆斯·奥伯斯

塔 (James L. Oberstar)

退伍军人事务委员会

主席：克里斯托弗·史密斯

(Christopher H. Smith)

少数党召集人：莱恩·埃文斯

(Lane Evans)

筹款委员会

主席：比尔·托马斯

(Bill Thomas)

少数党召集人：查尔斯·兰格尔

(Charles B. Rangel)

众议院小型特别委员会

情报问题小型特别委员会

主席：波特·格斯 (Porter Goss)

少数党召集人：南希·佩洛西 (Nancy Pelosi)

国会联合委员会

国会图书馆联合委员会

主席：弗农·埃勒斯（众）

(Vernon Ehlers)

副主席：克里斯托弗·多德（参） (Christopher Dodd)

税收联合委员会

主席：比尔·托马斯（众）

(Bill Thomas)

副主席：（空缺）

经济联合委员会

主席：吉姆·萨克斯顿（众）

(Jim Saxton)

副主席：约翰·里德（参）

(John Reed)

印刷联合委员会

主席：黛安娜·范斯坦（参）

(Dianne Feinstein)

副主席：鲍勃·奈伊（众）

(Bob Ney)

美国联邦行政部门

根据宪法，美国联邦政府的行政权被授予总统。辅助总统实施行政权的有副总统、总统行政办公机构、内阁行政各部、军事各部、政府公司及行政独立机构等，它们构成了美国联邦政府三大部门之一的行政部门。

乔治·W. 布什政府

总统： 乔治·W. 布什 George W. Bush

副总统： 理查德·切尼 Richard Cheney

内阁成员

国务卿： 科林·鲍威尔 Colin Powell

财政部长： 保罗·奥尼尔 Paul O'Neill

国防部长： 唐纳德·拉姆斯菲尔德 Donald Rumsfeld

司法部长： 约翰·阿什克罗夫特 John Ashcroft

内政部长： 盖尔·诺顿 Gale Norton

农业部长： 安·维尼曼 Ann Veneman

商务部长： 唐纳德·埃文斯 Donald Evans

劳工部长： 赵小兰 Elaine Chao

卫生与公众服务部长： 汤米·汤普森 Tommy Thompson

住房与城市发展部长： 梅尔·马丁内斯 Mel Martinez

运输部长： 诺曼·峰田 Norman Mineta

能源部长： 斯潘塞·亚伯拉罕 Spencer Abraham

教育部长： 罗德里克·佩奇 Roderick Paige

退伍军人事务部长： 安东尼·普林西比 Anthony Principi

其他内阁级官员

白宫办公厅主任： 小安德鲁·卡德 Andrew Card Jr.

环境保护局长： 克里斯廷·惠特曼 Christine T. Whitman

管理和预算局长： 米奇·丹尼尔斯 Mitch Daniels

国家毒品管制政策办公室主任： 约翰·沃尔特斯 John Walters

美国贸易代表： 罗伯特·佐利克 Robert B. Zoellick

国土安全局长： 汤姆·里奇 Tom Ridge

白宫办公厅

主任： 小安德鲁·卡德 Andrew Card Jr.

总统助理兼副主任： 约瑟夫·哈金第二 Joseph W. Hagin II

总统助理兼副主任： 乔舒亚·博尔坦 Joshua Bolten

国土安全局长： 汤姆·里奇 Tom Ridge

总统助理：

总统高级顾问： 艾伯托·冈萨雷斯 Alberto R. Gonzalez

总统副高级顾问： 蒂莫西·弗拉尼根 Timothy Flanigan

国内政策委员会： 玛格丽特·拉蒙塔格尼 Margaret LaMontagne
总统私人事务： 克莱·约翰逊 Clay S. Johnson
新闻秘书： L. 阿里·弗莱舍 L. Ari Fleischer
立法事务： 尼古拉斯·卡里奥 Nicholas Calio
总统顾问/通讯： 卡伦·休斯 Karen Hughes
国家经济政策： 劳伦斯·林赛 Lawrence Lindsay
政府部门间事务： 鲁宾·巴勒莱斯 Ruben S. Barrales
国家安全事务： 康多莉扎·赖斯 Condoleezza Rice
办公厅秘书： 哈丽雅特·米尔斯 Harriet Miers
政治事务： 肯尼恩·梅尔曼 Kenneth B. Mehlman
公共联络： 莱兹利·韦斯廷 Lezlee Westine
行政管理： 赫克托·艾拉斯托扎 Hector F. Irastorza Jr.
内阁秘书： 艾伯特·霍金斯 Albert Hawkins
总统日程安排办公室主任： 布雷德利·布莱克曼 Bradley Blakeman
演说撰稿办公室主任： 迈克尔·格尔森 Michael Gerson
第一夫人办公室主任： 安德烈亚·鲍尔 Andrea Ball
总统高级顾问： 卡尔·罗夫 Karl Rove
计划推进主任： 布赖恩·蒙哥马利 Brian D. Montgomery
椭圆形办公室业务： 林达·甘巴蒂萨 Linda Gambatesa
基础信仰及社区计划： 约翰·迪尤里奥 John DiIulio
国家艾滋病政策办公室： 斯科特·埃弗茨 Scott Evertz

总统行政机构

经济顾问委员会： 格伦·哈伯德（主席） Glenn Hubbard
行政管理局： 菲利普·拉森（局长） Philip Larsen
科技政策办公室： 罗西娜·比尔鲍姆 Rosina Bierbaum
国家毒品管制政策办公室： 爱德华·朱里思（代理主任） Edward H. Jurith
行政管理和预算局： 米切尔·丹尼尔斯（局长） Mitchell E. Daniels Jr.
美国贸易代表： 罗伯特·佐利克 Robert B. Zoellick
环境质量委员会： 詹姆斯·康诺顿（主席） James L. Connaughton

国务院

国务卿： 科林·鲍威尔 Colin Powell
常务副国务卿： 理查德·阿米蒂奇 Richard Lee Armitage
办公厅主任： 比尔·斯马伦 Bill Smullen
美国驻联合国大使： 约翰·内格罗蓬特 John D. Negroponte
副国务卿：
负责政治事务： 马克·格罗斯曼

Marc Grossman

负责行政管理： 小格兰特·格林

Grant S. Green Jr.

负责全球事务： 保拉·多布里扬斯基 Paula J. Dobriansky

负责经济、工商业和农业事务： 艾伦·拉森 Alan P. Larson

负责军控和国际安全事务： 约翰·博尔顿 John R. Bolton

政策计划主任： （空缺）

礼宾司长： 唐纳德·恩西奈特

Donald B. Ensenat

院务及驻外机构事务总监： 克拉克·欧文 Clark Kent Ervin

法律顾问： 威廉·塔夫特

William H. Taft IV

驻外机构总局兼人事局长： 小爱德华·格雷姆 Edward W. Grehm Jr.

助理国务卿：

行政管理： 威廉·伊顿

William A. Eaton

非洲事务： 沃尔特·坎斯廷纳

Walter H. Kansteiner

领事事务： 玛丽·瑞安

Mary A. Ryan

民主、人权及劳工事务： 洛娜·克拉纳 Lorne W. Craner

外交机构安全： 戴维·卡彭特

David Carpenter

东亚和太平洋事务： 詹姆斯·凯利

James A. Kelly

经济和商业事务： 厄尔·韦恩

Earl Anthony Wayne

欧洲和加拿大事务： A. 伊丽莎白·琼斯 A. Elizabeth Jones

情报和研究： 卡尔·福特

Carl W. Ford Jr.

国际毒品和法律： 兰德·比尔斯

Rand Beers

国际组织事务： 戴维·韦尔奇

David Welch

立法事务： 保罗·凯利

Paul V. Kelly

近东事务： 威廉·伯恩斯

William Joseph Burns

海洋、国际环境及科学事务： 肯尼思·比尔（代理） Kenneth S. Bill

政治—军事事务： 林肯·布卢姆菲尔德 Lincoln P. Bloomfield

人口、难民及移民： 艾伦·克雷茨科 Alan J. Kreczko

公共事务： 理查德·鲍彻

Richard A. Boucher

南亚事务： 克里斯蒂娜·罗卡

Christina B. Rocca

财政部

部长： 保罗·奥尼尔

Paul O' Neill

常务副部长： 肯尼思·达姆

Kenneth Dam

副部长：

负责国内财政： 彼得·费希尔

Peter R. Fischer

负责国际事务： 约翰·泰勒

John Taylor

负责执法： 吉米·古卢尔

Jimmy Gurule

总顾问： 戴维·奥夫豪瑟

David Aufharser

监察长： 杰弗里·拉什

Jeffrey Rush

税收管理监察长：戴维·威廉斯

David Williams

助理部长：

经济政策：（空缺）

执法：（空缺）

金融机构：希拉·贝尔

Sheila Bair

财政事务：唐纳德·哈蒙德

Donald Hammond

国际事务：（空缺）

立法事务：约翰·邓肯

John Duncan

公共事务：米歇尔·戴维斯

Michele Davis

税收政策：马克·温伯格

Mark Weinberger

管理事务：吉姆·弗莱齐克（代理）

Jim Flyzik

联邦司库：罗萨里奥·马林

Rosario Marin

部属各局：

烟、酒和火器局：布雷德利·巴克尔斯 Bradley A. Buckles

通货审计局：约翰·霍克

John Hawke

海关总署：（空缺）

印刷局：汤姆·弗格森

Tom Ferguson

联邦执法训练中心：W. 拉尔夫·巴沙姆 W. Ralph Basham

财政管理局：理查德·格雷格

Richard Gregg

国内税收总署：查尔斯·罗索蒂

Charles Rossotti

铸币局：亨里埃塔·福尔

Henrietta Fore

公债局：范泽克

Van Zeck

联邦特工处：布赖恩·斯塔福德

Brian L. Stafford

国防部

部长：唐纳德·拉姆斯菲尔德

Donald Rumsfeld

常务副部长：保罗·沃尔福威茨 Paul D. Wolfowitz

副部长：

负责采购和技术：E. C. 皮特·奥尔德里奇 E. C. “Pete” Aldridge

负责人事和战备：戴维·朱

David S. C. Chu

负责政策：道格拉斯·费思

Douglas J. Feith

助理部长：

指挥、控制、通讯和情报：约翰·斯滕比特 John P. Stenbit

部队管理：查尔斯·埃布尔

Charles S. Abell

卫生事务：J. 贾勒特·克林顿

J. Jarrett Clinton

国际安全事务：彼得·罗德曼

Peter W. Rodman

国际安全政策：J. D. 克劳奇

J. D. Crouch II

立法事务：鲍威尔·穆尔

Powell A. Moore

公共事务：维多利亚·克拉克

Victoria Clarke

特别行动和低烈度冲突：丹尼尔·加林顿（代理） Daniel J. Gallington

计划分析和评估局：巴里·沃茨 Barry

D. Watts
监察长： 罗伯特·利伯曼
Robert J. Lieberman
审计长： 达夫·扎克海姆
Dov S. Zakheim
总顾问： 威廉·海恩斯
William J. Haynes II
情报监察局： 乔治·洛茨
George B. Lotz II
军事行动检验和评估局： 托马斯·克里斯蒂 Thomas P. Christie
参谋长联席会议主席： 理查德·迈尔斯
Richard B. Myers
陆军部长： 托马斯·怀特
Thomas E. White
海军部长： 戈登·英格兰
Gordon R. England
空军部长： 詹姆斯·罗奇
James G. Roche
海军陆战队司令： 詹姆斯·琼斯
James Jones

司法部

部长： 约翰·阿什克罗夫特
John Ashcroft
常务副部长： 拉里·汤普森
Larry D. Thompson
副部长： 杰伊·斯蒂芬斯
Jay Stephens
争端解决办公室： 小彼得·斯廷兰德
Peter R. Steenland, Jr.
检察长： 西奥多·奥尔森
Theodore B. Olson
监察长： 格伦·法恩
Glenn Fine
助理部长：
行政管理： 贾尼斯·斯波萨托
Janis Sposato
反托拉斯局： 查尔斯·詹姆斯
Charles James
民事局： 罗伯特·麦卡勒姆
Robert McCallum
民权局： 拉尔夫·博伊德
Ralph Boyd
刑事局： 迈克尔·舍托夫
Michael Shertoff
环境和自然资源局： 托马斯·桑索内蒂 Thomas Sansonetti
司法计划局： 德博拉·丹尼尔斯
Deborah Daniels
法律顾问局： 丹尼尔·拉夫斯基
Daniel Koffsky
政策发展事务： 维特·丁
Viet Dinh
立法事务： 丹尼尔·布赖恩特
Daniel J. Bryant
税务局： 洛雷塔·阿格雷特
Loretta C. Argrett
行政秘书局： 凯西·哈廷
Kathie Harting
调查机构政策司： （空缺）
公共事务司： 明迪·塔克
Mindy Tucker
情报和隐私事务司： 理查德·赫夫，丹尼尔·梅特卡夫 Richard L. Huff, Daniel J. Metcalfe
社区治安局： 拉尔夫·贾斯特斯
Ralph Justus
联邦调查局： 托马斯·皮卡德
Thomas J. Pickard
移民审查执行局： 凯文·鲁尼
Kevin D. Rooney

监狱管理局： 凯瑟琳·索耶
Kathleen M. Hawk Sawyer
社区关系司： 罗斯·奥基
Rose M. Ochi
毒品管理局： 阿萨·哈钦森
Asa Hutchinson
情报政策监察司： 詹姆斯·贝克（代理）
James Baker
职业责任司： H. 马歇尔·贾勒特
H. Marshll Jarrett
联邦托管执行局： 马萨·戴维斯
Martha Davis
国外索赔委员会： 约翰·莱西
John Lacy
联邦律师行政司： 肯·温斯廷
Ken Wainstein
移民和归化局： 詹姆斯·齐格勒
James W. Ziglar
赦免检察官： 罗杰·亚当斯
Roger C. Adams
联邦假释委员会： 爱德华·赖利
Edward F. Reilly
联邦执法官局： 刘易斯·麦金尼（代理）
Louis McKinney
国际刑警组织美国中心局： 埃德加·亚当森 Edgar A. Adamson
政府间事务司： 洛里·戴
Lori Sharpe Day
部落司法局： 托德·阿劳乔
Todd Araujo
女性暴力受害执法局： 凯瑟林·皮尔斯（代理） Catherine Pierce
国家毒品情报中心： 迈克尔·霍恩
Michael T. Horn

内政部

部长： 盖尔·诺顿
Gale Norton
常务副部长： J. 史蒂文·格里莱斯
J. Steven Griles
助理部长：
渔业、野生动物和公园： 克雷格·曼森 Craig Manson
印第安人事务： 尼尔·麦卡莱布
Neal A. McCaleb
土地及矿藏： J. 史蒂文·格里莱斯（代理） J. Steven Griles
政策、管理及预算： P. 林恩·斯卡利特 P. Lynn Scarlett
水资源和科学： 贝内特·雷利
Bennett Raley
土地管理局： 凯瑟林·克拉克
Kathleen Clarke
土地开垦局： 约翰·基斯
John W. Keys III
渔业和野生动物局： 马歇尔·琼斯（代理） Marshall P. Jones Jr.
地质勘探局： 查尔斯·格罗特
Charles Groat
矿藏管理局： （空缺）
国家公园管理局： 弗兰·梅尼拉
Fran P. Mainella
矿藏开采和执法局： 杰弗里·贾勒特
Jeffrey Jarrett
通讯局： 埃里克·拉夫
Eric Ruff
国会和立法事务司： 戴维·伯恩哈特
David L. Bernhardt
法务署长： 威廉·迈尔斯
William G. Myers
国外事务局： 基特·金博尔

Kit Kimball
执行秘书兼管制事务司： 费伊·尤迪塞洛 Fay Iudicello

农业部

部长： 安·维尼曼
Ann Veneman
常务副部长： 詹姆斯·莫斯利
James R. Moseley
副部长：
农业及农产品外销： J. B. 佩恩
J. B. Penn
食品、营养和消费者服务： 埃里克·博斯特 Eric M. Bost
食品安全： 埃尔莎·穆雷诺
Elsa A. Murano
市场和管制计划： 威廉·霍克
William T. Hawk
自然资源和环境： 马克·雷伊
Mark E. Rey
研究、教育和经济： 约瑟夫·詹
Joseph Jen
农村发展： 迈克尔·内鲁达（代理）
Michael Neruda
助理部长：
行政管理： 卢·加莱戈斯
Lou Gallegos
国会关系： 玛丽·沃特斯
Mary Waters
总顾问： J. 迈克尔·凯利（代理）
J. Michael Kelly
监察长： 乔伊斯·弗莱希曼（代理）
Joyce N. Fleischman
首席财政官： 爱德华·麦克弗森
Edward R. McPherson
首席信息官： 艾拉·霍布斯（代理）
Ira L. Hobbs
首席经济专家： 凯思·柯林斯
Keith Collins
通讯： 凯文·赫格洛茨
Kevin Herglotz

商务部

部长： 唐·埃文斯
Don Evans
常务副部长： 塞缪尔·博德曼
Samuel Bodman
副部长：
海洋和大气： （空缺）
出口管理： 肯尼思·贾斯特
Kenneth Juster
国际贸易： 格兰特·奥尔多纳斯
Grant Aldonas
经济事务： 凯瑟林·库帕
Kathleen Cooper
技术： （空缺）
办公厅主任： 劳里·芬顿
Laurie Fenton
总顾问： 特德·卡辛格
Ted Kassinger
助理部长：
首席财政官兼行政管理： 奥托·沃尔夫 Otto Wolff
经济发展局： 戴维·桑普森
David Sampson
出口管理局： 吉姆·约胡恩
Jim Jochun
出口执法： 迈克尔·加西亚
Michael Garcia
进口管理局： 法里亚·希扎德
Faryar Shirzad
立法事务： 布伦达·贝克尔

Brenda Becker

市场准入和起诉： 威廉·拉什 William Lash

国家电信信息管理局： 南希·维克托里 Nancy Victory

海洋和大气： （空缺）

专利和商标司： （空缺）

贸易发展： 琳达·康林 Linda Conlin

联邦及对外商务司： 玛丽亚·西诺 Maria Cino

人口普查局： 威廉·巴伦（代理） William G. Barron Jr.

全国技术标准协会： （空缺）

少数族裔企业发展局： 罗纳德·兰斯顿 Ronald Langston

公共事务： 玛丽·克劳福德 Mary Crawford

劳工部

部长： 赵小兰 Elaine Chao

常务副部长： D. 卡梅伦·芬德利 D. Cameron Findlay

办公厅主任： 史蒂文·劳 Steven J. Law

助理部长：

行政管理： 帕特里克·皮泽拉 Patrick Pizzella

国会和政府间事务： 克里斯廷·艾弗森 Kristine Iverson

就业和培训： 埃米莉·德罗科 Emily Stover DeRocco

就业标准： 乔·肯尼迪（代理） Joe Kennedy

职业安全和卫生： 约翰·亨肖 John Henshaw

矿业安全和卫生： 戴维·劳里斯基 David Lauriski

退休金和福利津贴： 安·库姆斯 Ann Combs

政策： 克里斯托弗·斯皮尔 Christopher Spear

公共事务： 斯图尔特·罗伊（帮办） Stuart Roy

退伍军人就业和培训： 查尔斯·西科莱拉（帮办） Charles Ciccolella

法务署长： 霍华德·拉兹利（代理） Howard Radzley

国际事务局： 乔治·佩雷斯—洛佩斯（代理） Jorge Perez – Lopez

妇女局： 希内·丘恩 Shinae Chun

监察长： 戈登·赫德尔 Gordon S. Heddell

劳工统计局： 凯瑟琳·亚伯拉罕 Katharine G. Abraham

卫生与公众服务部

部长： 汤米·汤普森 Tommy Thompson

常务副部长： 克劳德·艾伦 Claude A. Allen

办公厅主任： 罗伯特·伍德 Robert Wood

助理部长：

卫生事务： （空缺）

立法事务： 斯科特·惠特克 Scott Whitaker

管理和预算： 丹尼斯·威廉（代理） Dennis Williams

计划与评估： 博比·金德尔

Bobby Piyush Jindal
公共事务： 凯文·基恩
Kevin Keane
老龄事务： 约瑟菲纳·卡博内尔
Josefina Carbonell
儿童与家庭： 韦德·霍恩
Wade F. Horn
总顾问： 亚历克斯·阿扎尔
Alex Azar
监察长： 珍尼特·伦奎斯特
Janet Rehnquist
民权司： 罗本休·弗罗博伊斯（代理）
Robensue Frohboese
卫生局长： 戴维·撒切尔
David Satcher
医疗保健中心： 汤姆·斯卡利
Tom Scully

住房和城市发展部

部长： 梅尔·马丁内斯
Mel Martinez
常务副部长： 阿方索·杰克逊
Alphonso R. Jackson
办公厅主任： 丹尼尔·墨菲
Daniel R. Murphy
助理部长：
社区规划和发展： 罗伊·伯纳迪
Roy A. Bernardi
公平住房和机会均等： （空缺）
住房事务兼联邦住房局长： 约翰·韦克 John C. Weicher
国会和政府间关系： 梅洛迪·芬内尔 Melody H. Fennel
政策发展与研究： （空缺）
公共和印第安人住房： （空缺）
总顾问： 理查德·豪泽
Richard A. Hauser
首席信息官： 格洛丽亚·帕克
Gloria R. Parker
监察长： 戴维·威廉姆斯（代理）
David C. Williams
首席财政官： 安杰拉·安东内利
Angela Antonelli
政府国民抵押协会： 罗纳德·罗森菲尔德 Ronald Rosenfeld
联邦住房建筑业监察司： 阿曼多·福尔肯 Armando Falcon Jr.

运输部

部长： 诺曼·峰田
Norman Mineta
常务副部长： 迈克尔·杰克逊
Michael P. Jackson
助理部长：
行政管理： 梅利沙·艾伦
Melissa Allen
预算和计划： 唐纳·麦克莱恩
Donna McLean
政府事务： 肖恩·奥霍拉伦
Sean B. O'Hollaren
航空与国际事务： 里德·范德沃尔特 Read Van de Walter
运输政策： （空缺）
公共事务： 蒂姆·阿纳德（代理）
Tim Arnade
美国海岸警卫队司令： 詹姆斯·洛伊（海军上将） James M. Loy
联邦航空局： 简·加维
Jane Garvey
联邦公路局： 玛丽·彼得斯
Mary Peters
联邦铁路局： 艾伦·拉特

Allan Rutter
海运局：（空缺）
国家公路交通安全局：杰弗里·朗格 Jeffrey W. Runge
联邦运输局：珍妮弗·多恩 Jennifer L. Dorn
研究和特别规划管理局：（空缺）
圣劳伦斯海运发展公司：艾尔伯特·雅克 Albert Jacques

能源部

部长：斯潘塞·亚伯拉罕 Spencer Abraham
常务副部长：弗朗西斯·布莱克 Francis Blake
副部长：罗伯特·卡德 Robert Card
办公厅主任：凯尔·麦克斯塔罗 Kyle McStarrow
负责国际政策的办公厅副主任：乔·麦克莫尼吉 Joe McMonigie
总顾问：李·奥蒂斯 Lee Otis
监察长：格雷戈里·弗里德曼 Gregory Friedman
助理部长：
国会与政府间事务：丹·布劳伊莱特 Dan Brouillette
能效及再生能源：戴维·加曼 David Garman
国防计划：凯瑟琳·卡尔森（代理） Kathleen Carlson
政策：（空缺）
地下能源：罗伯特·克里波威奇（代理） Robert Kripowicz
国际事务：维基·贝利 Vicky A. Bailey
环境恢复和废料管理：杰西·罗伯逊 Jessie Roberson
行政和人力资源管理：理查德·法里尔 Richard Farrell
环境、安全与健康：史蒂文·凯里（代理） Steven Carey
核能局：比尔·马格伍德 Bill Magwood
能源情报局：玛丽·赫茨勒 Mary Hutzler
经济影响及变化局：特里萨·斯皮克 Theresa Speake
听证和上诉局：乔治·布雷兹内 George Breznay
能源研究局：（空缺）
民用放射性废料管理局：莱克·巴雷特（代理） Lake H. Barrett
防止核扩散和国家安全局：肯·贝克（代理） Ken Baker
首席财政官：布鲁斯·卡恩斯 Bruce Carnes
能源顾问委员会：（空缺）
公共事务司：珍妮·洛帕托 Jeanne Lopatto

教育部

部长：罗德·佩奇 Rod Paige
常务副部长：威廉·汉森 William D. Hansen
办公厅主任：特里·艾伯特 Terry R. Abbott
监察长：洛兰·刘易斯 Lorraine P. Lewis
总顾问：布赖恩·琼斯

Brian W. Jones
助理部长：
成人和职业教育： 卡罗尔·达米科
Carol D' Amico
公民权利： 杰拉尔德·雷诺兹
Gerald Reynolds
教育研究与改进： 格罗夫·怀特赫斯特 Grover J. Whitehurst
初级与中级教育： 苏珊·纽曼
Susan B. Neuman
政府及机构间事务： 劳里·里奇
Laurie M. Rich
立法和国会事务： 丽贝卡·坎波弗德 Rebecca O. Campoverde
高等教育： 莫林·麦克洛林
Maureen McLaughlin
特殊教育和残疾人培训： 罗伯特·帕斯特奈克 Robert H. Pasternack
双语教育及少数族裔语言事务： 阿瑟·洛夫 Arthur Love
残疾人培训服务局： 乔安妮·威尔逊
Joanne M. Wilson
教育统计局： 加里·菲利普斯（代理）
Gary Phillips

退伍军人事务部

部长： 安东尼·普林西比
Anthony Principi
常务副部长： 利奥·麦凯
Leo Mackay Jr.
副部长：
负责福利事务： 约瑟夫·汤普森
Joseph Thompson
负责卫生保健： 托马斯·加思韦特（代理） Thomas L. Garthwaite
负责悼念事务： 罗宾·希金斯
Robin Higgins
助理部长：
国会事务： 戈登·曼斯菲尔德
Gordon Mansfield
行政管理： D. 马克·卡特利特（代理） D. Mark Catlett
人力资源和管理： 雅各布·洛扎达
Jacob Lozada
政策和计划： 克劳德·基克莱特
Claude Kicklighter
公共和政府间事务： 莫林·克拉金
Maureen Cragin
监察长： 理查德·格里芬
Richard J. Griffin
总顾问： 蒂姆·麦凯恩
Tim McClain
退伍军人上诉委员会： 埃利加·克拉克
Eligah Dane Clark
合同上诉委员会： 盖伊·麦克迈克尔第三 Guy H. McMichael III
劣势及小企业利用管理局： 斯科特·丹尼斯顿 Scott S. Denniston
退伍军人服务组织联络局： 艾伦·肯特
Allen F. Kent

联邦主要独立机构和半官方机构

在美国联邦行政部门中，除构成行政部门主体的现有的14个内阁部之外，还有众多的独立机构、半官方组织及为数不多的政府公司。这些机构一般都是由国会立法设立，其主要官员均由总统商得国会参议院同意后任命，且任期一般都比总统任期要长，这些做法是为了保持这些机构的“独立性”。

为数众多的独立机构一般分为两类，一类是独立的行政事务性机构，另一类是独立管制机构。独立管制机构的地位特殊，它虽属总统直接领导下的行政机构，但却被国会以“委托立法”的方式授予了有限的立法权，还被国会立法授予了对所管辖事务的行政裁决权，因此而具有了准立法和准司法的职能。它既可以制定实施管制的规章、条例，又可以在规章和有关法律被违反时举行听证，对违章违法的公司、社团做出裁决。如当事者不服，可向联邦法院提出申诉；如当事者无视它的裁决，它也可以向联邦法院申请执行。

中央情报局（CIA） 根据1947年《国家安全法》创立。由总统和国家安全委员会领导，是国家安全委员会在有关国家安全的情报事务上的咨询和顾问机构。主要职能包括：搜集、评估、传送有关国家安全、毒品生产和交易的情报工作；同时在国内（与联邦调查局合作）和国外负责搜集和传送外国有关情报，并制造反情报；还从事由总统亲自指导的特务活动。该机构有权以必要和适当的方式来保护其活动、情报及人员的安全。总部设在首都华盛顿（Washington, DC, 20505）。现任局长为乔治·特尼特（George J. Tenet）。

民权委员会 根据1957年《民权法》建立，主要职能有：收集和研究以种族、肤色、宗教、年龄、性别、障碍、族裔为由而产生的歧视做法，确保公民在选举权和民权法律实施中获得平等的保护，促进公民在教育、就业和住房诸方面享受平等机会。机构设在华盛顿（624 9th St. NW, Washington, DC, 20425）。现任主席为玛丽·贝里（Mary Frances Berry）。

非洲发展基金会 1984年根据《非洲发展基金法》建立，为营利性政府公司。任务在于通过赠款、贷款和贷款担保，来援助非洲国家中贫困人口的自助活动。总部位于首都华盛顿（1400 Eye St. NW, 20005）。

全国铁路客运公司（AMTRAK） 根据1970年《铁路客运服务法》建立，主要职能是发展、经营和改进城市间铁路客运服务，以创立国家铁路运输系统。总部设在华盛顿（60 Massachusetts Ave. NE, 20002）。现任总裁兼首席执行官为乔治·沃林顿（George Warrington）。

商品期货交易委员会（CFTC）

根据 1973 年《商品期货法》于当年5月14日建立，负责管理美国11个期货交易所的交易活动，并管理期货交易所成员、公共经纪人事务所、商品交易顾问及其他有关雇员的活动。总部位于华盛顿（3 Lafayette Center, 1155 21st St. NW, 20581)。现任主席为詹姆斯·纽瑟姆(James E. Newsome, 代理)

消费产品安全委员会（CPSC） 1973年5月14日根据《消费产品安全法》建立，职能包括保护公众免受消费产品的不合理的伤害，并负责发展、执行和评估消费品的安全标准。总部设在马里兰州贝塞斯达（4330 East – West Highway, Bethesda, MD, 20814)。现任主席为安·布朗（Ann Brown)。

全国社区服务公司 根据 1993 年《国家和社区服务法》建立，负责实施以前由“美国改善邻国关系理事会（ACTION)”管理的各项计划。它下属的执行机构有美国服务队和美洲服务队等“为美国志愿服务队（VISTA)”的分支组织，它们鼓励并提供由志愿者、学校、退休及老年志愿者从事的全国和社区服务。

环境保护局（EPA） 创立于1970年12月2日，职能包括保护和改善环境，控制并减少空气和水的污染，并管理废弃土地的支配，以及农药、放射物及有毒物质的使用。总部设在华盛顿（401 M St. SW, 20460)。现任局长为克里斯廷·惠特曼（Christine Todd Whitman)。

平等就业机会委员会（EEOC） 根据 1964 年《民权法》第七部分的条款于 1965 年 7 月 2 日建立，职能是防止在雇用、晋升、解聘、工资待遇、考核、培训、学徒和所有其他就业事项及条件方面因种族、肤色、宗教、性别、年龄、障碍、族裔而产生的歧视。总部设在华盛顿（1801 L St. NW, 20507)。现任主席是凯利·多明格兹（Cari M. Dominguez)。

美国进出口银行 1934 年 2 月 2 日建立，主要职能在于通过向出口商和私人银行提供贷款、贷款担保和保险，来援助和推进美国商品和服务的出口。总部设在华盛顿（811 Vermont Ave. NW, 20571)。现任董事长兼总裁为约翰·罗布森（John E. Robson)。

农业信贷局 根据 1971 年《农业信贷法》建立，主要负责管理和监察农业信贷系统的计划项目，以及该系统中负有向农场主、牧场主、农产品生产者、农村房产主、农牧民协会和组织、及农业设备生产者提供贷款任务的银行、协会和其他组织的活动。该机构设在弗吉尼亚州麦克林镇（1501 Farm Credit Drive, McLean, VA, 22102—5090）。现任董事长为迈克尔·雷纳（Michael M. Reyna）。

联邦通讯委员会（FCC） 根据1934年《通讯法》建立，主要职能包括管理州际和对外无线电广播、电视、电话、电报等通讯业务，指导全国广播服务的发展及电话、电报服务的快速有效的提供。该机构设在华盛顿（1919 M St. NW, 20554）。现任主席为迈克尔·鲍威尔（Michael K. Powell）。

联邦储蓄保险公司（FDIC） 根据《联邦储备法》于1933年6月16日建立，主要职能包括通过对存款提供保险和检查非联邦储备系统的州银行的经营状况来保护货币供应，并承担以前由联邦储贷保险公司（FSLIC, 1989年被撤销）承担的为储贷机构提供保险的责任。总部设在华盛顿（550 17th St. NW, 20429）。现任董事长为唐纳德·鲍威尔（Donald E. Powell）。

联邦选举委员会（FEC） 根据1971年《联邦竞选运动法》建立，主要职能在于为总统选举提供公共资金，保证竞选筹资活动的公开和透明，管理和执行有关联邦竞选活动中对捐助及支出的限制规定。机构设在华盛顿（999 E St. NW, 20463）。现任主席是丹尼·麦克唐纳（Danny L. McDonald）。

联邦紧急情况管理局（FEMA） 建立于1979年3月31日，主要职能是负责各类联邦紧急状况的应付准备、缓解及应对措施，以及在自然和人为紧急状况下保证资源的最便捷、最有效的使用。总部设在华盛顿（500 C St. SW, 20472）。现任局长为乔·奥尔鲍（Joe M. Allbaugh）。

联邦劳工关系局（FLRA） 建立于1979年1月1日，主要职责有：保护联邦雇员的结社、集体谈判和加入劳工组织的权利；监督联邦雇员及代表他们的组织所履行的权利和义务。该机构设在华盛顿（607 14th St. NW, 20424）。

联邦储备系统 根据《联邦储备法》创立于1913年12月23日，为美国的中央银行。主要职能包括管理和制定全国的信贷和货币政策，管理货币供应，保持银行业的健康发展。总部设在华盛顿（20th St. and Constitution Ave. NW, 20551）。现任联邦储备系统总裁委员会（简称联邦储备委员会）主席为艾伦·格林斯潘（Alan Greenspan）。

联邦贸易委员会（FTC） 根据《联邦贸易委员会法》和《克莱顿法》创立于1914年，主要职责包括保持自由企业制度下的自由和公平竞争，打破垄断，防止腐败、对贸易的限制及不公平的贸易做法。总部位于华盛顿（Pennsylvania Ave. at 6th St. NW, 20580)。现任主席为蒂莫西·缪里斯（Timothy J. Muris)。

总务局（GSA） 根据1949年《联邦财产和行政服务法》于当年7月1日建立，职责包括管理政府财产、文献、办公场所的建设、供应品的分配及其他政府服务项目，并制定相关政策。该局下设4个服务分局：信息资源管理局、联邦供应局、公共建筑物管理局（PBS）及联邦财产资源局（FPRS)。总局设在华盛顿（General Service Building, 18th and F Sts. NW, 20405)。现任局长为斯蒂芬·佩里（Stephen A. Perry)。

美洲基金会 建立于1969年，主要职能在于支持拉丁美洲和加勒比地区的社会、经济发展，向当地贫困人口的自助组织提供资助。总部设在弗吉尼亚州阿灵顿（901 North Stuart St., Arlington, VA, 22203)。现任主席为弗兰克·伊塔利亚（Frank Yturria)。

国家航空航天管理局（NASA） 根据1958年《国家航空航天法》建立，主要任务在于发展、建造、试验和操纵在大气和外层空间进行飞行研究的航空航天器，发布有关空间探索及本局活动的信息。总部设在华盛顿（300 E St. SW, 20546)。现任局长为丹尼尔·戈尔丁（Daniel S. Goldin)。

国家档案文献管理局（NARA） 1984年10月19日建立，主要职能是制定管理联邦政府档案文献及使其对公众开放的有关政策。它管辖着11个地区档案局和14个联邦档案文献中心，以及11个总统图书馆。总部设在华盛顿（700 Pennsylvania Ave. NW, 20408)。现任局长为约翰·卡林（John W. Carlin)。

全国信贷协会管理局（NCUA） 建立于1970年3月10日，主要职能包括审批、承保、监督、检查各联邦信贷协会，管理联邦信贷协会股份保险基金，通过中央清算机构向信贷协会提供紧急贷款。总部设在弗吉尼亚州亚历山德里亚（1775 Duke St., Alexandria, VA, 22314—3428)。

国家艺术和人文科学基金会 根据1965年《国家艺术和人文科学基金会法》建立，主要职能为鼓励和支持国家人文科学和艺术的发展。下设3个分支机构：国家艺术捐赠基金会（NEA）负责支持艺术方面杰出专业人才的培养；国家人文科学捐赠基金会（NEH）是支持人文科学研究、教育和公共计划的独立拨款机构；博物馆服务协会（IMS）协助博物馆维持、增设和改进公众服务。总部设在华盛顿（1100 Pennsylvania Ave. NW，20506）。

全国劳工关系委员会（NLRB） 根据1935年《全国劳工关系法》（即《瓦格纳法》）创立，主要职能包括实施联邦劳工法，保障雇员的组织权利，指导决定劳工是否同意某工会为其集体谈判代表的选举，防止和纠正对劳工的不公平做法。总部位于华盛顿（1099 14th St. NW，20570）。

国家调解委员会 根据《铁路劳工法》修正案于1934年6月21日成立，主要职责是调查和调解铁路业和航空业中可能打断商业流程并危及国家经济的抗议争端。机构设在华盛顿（1301 K St. NW，Suite 250 East，20572）。

国家科学基金会（NSF） 根据1950年《国家科学基金会法》创立，主要职能在于通过支持研究和教育计划，促进基础科学和工程学的进展。总部设在弗吉尼亚州阿灵顿（4201 Wilson Blvd.，Arlington，VA，22230）。现任理事长艾蒙·凯利（Eamon Kelly），主席丽塔·科尔韦尔（Rita Colwell）。

全国运输安全委员会（NTSB） 根据1974年《独立安全委员会法》于1975年4月1日建立，主要职能包括：保障美国各类运输业的安全运营，调查事故，指导研究，并向政府机构、运输业及其他相关部门提供政策建议。委员会设在华盛顿（490 L' Enfant Plaza，SW，20594）。现任主席为卡罗尔·卡莫迪（Carol J. Carmody）。

核管制委员会（NRC） 根据1974年《能源重新组织法》建立，主要职能有：批准和管制民用核能的使用以保护公众健康和环境；对核反应堆和其他核材料的建筑、拥有及操作设立许可证管制制度及发放许可证，并对其进行监察。总部设在马里兰州洛克维尔（11555 Rockville Pike，Rockville，MD，20852）。现任主席为理查德·梅泽夫（Richard A. Meserve）。

人事管理局（OPM） 建立于1979年1月1日，负责在不考虑种族、宗教、性别、政治倾向及其他非考绩因素的条件下，雇用、考核、培训和促进公民担任政府工作；向雇员和退休雇员或其遗属提供包括医疗和人寿保险在内的直接福利。该机构设在华盛顿（1900 E St. NW, 20415）。现任局长为凯·詹姆斯（Kay Coles James）。

和平队 根据1961年《和平队法》建立，公开申明的宗旨为促进世界和平和友谊；其主要任务是通过将美国志愿人员派往国外参与公共工程计划的方式帮助其他国家人民开发人力资源；工作重点为帮助这些国家的最贫困地区。总部设在华盛顿（1990 K St. NW, 20526）。现任主席为查尔斯·巴奎特（Charles R. Baquet III，代理）。

养老金福利担保公司（PBGC） 根据1974年《雇员退休收入安全法》第四部分条款成立于当年9月2日，主要职能在于保证养老金福利计划中私人企业对不可没收的养老金的支付。总部设在华盛顿（1200 K St. NW, 20005）。

邮政费率委员会 根据《邮政重新组织法》于1970年8月12日建立，主要职能包括对邮政费率、费用、邮政服务、规划、研究，及信函分类细目的变化提出建议，对有关邮费、邮政服务及费用的诉讼举行听证。机构设在华盛顿（1333 H St. NW, 20268—0001）。现任主席为乔治·奥马斯（George A. Omas）。

证券交易委员会（SEC） 根据1934年《证券交易法》创立于当年7月2日，主要职能有：向公众提供最充分的可以公开的有关证券销售、经营及注册的信息，保护公众免遭证券和金融市场中不法行为的伤害。机构设在华盛顿（450 Fifth St. NW, 20549）。现任主席为哈维·皮特（Harvey L. Pitt）。

义务兵役系统 根据《义务兵役法》建立于1948年6月24日，负责登记并保管18岁至26岁适于服役的男性公民名单，以备国家安全紧急之需。总部设在弗吉尼亚州阿灵顿（National Headquarters, 1515 Wilson Blvd, Arlington, VA, 22209—2425）。现任主任为艾尔弗雷多·拉斯肯（Alfredo V. Rascon）。

小企业管理局（SBA） 根据1953年《小企业法》建立，主要职能是对小企业提供援助、咨询及贷款，保护其利益，确保小企业在国家采购及合同中获得公平的份额。机构设在华盛顿（409 Third St. SW, 20416）。现任局长为赫克托·巴雷特（Hector V. Barrett）。

社会保障管理局 建立于1946

年7月16日，1994年《社会保障独立法》赋予其独立机构地位。主要职能包括：管理由退休保险、遗属保险、伤残保险计划组成的国家社会保险计划，即通常所说的社会保障；管理对老年人、盲人和残疾人实行的追加社会保障收入计划；研究贫困问题并提出解决建议；确定分配给全国工人的社会保险金数额。机构设在马里兰州巴尔的摩市（6401 Security Blvd.，Baltimore，MD，21235）。现任局长为拉里·马萨纳利（Larry G. Massanari，代理）。

田纳西河流域管理局（TVA） 根据《田纳西河流域管理局法》创立于1933年5月18日，为联邦政府拥有的公司。主要职责包括：推行使田纳西河流域地区经济增长的资源发展计划，控制洪水，发展灌溉，生产电力，发展化肥工业，改进娱乐设施，开发林业和野生动植物业。总部设在田纳西州诺克斯维尔（400 West Summit Hill Dr.，Knoxville，TN，37902—2003）。现任董事会主席为格伦·麦科洛（Glenn L. McCollough Jr.）。

储蓄者保护监督委员会 根据1989年8月9日《联邦住宅银行法》修正案建立，前身为监督委员会。负责对决议信托公司（RTC）和决议基金公司（REFCORP）的活动进行全面监督。机构设在华盛顿（808 17th St. NW，20232）。

美国新闻总署（USIA） 根据1948年《美国新闻和教育交流法》以及1961年《教育和文化相互交流法》建立，主要职能包括：监督和管理海外新闻和文化交流计划项目，包括“美国之音”的广播和富布赖特奖学金计划；增加外国对美国政策的理解，并力求为美国对外政策赢得国外的支持；为总统和国家安全委员会提供世界各国对美国政策的看法。总部设在华盛顿（301 Fourth St. SW，20547）。

美国邮政总局 根据《邮政重新组织法》建立于1970年8月12日，主要职能包括向国内个人和企业提供邮件分理及寄送服务，防止邮件丢失或被窃，拘捕违犯邮政法律的嫌犯。总部设在华盛顿（475 L' Enfant Plaza，SW，20260—0010）。现任局长为约翰·波特（John E. Potter）。

美国国际开发合作总署（IDCA） 建立于1979年10月1日，主要职能为计划、安排、协调涉及发展中国家有关经济问题的政策。下设两个规模庞大的机构：国际开发署（AID）负责经济援助及发展中国家的自助计划；海外私人投资公司（OPIC）则在能使投资者获得利润并帮助受资国社会经济发展的前提下，在100多个国家中推动、促进和鼓励美国的投资。总部设在华盛顿（320 21st St. NW，20523—0001）。

美国国际贸易委员会 创立于1916年9月8日，主要职能是向总统、国会及其他政府机构提供有关国际贸易和关税方面的研究、报告和建议。机构设在华盛顿（500 E St. SW，20436）。现任主席为斯蒂芬·科普兰（Stephen Koplan）。

美国和平研究所 建立于1984年10月19日，主要职能是发展和传播有关美国国际争端和平解决的研究成果，同时也向通过发展和信息传播来促进和平的其他机构提供资助。机构设在华盛顿（1550 M St. NW，20005—1708）。

美国联邦司法部门

美国联邦政府三大部门之一的司法部门即联邦法院。联邦法院系统由联邦最高法院、联邦上诉法院、联邦地区法院、美国领地法院、国际贸易法院、联邦索赔法院、军事上诉法院、税务法院、退伍军人上诉法院、联邦法院行政管理局、联邦司法中心及判决委员会组成，其中，前三类（个）法院构成了联邦司法系统的主体。

联邦最高法院

根据宪法第三条第一款的规定，国会于1789年9月24日通过《联邦司法法》，创立了联邦最高法院。它由首席大法官1人及大法官数人组成。大法官的名额由国会确定，目前最高法院大法官的人数（包括首席大法官）为9人。他们均由总统在征得参议院的意见和同意后任命，并终身任职。最高法院的开庭时间为每年10月份的第一个星期一，通常持续到第二年的6月底。它每年审理大约150个案件。近年来它审理的案件越来越少。

联邦最高法院现任大法官

姓 名	任职前所在州	任命者	出 生	毕业学院
威廉·伦奎斯特 William H. Rehnquist （首席）	亚利桑那	尼克松，1972 里根，1986	1924	斯坦福
约翰·史蒂文斯 John Paul Stevens	伊利诺伊	福特，1975	1920	西北大学
桑德拉·奥康纳（女） Sandra Day O' Connor	亚利桑那	里根，1981	1930	斯坦福
安东宁·斯卡利亚 Antonin Scalia	弗吉尼亚	里根，1986	1936	哈佛
安东尼·肯尼迪 Anthony Kennedy	加利福尼亚	里根，1987	1936	哈佛
戴维·苏特 David H. Souter	新罕布什尔	布什，1990	1939	哈佛
克拉伦斯·托马斯 Clarence Thomas	弗吉尼亚	布什，1991	1948	耶鲁
鲁思·金斯伯格 Ruth B. Ginsburg	首都华盛顿	克林顿，1993	1933	哥伦比亚
斯蒂芬·布雷耶 Stephen Breyer	马萨诸塞	克林顿，1994	1945	耶鲁

联邦最高法院历任大法官

姓 名	任职前所在州	任职年代	任 期	生卒年代
约翰·杰伊（首）	纽约	1789—1795	6	1745—1829
约翰·拉特利奇	南卡罗来纳	1789—1791	2	1739—1800
威廉·库欣	马萨诸塞	1789—1810	21	1732—1810
詹姆斯·威尔逊	宾夕法尼亚	1789—1798	9	1742—1798
约翰·布莱尔	弗吉尼亚	1789—1796	7	1732—1800
詹姆斯·艾尔德尔	北卡罗来纳	1790—1799	9	1751—1799
托马斯·约翰逊	马里兰	1791—1793	2	1732—1819
威廉·佩特森	新泽西	1793—1806	13	1745—1806
塞缪尔·蔡斯	马里兰	1796—1811	15	1741—1811

续表

姓　　名	任职前所在州	任职年代	任　期	生卒年代
奥利弗·埃尔斯沃思（首）	康涅狄格	1796—1800	4	1745—1807
布什罗德·华盛顿	弗吉尼亚	1798—1829	31	1762—1829
艾尔弗雷德·莫尔	北卡罗来纳	1799—1804	5	1755—1810
约翰·马歇尔（首）	弗吉尼亚	1801—1835	34	1755—1835
威廉·约翰逊	南卡罗来纳	1804—1834	30	1771—1834
亨利·利文斯顿	纽约	1806—1823	16	1757—1823
托马斯·托德	肯塔基	1807—1826	19	1765—1826
约瑟夫·斯托里	马萨诸塞	1811—1845	34	1779—1845
加布里埃尔·杜瓦尔	马里兰	1811—1835	24	1752—1844
史密斯·汤普森	纽约	1823—1843	20	1768—1843
罗伯特·特林布尔	肯塔基	1826—1828	2	1777—1828
约翰·麦克莱恩	俄亥俄	1829—1861	32	1785—1861
亨利·鲍德温	宾夕法尼亚	1830—1844	14	1780—1844
詹姆斯·韦恩	佐治亚	1835—1867	32	1790—1867
罗杰·塔尼（首）	马里兰	1836—1864	28	1777—1864
菲利普·巴伯	弗吉尼亚	1836—1841	5	1783—1841
约翰·卡特伦	田纳西	1837—1865	28	1786—1865
约翰·麦金利	亚拉巴马	1837—1852	15	1780—1852
皮特·丹尼尔	弗吉尼亚	1841—1860	19	1784—1860
塞缪尔·纳尔逊	纽约	1845—1872	27	1792—1873
利瓦伊·伍德伯里	新罕布什尔	1845—1851	6	1789—1851
罗伯特·格里尔	宾夕法尼亚	1846—1870	23	1794—1870
本杰明·柯蒂斯	马萨诸塞	1851—1857	6	1809—1874
约翰·坎贝尔	亚拉巴马	1853—1861	8	1811—1889
内森·克利福德	缅因	1858—1881	23	1803—1881
诺亚·斯韦恩	俄亥俄	1862—1881	18	1804—1884
塞缪尔·米勒	艾奥瓦	1862—1890	28	1816—1890
戴维·戴维斯	伊利诺伊	1862—1877	15	1815—1886
斯蒂芬·菲尔德	加利福尼亚	1863—1897	34	1816—1899
萨蒙·蔡斯（首）	俄亥俄	1864—1873	9	1808—1873
威廉·斯特朗	宾夕法尼亚	1870—1880	10	1808—1895
约瑟夫·布雷德利	新泽西	1870—1892	22	1813—1892
沃德·亨特	纽约	1872—1882	10	1810—1886
莫里森·韦特（首）	俄亥俄	1874—1888	14	1816—1888

续表

姓 名	任职前所在州	任职年代	任 期	生卒年代
约翰·哈伦	肯塔基	1877—1911	34	1833—1911
威廉·伍兹	佐治亚	1880—1887	7	1824—1887
斯坦利·马修斯	俄亥俄	1881—1889	8	1824—1889
霍勒斯·格雷	马萨诸塞	1881—1902	21	1828—1902
塞缪尔·布莱奇福德	纽约	1882—1893	11	1820—1893
卢修斯·拉马尔	密西西比	1888—1893	5	1825—1893
梅尔维尔·富勒（首）	伊利诺伊	1888—1910	22	1833—1910
戴维·布鲁尔	堪萨斯	1889—1910	21	1837—1910
亨利·布朗	密歇根	1890—1906	16	1836—1913
小乔治·希拉斯	宾夕法尼亚	1892—1903	11	1832—1924
豪厄尔·杰克逊	田纳西	1893—1895	2	1832—1895
爱德华·怀特	路易斯安那	1894—1910	16	1845—1921
鲁弗斯·佩卡姆	纽约	1895—1909	14	1838—1909
约瑟夫·麦克纳	加利福尼亚	1898—1925	27	1843—1926
奥利弗·霍尔姆斯	马萨诸塞	1902—1932	30	1841—1935
威廉·戴	俄亥俄	1903—1922	19	1849—1923
威廉·穆迪	马萨诸塞	1906—1910	4	1853—1917
霍勒斯·勒顿	田纳西	1909—1914	5	1844—1914
查尔斯·休斯	纽约	1910—1916	6	1862—1948
威利斯·范德万特	怀俄明	1910—1937	27	1859—1941
约瑟夫·拉马尔	佐治亚	1910—1916	6	1857—1916
爱德华·怀特（首）	路易斯安那	1910—1921	11	1845—1921
马伦·皮特尼	新泽西	1912—1922	10	1858—1924
詹姆斯·麦克雷诺兹	田纳西	1914—1941	27	1862—1942
路易斯·布兰代斯	马萨诸塞	1916—1939	23	1856—1941
约翰·克拉克	俄亥俄	1916—1922	6	1857—1945
威廉·塔夫特（首）	康涅狄格	1921—1930	9	1857—1930
乔治·萨瑟兰	犹他	1922—1938	16	1862—1942
皮尔斯·巴特勒	明尼苏达	1922—1939	17	1866—1939
爱德华·桑福德	田纳西	1923—1930	7	1865—1930
哈伦·斯通	纽约	1925—1941	16	1872—1946
查尔斯·休斯（首）	纽约	1930—1941	11	1862—1948
欧文·罗伯茨	宾夕法尼亚	1930—1945	15	1875—1955
本杰明·卡多佐	纽约	1932—1938	6	1870—1938

续表

姓 名	任职前所在州	任职年代	任 期	生卒年代
雨果·布莱克	亚拉巴马	1937—1971	34	1886—1971
斯坦利·里德	肯塔基	1938—1957	19	1884—1980
费利克斯·弗兰克福特	马萨诸塞	1939—1962	23	1882—1965
威廉·道格拉斯	康涅狄格	1939—1975	36	1898—1980
弗兰克·墨菲	密歇根	1940—1949	9	1890—1949
哈伦·斯通（首）	纽约	1941—1946	5	1872—1946
詹姆斯·贝尔纳斯	南卡罗来纳	1941—1942	1	1879—1972
罗伯特·杰克逊	纽约	1941—1954	13	1892—1954
威利·拉特利奇	艾奥瓦	1943—1949	6	1894—1949
哈罗德·伯顿	俄亥俄	1945—1958	13	1888—1964
弗雷德·文森（首）	肯塔基	1946—1953	7	1890—1953
汤姆·克拉克	得克萨斯	1949—1967	18	1899—1977
谢尔曼·明顿	印第安纳	1949—1956	7	1890—1965
厄尔·沃伦（首）	加利福尼亚	1953—1969	16	1891—1974
约翰·哈伦	纽约	1955—1971	16	1899—1971
小威廉·布伦南	新泽西	1956—1990	34	1906—1990
查尔斯·惠特克	密苏里	1957—1962	5	1901—1973
波特·斯图尔特	俄亥俄	1958—1981	23	1915—1985
拜伦·怀特	科罗拉多	1962—1993	31	1917—
阿瑟·戈德堡	伊利诺伊	1962—1965	3	1908—1990
阿贝·福塔斯	田纳西	1965—1969	4	1910—1982
瑟古德·马歇尔	纽约	1967—1991	24	1908—1993
沃伦·伯格（首）	弗吉尼亚	1969—1986	17	1907—1995
哈里·布莱克门	明尼苏达	1970—1994	24	1908—
小刘易斯·鲍威尔	弗吉尼亚	1972—1987	15	1907—1998

注：本表未包括现任大法官，表中人名后带有“（首）”字者为首席大法官，其任期系担任首席大法官的时间；如此前他曾担任过联邦最高法院大法官，则在表中另行列出。

联邦上诉法院

这是一个受理上诉案件的联邦中级法院系统，它是根据 1891 年 3 月 3

日国会通过的一项立法创立的，目的在于减轻联邦最高法院受理经联邦地区法院初审后的上诉案件的压力。这个系统将全国50个州和海外领地及托管地划分为11个巡回审判区，每区设立一个巡回法院负责审理该区各州的上诉案件；哥伦比亚特区则独自为一个巡回审判区，设有哥伦比亚特区巡回法院；此外，还另设有一个联邦巡回法院，负责经联邦特别法院初审后的上诉案件的审理。每个联邦巡回法院的法官人数依该巡回区工作量的大小而不等，现今美国共有170余名联邦上诉法院法官。在上诉案件的审理中，除了按照法律规定需要最高法院直接审理的案件外，这些巡回法院的判决即为终审判决。

联邦各巡回法院

联邦巡回法院

首席法官 霍尔丹·迈耶

Haldane Robert Mayer

法官 贾尔斯·里奇，波林·纽曼，保罗·米歇尔，S.杰伊·普拉格，艾伦·洛里，雷蒙德·克莱文杰第三，兰德尔·雷德，阿尔文·沙尔，威廉·布赖森，阿瑟·加扎萨

法院驻地 华盛顿（首都）

哥伦比亚特区巡回法院

管辖范围 首都华盛顿

首席法官 哈里·爱德华兹

Harry T. Edwards

法官 帕特里夏·沃德，劳伦斯·西尔伯曼，斯蒂芬·威廉斯，道格拉斯·金斯伯格，戴维·森特尔，卡伦·亨德森，A.雷蒙德·伦道夫，朱迪思·罗杰斯，戴维·塔特尔，梅里克·加兰

法院驻地 华盛顿（首都）

第一巡回法院

管辖范围 缅因、马萨诸塞、新罕布什尔、罗得岛、波多黎各

首席法官 胡安·托鲁拉

Juan R. Torruella

法官 布鲁斯·塞尔亚，迈克尔·博丁，诺曼·斯塔尔，桑德拉·林奇，克米特·利佩斯

法院驻地 波士顿（马萨诸塞）

第二巡回法院

管辖范围 康涅狄格、纽约、佛蒙特

首席法官 拉尔夫·温特

Ralph K. Winter

法官 乔恩·纽曼，阿马利亚·基尔斯，罗杰·迈因纳，约瑟夫·麦克劳林，丹尼斯·雅各布，皮埃尔·莱瓦尔，吉多·卡拉布雷西，乔塞·卡布雷尼斯，弗雷德·帕克，理查

德·卡达默恩，威尔弗雷德·范伯格，托马斯·梅斯基尔，詹姆斯·奥克斯，埃尔斯沃思·范格拉菲兰，切斯特·斯特罗布，罗斯玛利·普勒，罗伯特·萨克，索尼亚·索托迈耶，罗伯特·卡兹曼

法院驻地 纽约（纽约）

第三巡回法院

管辖范围 特拉华、新泽西、宾夕法尼亚、维尔京群岛

首席法官 爱德华·贝克尔 Edward R. Becker

法官 多洛雷斯·斯洛维特，卡罗尔·曼斯曼，莫顿·格林伯格，安东尼·希里卡，理查德·尼加德，小塞缪尔·阿利托，简·罗斯，西奥多·麦基，马乔里·伦德尔

法院驻地 费城（宾夕法尼亚）

第四巡回法院

管辖范围 马里兰、北卡罗来纳、南卡罗来纳、弗吉尼亚、西弗吉尼亚

首席法官 J. 哈维·威尔金森第三 J. Harvie Wilkinson III

法官 小埃默里·威德纳，小弗朗西斯·默纳汉，小威廉·威尔金斯，保罗·尼迈耶，克莱德·汉密尔顿，J. 迈克尔·勒蒂格，卡伦·威廉斯，M. 布兰·迈克尔，黛安娜·莫茨，小威廉·特雷克斯勒，罗伯特·金

法院驻地 里士满（弗吉尼亚）

第五巡回法院

管辖范围 路易斯安那、密西西比、得克萨斯

首席法官 卡罗琳·金 Carolyn Dineen King

法官 E. 格雷迪·乔利，帕特里克·希金博特姆，W. 尤金·戴维斯，埃迪思·琼斯，杰里·史密斯，小雅克·韦纳，里萨·巴克斯代尔，埃米利奥·加尔扎，小哈罗德·迪莫斯，福图内托·贝纳威迪斯，卡尔·斯图尔特，罗伯特·帕克，詹姆斯·丹尼斯

法院驻地 新奥尔良（路易斯安那）

第六巡回法院

管辖范围 肯塔基、密歇根、俄亥俄、田纳西

首席法官 小博伊斯·马丁 Boyce F. Martin Jr.

法官 吉尔伯特·梅里特，戴维·尼尔森，詹姆斯·瑞安，丹尼·博格斯，艾伦·诺里斯，理查德·苏尔海因里希，小尤金·赛勒，艾丽斯·巴切尔德，马撒·多特里，卡伦·穆尔，R. 盖伊·科尔，埃里克·克莱，罗纳德·吉尔曼

法院驻地 辛辛那提（俄亥俄）

第七巡回法院

管辖范围 伊利诺伊、印第安

纳、威斯康星

首席法官 理查德·波斯纳
Richard A. Posner

法官 托马斯·费尔柴尔德，小威尔伯·佩尔，威廉·鲍尔，小哈林顿·伍德，理查德·库达希，杰西·埃施巴赫，约翰·科菲，乔尔·弗洛姆，弗兰克·伊斯特布鲁克，肯尼思·里普尔，丹尼尔·马尼恩，迈克尔·卡恩，伊拉娜·罗夫纳，黛安·伍德，特伦斯·埃文斯

法院驻地 芝加哥（伊利诺伊）

第八巡回法院

管辖范围 阿肯色、艾奥瓦、明尼苏达、密苏里、内布拉斯加、北达科他、南达科他

首席法官 罗杰·沃尔曼
Roger L. Wollman

法官 帕斯科·鲍曼，西奥多·麦克米伦，乔治·法格，理查德·阿诺德，C.阿伦·比姆，詹姆斯·洛肯，戴维·汉森，莫里斯·阿诺德，黛安娜·墨菲

法院驻地 圣路易斯（密苏里）

第九巡回法院

管辖范围 阿拉斯加、亚利桑那、加利福尼亚、关岛、夏威夷、爱达荷、蒙大拿、内华达、北马里亚纳群岛、俄勒冈、华盛顿州

首席法官 小普罗克特·哈格
Procter Hug Jr.

法官 詹姆斯·布朗宁，梅尔文·布鲁尼蒂，费迪南德·费尔南德斯，贝蒂·弗莱彻，苏珊·格雷伯，迈克尔·霍金斯，安德鲁·克莱因菲尔德，亚历克斯·科金斯基，M.玛格丽特·麦基翁，托马斯·尼尔森，迪尔穆伊德·奥斯坎伦，哈里·普雷格森，斯蒂芬·莱因哈特，帕梅拉·赖默，玛丽·施罗德，巴里·西尔弗曼，A.华莱士·塔什马，西德尼·托马斯，戴维·汤普森，斯蒂芬·特罗特，基姆·沃德洛

法院驻地 旧金山（加利福尼亚）

第十巡回法院

管辖范围 科罗拉多、堪萨斯、新墨西哥、俄克拉何马、犹他、怀俄明

首席法官 斯蒂法尼·西摩
Stephanie K. Seymour

法官 约翰·波菲利奥，斯蒂芬·安德森，迪内尔·塔查，博比·鲍多克，韦德·布罗比，戴维·埃贝尔，保罗·凯利，罗伯特·亨利，玛丽·布里斯科，卡洛斯·卢斯罗，迈克尔·默菲

法院驻地 丹佛（科罗拉多）

第十一巡回法院

管辖范围 亚拉巴马、佛罗里达、佐治亚

首席法官 R.拉尼尔·安德森第三

R. Lanier Anderson III

法官 杰拉尔德·蒂奥弗莱特，J.L.埃德蒙森，埃米特·考克斯，小斯坦利·伯奇，乔尔·杜比纳，苏珊·布莱克，埃德·卡恩斯，罗斯玛丽·巴克特，弗兰克·霍尔，斯坦利·马库斯，查尔斯·威尔逊

法院驻地 亚特兰大（佐治亚）

联邦地区法院

联邦地区法院是美国联邦司法体系中受理一般刑事和民事案件的初审法院系统。目前美国共有89个联邦地区法院，每一州及哥伦比亚特区至少有一个这样的法院。根据其辖区内工作量的大小，每个法院设有2—28名联邦地区法官。开庭时，一般只有一名法官审理案件并作出判决；重要的案件则由3名法官共同审理。除哥伦比亚特区联邦地区法院外，设立在50个州中的联邦地区法院仅负责审理在联邦管辖权内的案件；地方管辖权内的案件则由州法院系统负责审理。目前，美国50个州中的常设联邦地区法官总数为610人，另在首都哥伦比亚特区有联邦地区法官15人，波多黎各领地有联邦地区法官7人。

联邦地区法院的分布

哥伦比亚特区

首席法官：诺马·约翰逊

Norma H. Johnson

法院驻地：华盛顿（首都）

亚拉巴马州

北部 首席法官：U.W.克莱蒙

法院驻地：伯明翰

中部 首席法官：W.哈罗德·奥尔布里顿 W. Harold Albritton

法院驻地：蒙哥马利

南部 首席法官：小查尔斯·巴特勒

Charles R. Butler Jr.

法院驻地：莫比尔

阿拉斯加州

首席法官：詹姆斯·辛格尔顿

James K. Singleton

法院驻地：安克雷奇

亚利桑那州

首席法官：斯蒂芬·麦克纳米

Stephen M. McNamee

法院驻地：菲尼克斯

阿肯色州

东部 首席法官：苏珊·赖特
Susan W. Wright
法院驻地：小石城

西部 首席法官：吉姆·亨德伦
Jimm Larry Hendren
法院驻地：史密斯堡

加利福尼亚州

北部 首席法官：玛里林·佩特尔
Marilyn H. Patel
法院驻地：旧金山

东部 首席法官：威廉·舒布
William B. Shubb
法院驻地：萨克拉门托

中部 首席法官：小特里·哈特尔
Terry J. Hatter Jr.
法院驻地：洛杉矶

南部 首席法官：玛里林·赫夫
Marilyn L. Huff
法院驻地：圣迭戈

科罗拉多州

首席法官：理查德·马特什
Richard P. Matsch
法院驻地：丹佛

康涅狄格州

首席法官：阿尔弗雷德·科弗洛
Alfred V. Covello
法院驻地：纽黑文

特拉华州

首席法官：小约瑟夫·法南
Joseph J. Farnan Jr.
法院驻地：威尔明顿

佛罗里达州

北部 首席法官：C. 罗杰·文森
C. Roger Vinson
法院驻地：塔拉哈西

中部 首席法官：伊丽莎白·科瓦切维奇 Elizabeth A. Kovachevich
法院驻地：杰克逊维尔

南部 首席法官：爱德华·戴维斯
Edward B. Davis
法院驻地：迈阿密

佐治亚州

北部 首席法官：奥林达·埃文斯
Orinda D. Evans
法院驻地：亚特兰大

中部 首席法官：杜罗斯·菲兹帕特里克 Duross Fitzpatrick
法院驻地：梅肯

南部 首席法官：小达德利·鲍恩
Dudley H. Bowen Jr.
法院驻地：萨凡纳

夏威夷州

首席法官：戴维·埃兹拉
David Alan Ezra
法院驻地：檀香山

爱达荷州

首席法官：爱德华·洛奇
Edward J. Lodge
法院驻地：博伊西

伊利诺伊州

北部 首席法官：马文·阿斯平
Marvin E. Aspen
法院驻地：芝加哥
中部 首席法官：乔·麦克达德
Joe Billy McDade
法院驻地：斯普林菲尔德
南部 首席法官：J. 菲尔·吉尔伯特
J. Phil Gilbert
法院驻地：东圣路易斯

印第安纳州

北部 首席法官：威廉·李
William C. Lee
法院驻地：南本德
南部 首席法官：萨拉·巴克
Sarah E. Barker
法院驻地：印第安纳波利斯

艾奥瓦州

北部 首席法官：迈克尔·梅洛伊
Michael J. Melloy
法院驻地：锡达拉皮兹
南部 首席法官：罗纳德·朗斯塔夫
Ronald E. Longstaff
法院驻地：得梅因

堪萨斯州

首席法官：G. 托马斯·范贝布尔
G. Thomas Van Bebber
法院驻地：威奇托

肯塔基州

东部 首席法官：小亨利·威尔霍伊特 Herry R. Wilhoit Jr.
法院驻地：列克星敦
西部 首席法官：查尔斯·辛普森第三 Charles R. Simpson III
法院驻地：路易斯维尔

路易斯安那州

东部 首席法官：A. J. 麦克纳马拉
A. J. McNamara
法院驻地：新奥尔良
中部 首席法官：弗兰克·波洛佐拉
Frank J. Polozola
法院驻地：巴吞鲁日
西部 首席法官：小 F.A. 利特尔
F. A. Little Jr.
法院驻地：什里夫波特

缅因州

首席法官：D. 布洛克·霍恩比
D. Brock Hornby
法院驻地：波特兰

马里兰州

首席法官：J. 弗雷德里克·莫茨
J. Frederick Motz
法院驻地：巴尔的摩

马萨诸塞州

首席法官：威廉·扬

William G. Young

法院驻地：波士顿

密歇根州

东部 首席法官：劳伦斯·扎特科夫

Lawrence P. Zatkoff

法院驻地：底特律

西部 首席法官：理查德·恩斯伦

Richard A. Enslen

法院驻地：大急流城

明尼苏达州

首席法官：保罗·马格纳森

Paul A. Magnuson

法院驻地：圣保罗

密西西比州

北部 首席法官：尼尔·比格斯

Neal Biggers

法院驻地：牛津

南部 首席法官：托姆·李

Tom S. Lee

法院驻地：杰克逊

密苏里州

东部 首席法官：琼·汉密尔顿

Jean C. Hamilton

法院驻地：圣路易斯

西部 首席法官：D. 布鲁克·巴特利特 D. Brook Bartlett

法院驻地：堪萨斯城

蒙大拿州

首席法官：杰克·香斯特罗姆

Jack D. Shanstrom

法院驻地：比灵斯

内布拉斯加州

首席法官：威廉·坎布里奇

William G. Cambridge

法院驻地：奥马哈

内华达州

首席法官：霍华德·麦吉本

Howard D. McKibben

法院驻地：里诺

新罕布什尔州

首席法官：保罗·巴巴多罗

Paul J. Barbadoro

法院驻地：康科德

新泽西州

首席法官：安妮·汤普森

Anne E. Thompson

法院驻地：纽瓦克

新墨西哥州

首席法官：约翰·康韦

John E. Conway

法院驻地：阿尔伯克基

纽约州

北部 首席法官：托马斯·麦卡沃伊

Thomas J. McAvoy

法院驻地：锡拉丘兹

东部 首席法官：查尔斯·西夫顿

Charles P. Sifton

法院驻地：布鲁克林

南部 首席法官：托马斯·格里萨

Thomas P. Griesa

法院驻地：纽约市

西部 首席法官：戴维·拉里默

David J. Larimer

法院驻地：布法罗

北卡罗来纳州

东部 首席法官：特伦斯·博伊尔

Terrence W. Boyle

法院驻地：罗利

中部 首席法官：N. 卡尔顿·蒂利

N. Carlton Tilley

法院驻地：格林斯伯勒

西部 首席法官：格雷厄姆·马伦

Graham C. Mullen

法院驻地：阿什维尔

北达科他州

首席法官：罗德尼·韦布

Rodney S. Webb

法院驻地：俾斯麦

俄亥俄州

北部 首席法官：保罗·马蒂亚

Paul R. Matia

法院驻地：克利夫兰

南部 首席法官：沃尔特·赖斯

Walter H. Rice

法院驻地：哥伦布

俄克拉何马州

北部 首席法官：特里·克恩

Terry C. Kern

法院驻地：马斯科吉

西部 首席法官：戴维·拉塞尔

David L. Russell

法院驻地：俄克拉何马城

俄勒冈州

首席法官：迈克尔·霍根

Michael R. Hogan

法院驻地：波特兰

宾夕法尼亚州

东部 首席法官：詹姆斯·吉利斯

James T. Giles

法院驻地：费城

中部 首席法官：托马斯·瓦纳斯基

Thomas I. Vanaskie

法院驻地：斯克兰顿

西部 首席法官：唐纳德·齐格勒

Donald E. Ziegler

法院驻地：匹兹堡

罗得岛州

首席法官：罗纳德·拉古克斯

Ronald R. Lagueux

法院驻地：普罗维登斯

南卡罗来纳州

首席法官：C. 韦斯顿·霍克
C. Weston Houck
法院驻地：哥伦比亚

南达科他州

首席法官：劳伦斯·皮索尔
Lawrence L. Piersol
法院驻地：拉皮德城

田纳西州

东部 首席法官：R. 艾伦·埃德加
R. Allan Edgar
法院驻地：诺克斯维尔
中部 首席法官：罗伯特·埃科尔斯
Robert L. Echols
法院驻地：纳什维尔
西部 首席法官：朱莉娅·吉本斯
Julia S. Gibbons
法院驻地：孟菲斯

得克萨斯州

北部 首席法官：杰里·巴克梅耶
Jerry Buchmeyer
法院驻地：达拉斯
南部 首席法官：乔治·卡曾
George P. Kazen
法院驻地：休斯敦
东部 首席法官：理查德·谢尔
Richard A. Schell
法院驻地：泰勒
西部 首席法官：哈里·赫兹佩思
Harry Lee Hudspeth
法院驻地：圣安东尼奥

犹他州

首席法官：迪·本森
Dee Benson
法院驻地：盐湖城

佛蒙特州

首席法官：J. 加文·默撒
J. Garvan Murtha
法院驻地：伯灵顿

弗吉尼亚州

东部 首席法官：克劳德·希尔顿
Claude M. Hilton
法院驻地：亚历山德里亚
西部 首席法官：塞缪尔·威尔逊
Samuel G. Wilson
法院驻地：罗阿诺克

华盛顿州

东部 首席法官：威廉·尼尔森
William F. Nielsen
法院驻地：斯波坎
西部 首席法官：约翰·库格诺
John C. Coughenour
法院驻地：西雅图

西弗吉尼亚州

北部 首席法官：小弗雷德里克·斯坦普 Frederick P. Stamp Jr.
法院驻地：惠灵
南部 首席法官：查尔斯·黑登第二

Charles H. Haden II

法院驻地：查尔斯顿

威斯康星州

东部 首席法官：J.P. 斯塔特米勒

J. P. Stadtmueller

法院驻地：密尔沃基

西部 首席法官：约翰·沙巴兹

John C. Shabaz

法院驻地：麦迪逊

怀俄明州

首席法官：威廉·唐尼斯

William F. Downes

法院驻地：夏延

美国领地法院

美国在其海外属地和托管地设立的地区法院，其地位类似联邦地区法院，但受理的初审案件既包括联邦管辖权内的，也包括地方管辖权内的（波多黎各领地法院除外）。它的法官由总统在征得参议院的意见和同意后任命，但任期仅为8年。美国领地法院共有4个，除波多黎各和维尔京群岛外，关岛和北马里亚纳群岛的领地法院均只有1名法官。

美国领地法院的分布

关岛

首席法官：约翰·昂平科

John S. Unpingco

法院驻地：阿加尼亚

北马里亚纳群岛

首席法官：亚历克斯·芒森

Alex R. Munson

法院驻地：塞班

波多黎各

首席法官：赫克托·拉菲特

Hector M. Laffitte

法院驻地：哈托雷克斯

维尔京群岛

首席法官：雷蒙德·芬奇

Raymond L. Finch

法院驻地：圣克鲁瓦

特别法院

创设特别法院的权力，被宪法第三条第一款和联邦最高法院的有关判决赋予了国会。这些特别法院初审案件的上诉则由联邦上诉法院系统中的联邦巡回法院负责审理。

联邦索赔法院

该法院于 1982 年 10 月 1 日建立，以代替以前的索赔法院。它由 16 名任期 15 年的法官组成（实际人数通常不足 16 名）。这些法官由总统征得国会参议院的意见和同意后任命，首席法官由总统指派。它负责审理根据宪法和国会通过的法律而向联邦政府提出的索赔案件。

首席法官：洛伦·史密斯

Loren A. Smith

法院驻地：华盛顿（首都）

联邦税务法院

该法院是根据 1969 年《税收改革法》建立的，其前身是 1924 年建立的独立管制机构——联邦税收上诉委员会。它主要受理有关联邦税收的纠纷案件。现共有法官 19 人。

首席法官：玛丽·科恩

Mary Ann Cohen

法院驻地：华盛顿（首都）

联邦国际贸易法院

该法院于 1980 年根据《海关法院法》建立，前身为联邦海关法院，主要受理进口货物关税的有关纠纷案件。目前有 8 名法官。

首席法官：格雷戈里·卡曼

Gregory W. Carman

法院驻地：纽约市

联邦退伍军人上诉法院

首席法官：弗兰克·尼贝克尔

Frank Q. Nebeker

法院驻地：华盛顿（首都）

联邦其他司法机构

联邦法院行政管理局

根据 1939 年 8 月 7 日的一项立法成立，主要负责管理法院，监督缓刑执行官，督察工作不力的法院、地方法官和公共辩护律师事务所的管理。该机构设在首都华盛顿。

联邦司法中心

根据1967年12月20日的一项立法创立，其职能在于推动美国联邦法院司法行政管理方面的改进活动，同时推进各项改进措施的采纳。联邦最高法院首席大法官是该中心理事会的常任主席。该中心设在首都华盛顿。

联邦判决委员会

根据1984年《判决改革法》成立，其职能在于为触犯联邦法律的罪行制定包括惩罚形式和力度在内的判决指南。该机构设在首都华盛顿。

美国武装力量

国防机构 美国国防部最初的雏形是1789年由国会立法建立的陆军部（The War Department），1798年又建立了独立的海军部。根据1947年的《国家安全法》，建立了独立的联邦空军部，其地位与陆军部和海军部相等，再由3个部组成统一的“国家军事机构”，即国防部的前身，并设负责领导和协调该机构的“国防秘书”一职。到1949年8月，国家军事机构正式改名为国防部。国防秘书成为国防部长，同时成为美国总统在国防事务上的主要助手。

美国国防部是一个“负责提供从事战争和保卫国家安全所需的军事力量”的内阁级机构。这支军事力量的主要组成部分有陆军、海军、空军和海军陆战队4个军种。在总统（也是总司令）的领导下，国防部长行使对国防部的领导权、职权及控制权。国防部包括陆海空3个军事部、参谋长联席会议及联合参谋部、10个联合或特别司令部、国防部总监察长、13个国防局及7个国防部直属的作战机构。

4个军种分属于3个军事部。各军事部负责自己管辖的武装部队的招募、训练和装备。海军陆战队是海军部管辖的第2个军种。美国海岸警卫队是美国武装部队中的第5个军种，平时隶属于联邦运输部，战时则归海军部统辖。

指挥系统 美军战斗部队的作战指挥权归各联合或特别司令部行使。指挥序列是由总统到国防部长，再通过参谋长联席会议到联合或特别司令部的总司令。各个军种的部长（或首长）不在作战指挥序列中。

联合司令部由2个以上军种的部队合成，通常按地域范围来组建，负责执行广泛而持续的军事使命。特别司令部虽然也执行一种广泛而持续的任务，但它们却以作战职能为基础来组建，通常仅由一个军种的部队构成。

陆军 在和平时期，美国本土陆军的主要任务是训练预备役部队和国防军，为动员作准备，并协调国内紧急救援行动。陆军最大的单位是按序号编成的集团军，例如第一集团军、第五集团军。战时，二三个集团军可以组成在一个单一司令部指挥下的集团军群。一个集团军由2个以上的军和1个司令部组成；1个军则由2—5个师和1个司令部组成。

美国陆军的作战部队中，有18个现役师和10个预备师。师是一支有完全的独立作战能力的部队，通常由3个旅和各种作战支援部队组成。1个旅由2个以上的团或营组成；团则由下属的营、连或中队组成；营由4个以上的连组成；连由几个排组成；1个排有4个班；1个班约有10名士兵。

海军　美国海军舰只编成为太平洋舰队、大西洋舰队和驻欧海军部队。这三大舰群分别由按序号编成的舰队（如第六舰队、第七舰队）构成，每支舰队包括航空母舰战斗群、战列舰水面作战战斗群和1支以上的航行补给舰群。在战斗群下面较小的作战编队是舰艇纵队，它由2个以上的舰艇中队组成；每个舰艇中队包括2个以上的舰艇分队；而每个舰艇分队通常由4艘舰只组成。

特遣舰队或特混舰队是为完成一项特别的战术或战略任务而临时编成的、在一名司令官的统一指挥下行动的混合舰群。

两栖作战中队由从海上发动登陆攻击所必需的两栖攻击舰、两栖运输码头、登陆艇和坦克登陆舰，以及运输部队和必要的装备组成。

海军陆战队　美国海军陆战队在其建制上强调协同舰队行动的空地作战与海军作战中必不可少的登陆作战紧密结合的原则。海军陆战队的一切行动都听凭总统调遣，陆战队的使命即包括“执行总统可能指派的其他任务”。

海军陆战队陆上部队的最小战术单位是战斗队，它由4名陆战队士兵组成。1个班由3个战斗队组成，3个班组成1个排，3个排组成1个连，3个连组成1个营，3个营组成1个团，3个团组成1个旅，3个旅组成1个师。

这些部队被组成为3个基本的建制，称做“海军陆战队空地作战部队”。最大的1个空地作战部队是“海军陆战队远征军”，有47500人，包括1个空战联队（330架飞机）、1个陆战队师和1个相当于师的作战支援部队。“海军陆战队远征旅”由1个空战大队（150架飞机）、1个登陆团和1个作战支援旅组成，约有15000人。最小也最灵活的海军陆战队部队是“海军陆战队远征分队”，约有2500人，由1个直升机中队、1个登陆营和1个作战支援团组成。远征分队以海战为基础，部队可以空运，其装备和训练可以使它在战场上独立支持15天。目前美国海军陆战队有3个远征军、6个远征旅和5个远征分队。

空军 美国空军的基本建制是数个按空军的战略和战术作战行动划分的司令部。在这些司令部下属的机构中，主要的是以序数标识的各空军作战司令部，如第八空军司令部。每一个以序数标识的空军司令部均由数个空军联队组成。1个空军联队包括2个以上的空军大队或中队；1个空军大队包括2个以上的空军中队；1个空军中队则由2个以上的空军小队组成。空军小队是空军基本的战术单位，它通常由4架以上的飞机组成。

海岸警卫队 海岸警卫队在任何时候都是美国武装部队的一个军种。与其他军种不同的是，它属于联邦运输部而不是国防部的一部分；只有在战时或根据总统的特定命令，它才归海军部统辖。它的前身是1790年建立的由财政部管辖的海运税收署，其主要职责是执行联邦海事法。现任美国海岸警卫队司令是詹姆斯·洛伊（James M. Loy），领海军上将军衔。

特别行动部队 美国特别行动部队由一个统一的司令部统辖，部队分别来自4个军种，其使命是执行有限的特别军事任务。在特别行动部队的构成中，有陆军特别行动部队，别动队，负责心理战、国内军事行动和特别行动的空军部队，海军运输部队和第23空军司令部的特别行动部队。

核武器部队 美国核武器部队分为战略核武器部队和非战略核武器部队。作为战后美国国防基石的三合一战略核力量，是由包括洲际弹道导弹在内的陆基导弹部队、潜射弹道导弹部队和远程战略轰炸机部队组成的。非战略核武器部队是指能在战场部署的短程核武器部队，它们操纵的武器包括从海上发射的巡航核导弹、火炮发射的核炮弹和既能装载核炸弹又能装载常规炸弹的飞机。

预备役部队 在现役部队之外，美国一直保持着在紧急状态下可以被随时动员或征召现役的庞大的预备役部队。在任何需要迅速扩军的紧急状况下，预备役部队都充当了现役部队扩编的首要和主要的力量源泉。现今美国的预备役部队由7个部分组成，它们是：陆军国民警卫队、陆军预备役部队、海军预备役部队、海军陆战队预备役部队、空军国民警卫队、空军预备役部队，以及海岸警卫队预备役部队。国民警卫队和预备役部队的所有成员均分属下列3类人员中的一类，即：待命预备役（第一类预备役）、后备预备役和退休预备役。国民警卫队成员属待命预备役。待命预备役又分为精选预备役、个人待命预备役和后备国民警卫队3类。在训练中，有的预备役人员按军事组织编制进行，而有的则作为个人参加。但是，所有预备役人员在战时或国家紧急状态下都须服从征召现役的命令。此外，在总统行使征召令权力时，可以命令精选预备役人员服现役。根据这项授权，总统可以在未宣布国家紧急状态的条件下，强制征召不超过20万人的精选预备役人员来从事不超过90天的军事使命。

参谋长联席会议

主席： 理查德·迈尔斯上将（Gen. Richard B. Myers）

副主席： 彼得·佩斯上将（Gen. Peter Pace）

其他成员： 埃里克·欣塞基上将（Gen. Eric K. Shinseki，陆军参谋长）

弗农·克拉克海军上将（Adm. Vernon E. Clark，海军作战部长〈参谋长〉）

迈克尔·瑞安上将（Gen. Michael E. Ryan，空军参谋长）

詹姆斯·琼斯上将（Gen. James L. Jones，海军陆战队司令）。

历任参谋长联席会议主席

姓　　名	服役军种	军　衔	任　　期
奥马尔·布雷德利 Omar N. Bradley	陆军	五星上将	1949.8.16—1953.8.14
阿瑟·雷德福 Arthur W. Radford	海军	上将	1953.8.15—1957.8.14
内森·特文宁 Nathan F. Twining	空军	上将	1957.8.15—1960.9.30
莱曼·兰尼兹尔 Lyman L. Lemnitzer	陆军	上将	1960.10.1—1962.9.30

续表

姓　　名	服役军种	军　衔	任　　期
马克斯韦尔·泰勒 Maxwell D. Taylor	陆军	上将	1962.10.1—1964.7.3
厄尔·惠勒 Earle G. Wheeler	陆军	上将	1964.7.3—1970.7.2
托马斯·穆勒 Thomas H. Moorer	海军	上将	1970.7.3—1974.6.30
乔治·布朗 George S. Brown	空军	上将	1974.7.1—1978.6.20
戴维·琼斯 David C. Jones	空军	上将	1978.6.21—1982.6.18
小约翰·维齐 John W. Vessey, Jr.	陆军	上将	1982.6.18—1985.9.30
小威廉·克劳 William J. Crowe, Jr.	海军	上将	1985.10.1—1989.9.30
科林·鲍威尔 Colin L. Powell	陆军	上将	1989.10.1—1993.9.30
约翰·沙利卡什维利 John M. Shalikashvili	陆军	上将	1993.10.1—1997.9.30
亨利·谢尔顿 Henry H. Shelton	陆军	上将	1997.10.1—2001.9.30
理查德·迈尔斯 Richard B. Myers	空军	上将	2001.10.1—

各联合司令部驻地和司令官

美军欧洲司令部　驻地：德国斯图加特—法伊英根。司令：约瑟夫·罗尔斯顿上将（Gen. Joseph W. Ralston，现今也任北约欧洲部队最高司令官）。

美军太平洋司令部　驻地：夏威夷州檀香山。司令：丹尼斯·布莱尔海军上将（Adm. Dennis C. Blair）。

美军联合部队司令部　驻地：弗吉尼亚州诺福克。司令：威廉·克南海军上将（Adm. William F. Kernan，现今也任北约大西洋部队最高司令官）。

美军特种作战司令部 驻地：佛罗里达州麦克迪尔空军基地。司令：查尔斯·霍兰上将（Gen. Charles R. Holland）。

美军运输司令部 驻地：伊利诺伊州斯科特空军基地。司令：托尼·罗伯逊上将（Gen. Tony Robertson）。

美军中央司令部 驻地：佛罗里达州麦克迪尔空军基地。司令：汤米·弗兰克斯上将（Gen. Tommy R. Franks）。

美军南方司令部 驻地：佛罗里达州迈阿密。司令：彼得·佩斯上将（Gen. Peter Pace）。

美军空间司令部 驻地：科罗拉多州彼得森空军基地。司令：拉尔夫·埃伯哈特上将（Gen. Ralph E. Eberhart）。

美军战略司令部 驻地：内布拉斯加州奥法特空军基地。司令：理查德·迈斯海军上将（Adm. Richard W. Mies）。

美军军力及主要武器系统（2000年）

总兵力

现役部队： 112.65万人
- 陆军：37.86万人
  - 陆军师：10个
  - 陆军独立旅：3个
  - 特别作战群：7个
  - 别动团：1个
- 海军： 31.28万人
- 海军陆战队： 14.39万人
  - 海军陆战师： 3个
- 空军： 29.13万人

预备役部队： 125.15万人

主要武器系统（2001年）

战略核力量：
- 陆基洲际弹道导弹
  - 民兵导弹： 500枚
  - 和平保卫者导弹： 50枚
- 战略轰炸机
  - B—52： 56架
  - B—1： 82架
  - B—2（隐形轰炸机）： 16架
- 潜射弹道导弹发射器
  - 三叉戟： 432个

常规力量：
- 战术空军力量（攻击机和战斗机）
  - 空军： 906架/45个中队
  - 海军： 432架/36个中队
  - 海军陆战队： 308架/21个中队
- 陆军
  - 主战坦克： 7900辆

海军

战略舰：　18 艘
战斗舰：　259 艘
支持舰：　25 艘
后备舰：　15 艘
其他舰：　22 艘
可部署的作战舰艇共 317 艘

海空运输力量：

战场间空运

C—5 运输机：　104 架
C—141 运输机：　88 架
KC—10 运输机：　54 架
C—17 运输机：　58 架

战场内空运

C—130 运输机：　418 架

海运船只

油轮：　10 艘
货轮：　57 艘
后备船只：　87 艘

空军主要部队

单位	司令部驻地
空军作战司令部	兰利空军基地，弗吉尼亚州汉普顿
空军装备司令部	赖特—帕特森空军基地，俄亥俄州代顿
空间司令部	彼得森空军基地，科罗拉多州科罗拉多斯普林斯
空军特别行动司令部	赫尔伯特训练场，佛罗里达州沃尔顿比奇堡
空军机动司令部	斯科特空军基地，伊利诺伊州贝尔维尔
空军教育和训练司令部	伦道夫空军基地，得克萨斯州圣安东尼奥
太平洋空军司令部	希卡姆空军基地，夏威夷州檀香山
美国空军欧洲司令部	拉姆施泰因空军基地，德国拉姆施泰因

海军主要部队

单位	司令部驻地
太平洋舰队	珍珠港，夏威夷州
第三舰队	圣迭戈，加利福尼亚州
第七舰队	横须贺，日本
大西洋舰队	诺福克，弗吉尼亚州
第二舰队	诺福克，弗吉尼亚州

海军驻欧司令部	伦敦，英国
第六舰队	加埃塔，意大利
军事海运司令部	首都华盛顿
预备役部队司令部	新奥尔良，路易斯安那州
水雷战司令部	英格尔赛德，得克萨斯州
作战和试验评估司令部	诺福克，弗吉尼亚州
海军南方司令部	罗德曼，巴拿马
海军中央司令部	麦纳麦，巴林国
第五舰队	麦纳麦，巴林国
海军特别作战司令部	科罗纳多，加利福尼亚州

陆军主要部队

单位	**司令部驻地**
陆军司令部	麦克弗森堡，佐治亚州
第一集团军	吉勒姆堡，佐治亚州
第三集团军/中央司令部	麦克弗森堡，佐治亚州
第五集团军	萨姆·休斯顿堡，得克萨斯州
第一军	刘易斯堡，华盛顿州
第三军	胡德堡，得克萨斯州
第四步兵师（机械化）	胡德堡，得克萨斯州
第一骑兵师	胡德堡，得克萨斯州
第三军炮兵司令部	西尔堡，俄克拉何马州
第十三军支援司令部	胡德堡，得克萨斯州
第十八空降军	布雷格堡，北卡罗来纳州
第十山地师（轻步兵）	德拉姆堡，纽约州
第三步兵师（机械化）	斯图尔特堡，佐治亚州
第八十二空降师	布雷格堡，北卡罗来纳州
第 101 空降师（空中攻击）	坎贝尔堡，肯塔基州
第一军支援司令部	布雷格堡，北卡罗来纳州
国家训练中心	欧文堡，加利福尼亚州
陆军欧洲司令部/第七集团军	海德堡，德国
第五军	海德堡，德国
第三步兵师（机械化）	维尔茨堡，德国
第一装甲师	巴特克罗伊茨纳赫，德国
第三军支援司令部	威斯巴登，德国
第二十一战区司令部	凯撒斯劳滕，德国
第七军训练指挥部	格拉芬沃尔，德国

陆军太平洋司令部	谢夫特堡，夏威夷州
驻日本陆军司令部/第九战区司令部	座间兵营，日本
陆军阿拉斯加司令部	韦恩赖特堡，阿拉斯加州
第二十五步兵师/陆军夏威夷司令部	斯科菲尔德兵营，夏威夷州
第八集团军	汉城，韩国
第二步兵师	议政府，韩国
第十九战区司令部	大邱，韩国
陆军南方司令部	克莱顿堡，巴拿马
宪兵司令部	克莱顿堡，巴拿马
陆军特别行动司令部	布雷格堡，北卡罗来纳州
陆军装备司令部	亚历山德里亚，弗吉尼亚州
训练教育司令部	门罗堡，弗吉尼亚州
情报安全司令部	贝尔瓦堡，弗吉尼亚州
信息系统司令部	瓦楚卡堡，亚利桑那州
刑事调查司令部	贝尔瓦堡，弗吉尼亚州
工程部队司令部	首都华盛顿
医疗司令部	萨姆·休斯顿堡，得克萨斯州

海军陆战队主要部队

单位	**司令部驻地**
大西洋舰队海军陆战队司令部	勒琼兵营，北卡罗来纳州
太平洋舰队海军陆战队司令部	史密斯兵营，夏威夷州
作战研究开发司令部	匡蒂科，弗吉尼亚州
系统司令部	匡蒂科，弗吉尼亚州
第一远征军司令部	彭德尔顿兵营，加利福尼亚州
第二远征军司令部	勒琼兵营，北卡罗来纳州
第三远征军司令部	巴特勒兵营，日本冲绳
空地作战中心	二十九棕榈村，加利福尼亚州
预备役部队司令部	新奥尔良，路易斯安那州

海岸警卫队

单位	司令部驻地
海岸警卫队总司令部	首都华盛顿
大西洋地区司令部	朴次茅斯，弗吉尼亚州
第一警卫区司令部	波士顿，马萨诸塞州
第五警卫区司令部	朴次茅斯，弗吉尼亚
第七警卫区司令部	迈阿密，佛罗里达州
第八警卫区司令部	新奥尔良，路易斯安那州
第九警卫区司令部	克利夫兰，俄亥俄州
太平洋地区司令部	阿拉梅达，加利福尼亚州
第十三警卫区司令部	西雅图，华盛顿州
第十四警卫区司令部	檀香山，夏威夷州
第十七警卫区司令部	朱诺，阿拉斯加州

主要军事训练基地

陆 军

基地名称	所在州	最近城镇
阿伯丁试验场	马里兰	阿伯丁
卡莱尔兵营	宾夕法尼亚	卡莱尔
本宁堡	佐治亚	哥伦布
布利斯堡	得克萨斯	埃尔帕索
布雷格堡	北卡罗来纳	费耶特维尔
戈登堡	佐治亚	奥古斯塔
瓦楚卡堡	亚利桑那	谢拉维斯塔
杰克逊堡	南卡罗来纳	哥伦比亚
诺克斯堡	肯塔基	路易斯维尔
莱文沃思堡	堪萨斯	莱文沃思
李堡	弗吉尼亚	彼得斯堡
麦克莱伦堡	亚拉巴马	安尼斯顿
拉克堡	亚拉巴马	多森
锡尔堡	俄克拉何马	劳顿
伦纳德—伍德堡	密苏里	罗拉
联合战备训练中心（波尔克堡）	路易斯安那	利斯维尔
国家训练中心（欧文堡）	加利福尼亚	巴斯托
军法官总校	弗吉尼亚	夏洛茨维尔

海 军

基地名称	所在州	最近城镇
教育训练中心	佛罗里达	彭萨科拉
航空兵训练中心	得克萨斯	科珀斯克里斯蒂
大西洋舰队训练指挥部	弗吉尼亚	诺福克
太平洋舰队训练指挥部	加利福尼亚	圣迭戈
海军航空学校指挥部	佛罗里达	彭萨科拉
教育训练中心	罗得岛	纽波特
海军研究生院	加利福尼亚	蒙特雷
潜艇学校	康涅狄格	格罗顿
五大湖训练中心	伊利诺伊	北芝加哥
海军军事学院	罗得岛	纽波特

海军陆战队

基地名称	所在州	最近城镇
勒琼兵营	北卡罗来纳	杰克逊维尔
彭德尔顿兵营	加利福尼亚	欧申赛德
卡内奥赫湾基地	夏威夷	凯卢阿
二十九棕榈村空地战训练中心	加利福尼亚	棕榈泉
匡蒂科作战研究指挥部	弗吉尼亚	匡蒂科
帕利斯岛兵站	南卡罗来纳	博福特
圣迭戈兵站	加利福尼亚	圣迭戈
切里波因特航空兵站	北卡罗来纳	哈夫洛克
米拉马航空兵站	加利福尼亚	圣迭戈
纽里弗航空兵站	北卡罗来纳	杰克逊维尔
博福特航空兵站	南卡罗来纳	博福特
尤马航空兵站	亚利桑那	尤马
布里奇波特山地战训练中心	加利福尼亚	布里奇波特

空 军

基地名称	所在州	最近城镇
古德费洛基地	得克萨斯	圣安吉洛
基斯勒基地	密西西比	比洛克西
拉克兰基地	得克萨斯	圣安东尼奥
马克斯韦尔基地	亚拉巴马	蒙哥马利
谢泼德基地	得克萨斯	威奇托福尔斯

以上均为空军教育和训练基地。

联邦军事学院

美国军事学院（西点军校） 地址：纽约州西点。建于1802年。学员在校5年，服陆军兵役。可授予理学士学位。

美国海军学院 地址：马里兰州安纳波利斯。建于1845年。学员在校5年，服海军或海军陆战队兵役。可授予理学士学位。

美国空军学院 地址：科罗拉多州科罗拉多斯普林斯。建于1954年。学员在校6年，服空军兵役。可授予理学士学位。

美国海岸警卫队学院 地址：康涅狄格州新伦敦。建于1876年。学员在校5年，服海岸警卫队兵役。可授予理学士学位。

美国商船学院 地址：纽约州金斯波因特。建于1943年。可授予理学士学位，以及船舶驾驶或轮机管理证书。学员在校期间服海军预备役，毕业后可根据自己的选择服海军现役。

美国州政府主要官员

（截止到 2000 年 10 月）

亚拉巴马州

州长： 唐·西格尔曼（民主） Don Siegelman

副州长： 史蒂夫·温多姆（共和） Steve Windom

州务卿： 吉姆·贝内特（共和） Jim Bennett

检察长： 威廉·普赖尔（共和） William Pryor

司库： 露西·巴克斯利（民主） Lucy Baxley

州议会：

参议院—35 人：民主党 24 人；共和党 11 人

众议院—105 人：民主党 68 人；共和党 37 人

阿拉斯加州

州长： 托尼·诺尔斯（民主） Tony Knowles

副州长： 弗兰·厄尔默（民主） Fran Ulmer

检察长： 布鲁斯·博特霍（民主） Bruce Botelho

州议会：

参议院—20 人：民主党 6 人；共和党 14 人

众议院—40 人：民主党 10 人；共和党 30 人

亚利桑那州

州长： 简·霍尔（共和） Jane Dee Hull

州务卿： 贝特西·贝尔斯（共和） Betsey Bayless

检察长： 珍尼特·纳波利塔诺（民主） Janet Napolitano

司库： 卡罗尔·斯普林格（共和） Carol Springer

州议会：

参议院—30 人：民主党 15 人；共和党 15 人

众议院—60 人：民主党 24 人；共和党 36 人

阿肯色州

州长： 迈克·赫卡比（共和） Mike Huckabee

副州长： 温斯罗普·洛克菲勒（共

和） Winthrop P. Rockefeller

州务卿： 沙伦·普里斯特（民主）
Sharon Priest

检察长： 马克·普赖尔（民主）
Mark Pryor

司库： 吉米·菲舍尔（民主）
Jimmie Lou Fisher

审计长： 格斯·温菲尔德（民主）
Gus Wingfield

州议会：

参议院—35 人：民主党 27 人；共和党 8 人

众议院—100 人：民主党 70 人；共和党 30 人

加利福尼亚州

州长： 格雷·戴维斯（民主）
Gray Davis

副州长： 克鲁兹·巴斯塔曼特（民主） Cruz Bustamante

州务卿： 比尔·琼斯（共和）
Bill Jones

审计长： 凯瑟林·康内尔（民主）
Kathleen Connell

司库： 菲尔·安吉利兹（民主）
Phil Angdlides

检察长： 比尔·洛克耶
Bill Lockyer

州议会：

参议院—40 人：民主党 26 人；共和党 14 人

众议院—80 人：民主党 50 人；共和党 30 人

科罗拉多州

州长： 比尔·欧文斯（共和）
Bill Owens

副州长： 乔·罗杰斯（共和）
Joe Rogers

州务卿： 多尼塔·戴维森（共和）
Donetta Davidson

检察长： 肯·萨拉扎（民主）
Ken Salazar

司库： 迈克·科夫曼（共和）
Mike Coffman

州议会：

参议院—35 人：民主党 18 人；共和党 17 人

众议院—65 人：民主党 30 人；共和党 35 人

康涅狄格州

州长： 约翰·罗兰（共和）
John G. Rowland

副州长： M. 乔迪·雷尔（共和）
M. Jodi Rell

州务卿： 苏珊·拜希维克兹（民主） Susan Bysiewicz

司库： 丹尼斯·内皮尔（民主）
Denise Nappier

审计长： 南希·怀曼（民主）
Nancy S. Wyman

检察长： 理查德·布卢门撒（民主） Richard Blumenthal

州议会：

参议院—36 人：民主党 21 人；

共和党 15 人

众议院—151 人：民主党 100 人；共和党 51 人

特拉华州

州长： 鲁斯·明纳（民主）
Ruth Ann Minner

副州长： 约翰·卡尼（民主）
John C. Carney Jr.

州务卿： 哈丽雅特·温莎（民主）
Harriet Smith Windsor

检察长： M. 简·布雷迪（共和）
M. Jane Brady

司库： 杰克·马克尔（民主）
Jack Markell

州议会：

参议院—21 人：民主党 13 人；共和党 8 人

众议院—41 人：民主党 15 人；共和党 26 人

佛罗里达州

州长： 杰布·布什（共和）
Jeb Bush

副州长： 弗兰克·布罗根（共和）
Frank T. Brogan

州务卿： 凯瑟林·哈里斯（共和）
Katherine Harris

审计长： 罗伯特·米利根（共和）
Robert R. Milligan

检察长： 罗伯特·巴特沃思（民主） Robert Butterworth

司库： 汤姆·加拉格尔（共和）
Tom Gallagher

州议会：

参议院—40 人：民主党 15 人；共和党 25 人

众议院—120 人：民主党 43 人；共和党 77 人

佐治亚州

州长： 罗伊·巴恩斯（民主）
Roy Barnes

副州长： 马克·泰勒（民主）
Mark Taylor

州务卿： 卡西·考克斯（民主）
Cathy Cox

检察长： 瑟伯特·贝克（民主）
Thurbert E. Baker

州议会：

参议院—56 人：民主党 32 人；共和党 24 人

众议院—180 人：民主党 105 人；共和党 75 人

夏威夷州

州长： 本杰明·凯雅塔诺（民主）
Benjamin Cayetano

副州长： 梅齐·广野（民主）
Mazie K. Hirono

检察长： 厄尔·安齐
Earl I. Anzai

审计长： 韦恩·木村
Wayne Kimura

预算和财政局长： 尼尔·宫广
Neal H. Miyahira

州议会：

参议院—25 人：民主党 22 人；共和党 3 人

众议院—51 人：民主党 32 人：共和党 19 人

爱达荷州

州长： 德克·肯普索恩（共和）
Dirk Kempthorne

副州长： 杰克·里格斯（共和）
Jack Riggs

州务卿： 皮特·塞纳鲁萨（共和）
Pete T. Cenarrussa

司库： 罗恩·克兰（共和）
Ron Crane

检察长： 艾伦·兰斯（共和）
Alan Lance

州议会：

参议院—35 人：民主党 4 人；共和党 31 人

众议院—70 人：民主党 12 人；共和党 58 人

伊利诺伊州

州长： 乔治·瑞安（共和）
George H. Ryan

副州长： 科赖恩·伍德（共和）
Corrine Wood

州务卿： 杰西·怀特（民主）
Jesse White

审计长： 丹尼尔·海因斯（民主）
Daniel Hynes

检察长： 吉姆·瑞安（共和）
Jim Ryan

司库： 朱迪·托平卡（共和）
Judy Baar Topinka

州议会：

参议院—59 人：民主党 27 人；共和党 32 人

众议院—118 人：民主党 62 人；共和党 56 人

印第安纳州

州长： 弗兰克·奥班农（民主）
Frank O’Bannon

副州长： 约瑟夫·克南（民主）
Joseph E. Kernan

州务卿： 休·吉尔罗伊（共和）
Sue Anne Gilroy

检察长： 史蒂夫·卡特（共和）
Steve Carter

司库： 蒂姆·贝里（共和）
Tim Berry

审计长： 康尼·纳斯（共和）
Connie Nass

州议会：

参议院—50 人：民主党 19 人；共和党 31 人

众议院—100 人：民主党 53 人；共和党 47 人

艾奥瓦州

州长： 汤姆·维尔萨克（民主）
Tom Vilsack

副州长： 萨利·彼得森（民主）
Sally Pederson

州务卿： 切斯特·卡尔弗（民主）
Chester J. Culver

检察长： 汤姆·米勒（民主）
Tom Miller

司库： 迈克尔·菲兹杰拉德（民主） Michael L. Fitzgerald

审计长： 理查德·约翰逊（共和）
Richard D. Johnson

农业部长： 帕蒂·贾奇（民主）
Patty Judge

州议会：

参议院—50 人：民主党 20 人；共和党 30 人

众议院—100 人：民主党 44 人；共和党 56 人

堪萨斯州

州长： 比尔·格雷夫斯（共和）
Bill Graves

副州长： 加里·谢勒（共和）
Gary Sherrer

州务卿： 罗恩·索恩博（共和）
Ron Thornburgh

检察长： 卡拉·斯托瓦尔（共和）
Carla Stovall

司库： 蒂姆·沙伦伯格（共和）
Tim Shallenburger

保险业专员： 凯思林·西贝柳斯（民主） Kathleen Sebelius

州议会：

参议院—40 人：民主党 13 人；共和党 27 人

众议院—125 人：民主党 48 人；共和党 77 人

肯塔基州

州长： 保罗·帕顿（民主）
Paul Patton

副州长： 史蒂夫·亨利（民主）
Steve Henry

州务卿： 约翰·布朗第三（民主）
John Y. Brown III

检察长： A.B. 钱德勒第三（民主）
A. B. Chandler III

司库： 乔纳森·米勒（民主）
Jonathan Miller

审计长： 埃德·哈切特（民主）
Ed Hatchett

经济发展部长： 吉恩·斯特朗
Gene Strong

州议会：

参议院—38 人：民主党 17 人；共和党 20 人；空缺 1 人

众议院—100 人：民主党 66 人；共和党 34 人

路易斯安那州

州长： M.J. 福斯特（共和）
M. J. Foster Jr.

副州长： 凯思林·布兰科（民主）
Kathleen B. Blanco

州务卿： W. 麦基森（共和）
W. Fox McKeithen

检察长： 理查德·留布（民主）
Richard Ieyoub

司库： 约翰·肯尼迪（民主）

Jhon Kennedy

州议会：

参议院—39人：民主党27人；共和党12人

众议院—105人：民主党75人；共和党30人

缅因州

州长：小安格斯·金（独立人士）Angus S. King Jr.

州务卿：丹·格瓦多斯基（民主）Dan A. Gwadosky

检察长：G. 史蒂文·罗（民主）G. Steven Rowe

司库：戴尔·麦考密克（民主）Dale McCormick

审计长：盖尔·蔡斯（民主）Gail M. Chase

州议会：

参议院—35人：民主党17人；共和党17人；独立人士1人

众议院—151人：民主党89人；共和党61人；独立人士1人

马里兰州

州长：帕里斯·格伦丁宁（民主）Parris N. Glendening

副州长：凯思林·汤森（民主）Kathleen K. Townsend

审计长：威廉·谢弗（民主）William Donald Schaefer

检察长：小J. 约瑟夫·柯伦（民主）J. Joseph Curran Jr.

州务卿：约翰·威利斯（民主）John Willis

司库：理查德·迪克森（民主）Richard N. Dixon

州议会：

参议院—47人：民主党33人；共和党14人

众议院—141人：民主党106人；共和党35人

马萨诸塞州

州长：简·斯威夫特（共和）Jane Swift

副州长：（空缺）

州务卿：威廉·加尔文（民主）William F. Galvin

检察长：托马斯·赖利（民主）Thomas F. Reilly

司库：香农·奥布赖恩（民主）Shannon P. O' Brien

审计长：A. 约瑟夫·德纳西（民主） A. Joseph DeNucci

州议会：

参议院—40人：民主党34人；共和党6人

众议院—160人：民主党136人；共和党24人

密歇根州

州长：约翰·恩格勒（共和）John Engler

副州长：迪克·波斯瑟默斯（共

和） Dick Posthumus

州务卿： 坎迪斯·米勒（共和）

Candice S. Miller

检察长： 珍尼弗·格兰霍尔姆（民主） Jennifer M. Granholm

司库： 道格·罗伯茨（任命）

Doug Roberts

州议会：

参议院—38人：民主党15人；共和党23人

众议院—110人：民主党52人；共和党58人

明尼苏达州

州长： 杰西·文图拉（独立党）

Jesse Ventura

副州长： 梅·申克（独立党）

Mae Schunk

州务卿： 玛丽·基夫迈耶（共和）

Mary Kiffmeyer

检察长： 迈克尔·哈奇（民主农工党） Michael Hatch

司库： 卡罗尔·约翰逊（民主农工党） Carol Johnson

审计长： 朱迪思·达切尔（民主农工党） Judith H. Dutcher

州议会：

参院—67人：民主农工党39人；共和党27人；独立人士1人

众议院—134人：民主农工党65人；共和党69人

密西西比州

州长： 龙尼·马斯格罗夫（民主）

Ronnie Musgrove

副州长： 艾米·塔克（民主）

Amy Tuck

州务卿： 埃里克·克拉克（民主）

Eric Clark

检察长： 迈克·穆尔（民主）

Mike Moore

司库： 马歇尔·贝内特（民主）

Marshall Bennett

审计长： 菲尔·布赖恩特（共和）

Phil Bryant

州议会：

参议院—52人：民主党34人；共和党18人

众议院—122人：民主党86人；共和党33人；独立人士3人

密苏里州

州长： 鲍勃·霍尔登（民主）

Bob Holden

副州长： 乔·马克斯韦尔（民主）

Joe Maxwell

州务卿： 马特·布伦特（共和）

Matt Blunt

检察长： 杰里迈亚·尼克松（民主） Jeremiah W. Nixon

司库： 南希·法默（民主）

Nancy Farmer

审计长： 克莱尔·麦卡斯基尔（民主） Claire McCaskill

州议会：

参议院—34 人：民主党 18 人；共和党 16 人

众议院—163 人：民主党 88 人；共和党 75 人

蒙大拿州

州长： 朱迪·马兹（共和）
Judy Martz

副州长： 卡尔·奥斯（共和）
Karl Ohs

州务卿： 鲍勃·布朗（共和）
Bob Brown

检察长： 迈克·麦格拉思（民主）
Mike McGrath

州议会：

参议院—50 人：民主党 19 人；共和党 31 人

众议院—100 人：民主党 42 人；共和党 58 人

内布拉斯加州

州长： 迈克·约翰斯（共和）
Mike Johanns

副州长： 戴夫·莫斯塔德（共和）
Dave Maurstad

州务卿： 约翰·盖尔（共和）
John A. Gale

检察长： 唐·斯坦伯格（共和）
Don Stenberg

司库： 戴维·海涅曼（共和）
David Heineman

审计长： 凯特·威特克（共和）
Kate Witek

州议会： 49 人（一院制，不分党派）

内华达州

州长： 肯尼·吉恩（共和）
Kenny C. Guinn

副州长： 洛兰·亨特（共和）
Lorraine Hunt

州务卿： 迪安·赫勒（共和）
Dean Heller

审计长： 凯西·奥古斯丁（共和）
Kathy Augustine

检察长： 弗兰基·帕帕（民主）
Frankie Sue Del Papa

司库： 布赖恩·克洛里基（共和）
Brian Krolicki

州议会：

参议院—21 人：民主党 9 人；共和党 12 人

众议院—42 人：民主党 27 人；共和党 15 人

新罕布什尔州

州长： 珍妮·沙欣（民主）
Jeanne Shaheen

州务卿： 威廉·加德纳（民主）
William M. Gardner

检察长： 菲利普·麦克劳林（民主）
Philip T. McLaughlin

司库： 乔基·托马斯（共和）
Georgie A. Thomas

州议会：

参议院—24 人：民主党 11 人；

共和党13人

众议院—400人：民主党138人；共和党256人；独立人士1人；空缺5人

新泽西州

州长： 唐纳德·迪弗兰西斯科（共和，代理） Donald T. DiFrancesco

州务卿： 德福雷斯特·索利斯（共和） DeForest B. Soaries

检察长： 小约翰·法默（共和） John J. farmer Jr.

司库： 彼得·劳伦斯（共和，代理） Peter R. Lawrance

州议会：

参议院—40人：民主党16人；共和党24人

众议院—80人：民主党35人；共和党45人

新墨西哥州

州长： 加里·约翰逊（共和） Gary E. Johnson

副州长： 沃尔特·布雷德利（共和） Walter Bradley

州务卿： 丽贝卡·维吉尔—吉伦（民主） Rebecca Vigil – Giron

检察长： 帕特里夏·马德里德（民主） Patricia Madrid

司库： 迈克尔·蒙托亚（民主） Michael A. Montoya

州议会：

参议院—42人：民主党25人；共和党17人

众议院—70人：民主党40人；共和党30人

纽约州

州长： 乔治·帕塔基（共和） George E. Pataki

副州长： 玛丽·多诺休（共和） Mary O. Donohue

州务卿： 兰迪·丹尼尔斯（民主） Randy A. Daniels

审计长： H. 卡尔·麦考尔（民主） H. Carl McCall

检察长： 埃利奥特·施皮策（民主） Eliot Spitzer

州议会：

参议院—61人：民主党25人；共和党36人

众议院—150人：民主党99人；共和党51人

北卡罗来纳州

州长： 迈克·伊斯利（民主） Mike Easley

副州长： 贝弗利·珀杜（民主） Beverly Perdue

州务卿： 伊莱恩·马歇尔（民主） Elaine F. Marshall

检察长： 罗伊·库珀（民主） Roy Cooper

司库： 理查德·莫尔（民主） Richard H. Moore

州议会：

参议院—50人：民主党35人；共和党15人

众议院—120人：民主党62人；共和党58人

北达科他州

州长： 约翰·霍文（共和） John Hoeven

副州长： 杰克·达尔林普尔（共和） Jack Dalrymple

州务卿： 阿尔文·耶格（共和） Alvin A. Jaeger

检察长： 韦恩·斯特尼赫恩（共和） Wayne Stenehjern

司库： 凯西·吉尔摩（民主） Kathi Gilmore

州议会：

参议院—49人：民主党17人；共和党32人

众议院—98人：民主党29人；共和党69人

俄亥俄州

州长： 罗伯特·塔夫特（共和） Robert Taft

副州长： 莫林·奥康纳（共和） Maureen O' Connor

州务卿： J. 肯尼思·布莱克韦尔（共和） J. Kenneth Blackwell

检察长： 贝蒂·蒙哥马利（共和） Betty Montgomery

司库： 约瑟夫·德特斯（共和） Joseph T. Deters

审计长： 吉姆·佩特罗（共和） Jim Petro

州议会：

参议院—33人：民主党12人；共和党21人

众议院—99人：民主党40人；共和党59人

俄克拉何马州

州长： 弗兰克·基廷（共和） Frank Keating

副州长： 玛丽·法林（共和） Mary Fallin

州务卿： 迈克·亨特（共和） Mike Hunter

检察长： 德鲁·埃德蒙森（民主） Drew Edmondson

司库： 罗伯特·巴特金（民主） Robert Butkin

审计长： 克利夫顿·斯科特（民主） Clifton Scott

州议会：

参议院—48人：民主党30人；共和党18人

众议院—101人：民主党52人；共和党49人

俄勒冈州

州长： 约翰·基茨哈伯（民主） John Kitzhaber

州务卿： 比尔·布雷德伯里（民主） Bill Bradbury

检察长： 哈迪·迈尔斯（民主） Hardy Myers

司库： 兰德尔·爱德华兹（民主） Randall Edwards

州议会：

参议院—30 人：民主党 14 人；共和党 16 人

众议院—60 人：民主党 28 人；共和党 32 人

宾夕法尼亚州

州长： 马克·施威克（共和） Mark Schweiker

副州长： 罗伯特·朱贝利雷尔（共和） Robert C. Jubelirer

州务卿： 基姆·皮金格里利（共和） Kim Pizzingrilli

检察长： D. 迈克尔·费希尔（共和） D. Michael Fisher

司库： 巴巴拉·哈弗尔（共和） Barbara Hafer

州议会：

参议院—50 人：民主党 20 人；共和党 29 人；缺额 1 人

众议院—203 人：民主党 99 人；共和党 104 人

罗得岛州

州长： 林肯·阿尔蒙德（共和） Lincoln C. Almond

副州长： 查尔斯·福格蒂（民主） Charles J. Fogarty

州务卿： 爱德华·英曼（民主） Edward S. Inman III

检察长： 谢尔登·怀特豪斯（民主） Sheldon Whitehouse

司库： 保罗·塔瓦雷斯（民主） Paul J. Tavares

州议会：

参议院—50 人：民主党 44 人；共和党 6 人

众议院—100 人：民主党 85 人；共和党 15 人

南卡罗来纳州

州长： 吉姆·霍奇斯（民主） Jim Hodges

副州长： 罗伯特·皮勒（共和） Robert L. Peeler

州务卿： 吉姆·迈尔斯（共和） Jim Miles

审计长： 詹姆斯·兰德（民主） James A. Lander

检察长： 查尔斯·康登（共和） Charles M. Condon

司库： 小格雷迪·帕特森 Grady L. Patterson Jr.

州议会：

参议院—46 人：民主党 21 人；共和党 24 人；空缺 1 人

众议院—124 人：民主党 54 人；共和党 70 人

南达科他州

州长： 威廉·詹克罗（共和）

William J. Janklow

副州长： 卡罗尔·希拉德（共和）

Carole Hillard

州务卿： 乔伊斯·黑兹尔坦（共和）

Joyce Hazeltine

司库： 迪克·巴特勒（民主）

Dick Butler

检察长： 马克·巴内特（共和）

Mark Barnett

审计长： 弗农·拉森（共和）

Vernon Larson

州议会：

参议院—35 人：民主党 11 人；共和党 24 人

众议院—70 人：民主党 20 人；共和党 50 人

田纳西州

州长： 唐·桑德奎斯特（共和）

Don Sundquist

副州长： 约翰·怀尔德（共和）

John S. Wilder

州务卿： 赖利·达内尔（民主）

Riley C. Darnell

审计长： 约翰·摩根（民主）

John Morgan

检察长： 保罗·萨默斯（民主）

Paul Summers

州议会：

参议院—33 人：民主党 18 人；共和党 15 人

众议院—99 人：民主党 58 人；共和党 41 人

得克萨斯州

州长： 里克·佩里（共和）

Rick Perry

副州长： 比尔·拉特利夫（共和）

Bill Ratliff

州务卿： 亨利·丘拉（民主）

Henry Cuellar

审计长： 卡罗尔·赖兰德（共和）

Carol Keeton Rylander

检察长： 约翰·科宁（共和）

John Cornyn

铁路专员： 迈克尔·威廉姆斯（主席，共和）

Michael Williams

托尼·加尔扎（共和）

Tony Garza

查尔斯·马修斯（共和）

Charles R. Matthews

州议会：

参议院—31 人：民主党 15 人；共和党 16 人

众议院—150 人：民主党 78 人；共和党 72 人

犹他州

州长： 迈克尔·利维特（共和）

Michael L. Leavitt

副州长： 奥林·沃克（共和）

Olene S. Walker

检察长： 马克·舒特莱夫（共和）

Mark Shurtleff

审计长： 奥斯顿·约翰逊（共和）

Auston G. Johnson

司库： 爱德华·奥尔特（共和）

Edward T. Alter

州议会：

参议院—29 人：民主党 9 人；共和党 20 人

众议院—75 人：民主党 24 人；共和党 51 人

佛蒙特州

州长： 霍华德·迪安（民主）

Howard Dean

副州长： 道格拉斯·雷塞恩（民主） Douglas A. Racine

州务卿： 德博拉·马科威兹（民主）Deborah L. Markowitz

检察长： 威廉·索雷尔（民主）

William H. Sorrell

司库： 詹姆斯·道格拉斯（共和）

James Douglas

审计长： 伊丽莎白·雷迪（民主）

Elizabeth M. Ready

州议会：

参议院—30 人：民主党 16 人；共和党 14 人

众议院—150 人：民主党 62 人；共和党 83 人；进步联盟 4 人；独立人士 1 人

弗吉尼亚州

州长： 詹姆斯·吉尔摩第三（共和） James S. Gilmore III

副州长： 约翰·黑格（共和）

John H. Hager

检察长： 伦道夫·比尔斯（共和）

Randolph A. Beales

州务卿： 安妮·皮特拉（共和）

Anne P. Petera

司库： 玛丽·莫里斯（共和）

Mary G. Morris

州议会：

参议院—40 人：民主党 19 人；共和党 21 人

众议院—100 人：民主党 50 人；共和党 49 人；独立人士 1 人

华盛顿州

州长： 加里·洛克（民主）

Gary Locke

副州长： 布雷德·欧文（民主）

Brad Owen

州务卿： 萨姆·里德（共和）

Sam Reed

检察长： 克里斯廷·格雷戈里（民主） Christine Gregoire

司库： 迈克·默菲（民主）

Mike Murphy

州议会：

参议院—49 人：民主党 25 人；共和党 24 人

众议院—98 人：民主党 49 人；共和党 49 人

西弗吉尼亚州

州长： 鲍勃·怀斯（共和）

Bob Wise

州务卿： 乔·曼钦第三（民主）
Joe Manchin III

检察长： 达里尔·麦格劳（民主）
Darrell McGraw

司库： 约翰·珀杜（民主）
John D. Perdue

农业专员： 格斯·道格拉斯（民主） Gus Douglass

审计长： 格伦·盖纳第三（民主）
Glen B. Gainer III

州议会：

参议院—34 人：民主党 28 人；共和党 6 人

众议院—100 人：民主党 75 人；共和党 25 人

威斯康星州

州长： 斯科特·麦卡勒姆（共和）
Scott McCallum

副州长： 玛格丽特·法罗（共和）
Margaret A. Farrow

州务卿： 道格拉斯·拉福莱特（民主） Douglas La Follette

司库： 杰克·沃伊特（共和）
Jack Voight

检察长： 詹姆斯·多伊尔（民主）
James E. Doyle

州议会：

参议院—33 人：民主党 18 人；共和党 15 人

众议院—99 人：民主党 43 人；共和党 55 人；空缺 1 人

怀俄明州

州长： 吉姆·格林格（共和）
Jim Geringer

州务卿： 约瑟夫·迈耶（共和）
Joseph B. Meyer

检察长： 霍勒斯·麦克米伦（共和） Horace MacMillan

司库： 辛西亚·拉米斯（共和）
Cynthia Lummis

审计长： 马克斯·马克斯菲尔德（共和） Max Maxfield

州议会：

参议院—30 人：民主党 10 人；共和党 20 人

众议院—60 人：民主党 17 人；共和党 43 人

美国50个最大的城市

根据1998年的人口调查，到1998年7月，人口超过十万人的美国城市共218个，比1990年4月时增加了19个。但是，这218个城市中有55个（即25%）城市自1990年以来人口在下降。人口超过100万人的美国特大城市在1990年时有8个，1998年时增加为9个；其中新增加的特大城市有亚利桑那州的菲尼克斯和得克萨斯州的圣安东尼奥，而密歇根州的底特律却因人口下降而跌出了特大城市的行列。

1990—2000年间，美国的人口西移运动重新显示了活力。在此期间，4个“铁锈带”的东部城市即纽约州的布法罗、俄亥俄州的辛辛那提和托莱多，以及宾夕法尼亚州的匹兹堡被挤出美国五十大城市的行列，其位置被发展最快的4个西部城市即科罗拉多州的科罗拉多斯普林斯、内华达州的拉斯韦加斯、亚利桑那州的梅萨和堪萨斯州的威奇托取代。其中，拉斯韦加斯在美国城市中人口增长最快，从1990年的258295人增加到2000年的478434人，从美国第63大城市的位置一跃而成为美国第32大城市。

下列美国50个最大城市的排序是根据2000年人口调查的结果，按城市人口的多寡排定的。

纽约市
（纽约州）

历史　在欧洲人到达北美之前，使得纽约在今天成为世界第一流港口和美国第一流城市的水路便充当了当地阿耳冈昆族印第安部落之间活跃的贸易活动的纽带。该市历史可以追溯到1524年，当时意大利佛罗伦萨探险家乔瓦尼·德·韦拉扎诺驾船驶入纽约湾。1609年，为荷兰东印度公司服务的英国探险者亨利·哈德逊考察了现今以他的名字命名的那条河。1625年，荷兰西印度公司购买了曼哈顿并建立了新阿姆斯特丹，该殖民地很快便成为一个能够赢利的贸易站。不久，荷兰殖民者越出原来的殖民地向外扩张，建立了布勒克伦、新哈勒姆、布朗克斯和斯塔滕—埃兰特。该殖民地于

1664年被英国人夺取（荷兰人在1673—1674年曾短暂地恢复了对该地的控制）并根据约克公爵的名字重新命名后，一直保持了繁荣。

随着对英国统治不满的日益增长，纽约成为殖民地反抗的一个主要地区，它参与了反对印花税法（1763年）和茶叶税（1773年）的行动。但是，1776年8月长岛战役和华盛顿撤离后，英国人占领了纽约直到独立战争结束。不过，华盛顿是在纽约华尔街联邦大厦（现今第二联邦储备银行所在地）就任总统的，而且纽约自1789—1790年间曾为美国首都。

自特洛伊（哈德逊河上游150英里）到布法罗（哈德逊河以西350英里）的伊利运河开通后，纽约有了通往五大湖附近各州原料产地和市场的直接通道，工商业获得迅猛发展。19世纪中叶，纽约成为移民进入美国的主要港口，数百万来到美国的移民在全市各地开发了各不相同的种族社区，这种混合一体的状况一直保持到今天。

1898年，纽约州的一项立法创立了“大纽约市”，如今，纽约市的人口比洛杉矶和芝加哥（美国第二和第三大城市）两市的人口之和还要多。即使把大纽约市的各区分成为各自独立的城市，其中的4个区也将排入美国城市的前10名：布鲁克林排名第四（人口230万），昆斯排名第五（人口190万），曼哈顿排名第八（人口150万），布朗克斯排名第九（人口120万）。

纽约的游览胜地不胜枚举，每年足以吸引1700万旅游者；它们包括150个博物馆、400个美术馆、数十个百老汇剧院以及大量的音乐厅、俱乐部和舞厅。此外，它还有近千座里程碑式的建筑、50多个著名的室内装饰景观和50多个历史遗址区。纽约市领导着美国的艺术、时尚、广告、银行和金融服务、出版、广播以及某些服务行业。它也是联合国总部大厦所在地。它还拥有87所大专院校，其中包括哥伦比亚大学、纽约大学、长岛大学、布鲁克林学院、圣约翰大学、普拉特理工学院、朱利亚德学院以及视觉艺术学院。工业产品包括服装、化工产品、金属制品和印刷产品。

纽约市也是2001年9月11日美国历史上遭受的最严重的恐怖主义袭击的目标之一。在袭击中，两架被劫持的美国民航客机在飞行中相继撞击世界贸易中心的双子塔楼，导致两座塔楼倒塌被毁，约4000人丧生。

人口　8008278（2000）。排名：第1位。种族：黑人26.6%，拉美裔27.0%，亚裔9.8%，印第安人0.5%。人口密度：10255人/平方公里。

地形与气候　海拔：87英尺。

面积：780.9平方公里。日均最低气温：1月，－3.5°C。日均最高气温：7月，29.6°C。年均降水量：降雨，44.12毫米；降雪，29毫米。晴天：107天。雨雪天：121天。

政府 组织形式：市长—议会制*。市长：鲁道夫·朱利亚尼。

洛杉矶

（加利福尼亚州）

历史 在西班牙人统治前，洛杉矶地区曾居住着约30个部落的4000名印第安人。有着300名居民的杨纳村就坐落在现今洛杉矶市中心阿莱梅达区的商业街上。1542年10月，受雇于西班牙的葡萄牙探险家胡安·罗德里格斯·卡布里略成为踏上洛杉矶土地的第一个欧洲人，但是此后200年间，再没有欧洲人到过这里，直到1769年加斯帕·德波尔图拉领导的一支考察队在从蒙特雷到圣迭戈的途中穿越了这片土地。

此后，这里建立了圣加布里埃尔教区（计划要建成最大的天主教方济各会教区）。1781年，西班牙总督菲利普·尼夫建立了“我们的天使女王的村镇”，作为加利福尼亚殖民化计划的一部分。西班牙人的统治持续到1822年，当时他们放弃了在美洲西部的土地，鼓励加利福尼亚宣誓效忠墨西哥帝国。1848年瓜达卢普伊达尔戈条约签署后，美国从墨西哥手中获得了加利福尼亚的全部土地，1850年洛杉矶设市。1876年南方太平洋铁路修进洛杉矶，带来了12年的土地繁荣，从而促进了该市的发展。到1892年时，洛杉矶已成为石油生产中心；并于1899年开始利用世界上最大的人造深井设备进行生产。到1910年时，洛杉矶成为世界影都；其工业生产在20年代获得飞速发展，如今它已成为美国三大工业都市之一。

洛杉矶市政设施发达，拥有世界上最先进的高速公路系统，在其管辖的5个县内登记有600万辆小轿车，平均每2人1辆，是世界汽车拥有率最高的地区。3条横跨美洲大陆的铁路系统均以洛杉矶为终点站，大约40家航空公司的飞机从这里飞往世界各地，它的港口拥有46英里长的码头区，同时它还拥有西部最大的卡车运输中心。如今，洛杉矶依然是世界电影业的圣城，拥有众多的电影制片厂、影星和影星交易市场。

洛杉矶居民经常会遇到空气污染、交通堵塞、触目惊心的交通事

* 即市长和市议会均由市民选举产生，市长行使行政权，市议会行使立法权的市政府组织形式。如今，在采用这种形式的市政府中，多数市议会由市民分区选出，而市长则由全体市民选出，因此市长拥有较大的权力。

故以及经常出现的泥石流、火灾、水灾、飓风和地震的威胁。但是，一年到头的日光、开车很容易抵达的众多海滨和山地却有助于缓和上述威胁给人们带来的忧虑。

人口 3694820（2000）。排名：第2位。种族：黑人11.2%，拉美裔46.5%，亚裔10.0%，印第安人0.8%。人口密度：3062人/平方公里。

地形与气候 海拔：104英尺。面积：1206.7平方公里。日均最低气温：1月，8.5°C。日均最高气温：7月，24° C。年均降水量：降雨，14.85毫米；降雪，0毫米。晴天：143天。雨雪天：35天。

政府 组织形式：市长—议会制。市长：詹姆斯·哈恩。

芝加哥

（伊利诺伊州）

历史 芝加哥沿着密歇根湖的西南岸伸展了约26英里。在历史上，它曾是一个重要的运输中心和通往中西部大平原的要道；今天，它仍然是航空、铁路和公路的主要枢纽。芝加哥汇集有19条干线铁路，将它与美国和加拿大的每一座主要城市连接起来。该市有3个大型机场，包括美国最繁忙的奥黑尔机场。它也是几条主要东西向和南北向的州际高速公路的终点。

从历史上看，芝加哥的崛起是与美国向西部的扩张同步进行的。它最初有移民居住是在1779年，当时让·巴普蒂斯特·德塞布尔在此地建了一所房子。1803年，联邦军队在此建立了一所名叫迪尔伯恩堡的军事监狱。不过，直到1830年，此地也仅有12户人家居住。然而，从1830年代起，随着美国人向西部的移居，芝加哥的人口迅速增长，1837年设市，人口4170人。此后，芝加哥开始发展为一个通过河流和运河水系与密西西比河相连的繁忙的五大湖港口。

尽管运输技术不断改进，但芝加哥始终保持着它在战略上的重要地位，迄今仍是一座繁华的城市。多年来，它一直被看做是劳工改革的温床、禁酒时期有组织的暴力犯罪团伙的中心、美国城市集团政治的正面和反面的典型。尽管如此，它还是发展成了中西部的一个最富裕和最有活力的城市，几乎没有铁锈带它的众多姊妹城所感染的共同疾病的任何征兆。如今，芝加哥已成为一个拥有美国4个最大的期货交易所中的3个，以及世界最大的上市股票期权交易所的金融中心。

在文化、娱乐、休闲和商业设施方面，芝加哥也远胜于其他中西部城市。它吸引人们的重要设施有：科学与工业博物馆、自然历史露天博物馆、芝加哥历史协会、林肯公园动物园、芝加哥轻歌剧公司、芝加哥交响乐团以及芝加哥艺术学院。芝加哥市中心目前拥有世界上最高的5座建筑物中的3座，它们是：西尔斯大厦（110层，1454英尺高）、约翰·汉考克大厦（1127英尺高），以及美国石油公司大厦（1136英尺）。它也是世界最高的购物中心、70层的雷克波因特大厦和世界最大的商业建筑——商品市场大厦的所在地。

人口 2896016（2000）。排名：第3位。种族：黑人36.8%，拉美裔26.0%，亚裔4.3%，印第安人0.4%。人口密度：4902人/平方公里。

地形与气候 海拔：623英尺。面积：590.8平方公里。日均最低气温：1月，-10.2°C。日均最高气温：7月，28.5°C。年均降水量：降雨，33.34毫米；降雪，40毫米。晴天：94天。雨雪天：123天。

政府 组织形式：市长—议会制。市长：理查德·戴利。

休斯敦

（得克萨斯州）

历史 1836年8月30日，奥古斯特·艾伦和约翰·艾伦兄弟建立了该市，并根据得克萨斯共和国首任总统萨姆·休斯顿的名字为其命名。艾伦兄弟仅为这片距墨西哥湾50英里的布法罗牛轭湖源头附近的6642英亩土地支付了每股1.4美元的费用。休斯敦靠近斯蒂芬·奥斯汀建立的得克萨斯中部殖民地的这一地理位置赋予了它成为贸易和流通枢纽的巨大潜力。1837年设市后，休斯敦成为得克萨斯共和国的首都，直到1840年。1853年得克萨斯的第一条铁路途经休斯敦开始运营后，该市很快发展成为一个重要的农业中心。1901年得克萨斯东南部斯平德尔托普发现石油以及1914年休斯敦运河开通，刺激了该市的炼油和金属加工业。第二次世界大战期间，该市开始大规模发展石油化工业。20世纪60年代早期，随着造价7.61亿美元的国家航空航天局大厦（如今称为“约翰逊航天中心”）的建成，休斯敦成为人造航天器的主要制造地。

今天，休斯敦已成为一个重要的企业和国际商业中心，《财富》杂志500家大企业中有16家以此为基地，它已成功地摆脱了对能源经济的依赖。得克萨斯医疗中心的设立也使休斯敦成为了美国一个主要的现代高技术医学的实践和开发中心。该中心的39家机构占据了550多英亩土地，雇用着5万多员工。休斯敦在医疗方面的雇员总数超过了10万人。

人口 1953631（2000）。排名：第4位。种族：黑人25.3%，拉美裔37.4%，亚裔5.3%，印第安人0.4%。人口密度：1317人/平方公里。

地形与气候 海拔：49英尺。面积：1483.3平方公里。日均最低气温：1月，4.8°C。日均最高气温：7月，34.2°C。年均降水量：降雨，44.77毫米；降雪：0毫米。晴天：94天。雨雪天：107天。

政府 组织形式：市长—议会制。市长：李·布朗。

费城
（宾夕法尼亚州）

历史 1632年，人数不多的一群瑞典人和芬兰人来到斯库尔基尔河与特拉华河的交汇处，在这里建立了新瑞典。1655年，彼得·斯特伊弗桑特为荷兰人夺取了新瑞典，从而激起了与英国人的争斗。这场斗争直到1673年荷兰人放弃了这块领地的权利为止。9年后，威廉·佩恩在斯库尔基尔河与特拉华河之间的土地上建立了一个小镇，取名为"费拉德尔菲亚"，意思是"兄弟般的友爱之城"。此后2年中，它逐渐发展成为一个拥有约2500人的活跃的定居地，居民大多为贵格会教徒。

18世纪中期，本杰明·富兰克林主持建立了宾夕法尼亚大学、宾夕法尼亚医院和一个火灾保险公司（后二者均为美国首例），从而规划了费城的命运。在富兰克林的指导下，费城成为北美殖民地的首要艺术之城，许多著名的教育家、科学家、数学家、作家和画家均居住于此。在这一时期，费城还建立了总共17座图书馆。费城作为大陆会议的召开地和《独立宣言》的签署地，于1790—1800年间成为美国首都，此后，联邦政府永久性地迁移到了哥伦比亚特区华盛顿市。

在整个19世纪期间，先是来自欧洲的爱尔兰和德国移民，然后是犹太、意大利、波兰和斯拉夫移民以及来自非洲的黑人移民的大量涌入，帮助使该市建成为工业城市。如今，费城在美国从事石油提炼的城市中排名第二；它的其他主要工业还有电机设备、汽车、卡车车身、石油化工、金属加工和科学仪器制造业。

人口 1517550（2000）。排名：第5位。种族：黑人43.2%，拉美裔8.5%，亚裔4.5%，印第安人0.3%。人口密度：4309人/平方公里。

地形与气候 海拔：28英尺。面积：352.2平方公里。日均最低气温：1月，－4.5°C。日均最高气温：7月，30°C。年均降水量：降雨，41.42毫米；降雪，20毫米。晴天：92天。雨雪天：116天。

政府 组织形式：市长—议会制。市长：约翰·斯特里特。

菲尼克斯
（亚利桑那州）

历史 菲尼克斯市是亚利桑那

州首府和该州最大的城市，位于索尔特河谷。这里以前是一片沙漠，如今由于该市东北部灌溉大坝网络的建成，它已经变成为一个繁荣的农业地区。由于气候温和，长期以来菲尼克斯一直是个旅游胜地，近来它也发展成了一个充满活力的商业和农业中心。该市还是一个兴旺的高技术企业的天堂，吸引了大量从事电子、通讯和高技术研究开发的公司；它也拥有强大的制造业基础，其制造业产品包括飞机配件、电子设备、农业化学、无线电、空调和皮革制品等。它的农产品有莴苣、甜瓜、蔬菜、葡萄、柑橘、柠檬和橄榄。

尽管菲尼克斯已从现代灌溉系统的发展中受益，但早在公元前3世纪，霍霍坎族印第安人已在该地区开掘了第一条灌渠并开发了一个庞大的运河网，这个运河网直到公元1400年霍霍坎文化衰落后才废弃。此后该地区便无人定居，直到1864年在此建立了一个草料场以供应30英里外的麦克道尔军营。1867年，杰克·韦宁和“达雷尔勋爵”杜帕重修了古老的印第安人灌渠，将此地根据火中再生的凤凰鸟的神话故事命名为“菲尼克斯”。从贸易站发展起来的这个定居地于1881年被组建为市，1889年成为该准州的首府，1912年亚利桑那加入联邦时又成为该州首府。

随着雪线地带各州居民的向西迁移以及大气环境的改善使得夏季的炎热变得可以忍受，这个在20世纪50年代仅有106818名居民的小旅游城市的人口在此后竟猛增了近9倍。仅在80年代期间，菲尼克斯的人口就在789704人的基础上增长了24.5%，达到了近100万人。

人口 1321045（2000）。排名：第6位。种族：黑人5.1%，拉美裔34.1%，亚裔2.0%，印第安人2.0%。人口密度：1360人/平方公里。

地形与气候 海拔：1117英尺。面积：971.3平方公里。日均最低气温：1月，6.8°C。日均最高气温：7月，41°C。年均降水量：降雨，7.11毫米；降雪：0毫米。晴天：214天。雨雪天：34天。

政府 组织形式：市长—议会制。市长：斯基普·里姆萨。

圣迭戈

（加利福尼亚州）

历史 在胡安·罗德里格斯·卡布里略首次驶入圣迭戈湾60年后，塞巴斯蒂安·维兹凯诺从西班牙率3艘船赴美洲考察加利福尼亚海岸，于1602年12月在现今的洛马角下风面抛锚。两天后，他完成了海湾地图的绘制，将该地原来的名字圣米格尔改名为圣迭戈，以纪念圣迭戈·德·阿尔卡拉尔·德赫纳雷斯。1769

年，朱尼佩洛·塞拉神父建立了加利福尼亚的第一个传教区——圣迭戈—德阿尔卡拉传教区。

尽管它拥有环境适宜的巨大港口，但与其北部的姊妹城洛杉矶和圣弗朗西斯科（旧金山）比较起来，圣迭戈发展得相当缓慢。1887 年，圣迭戈成为圣菲铁路的南部终点站，然而不久洪水便冲毁了铁路和路基。重建后的铁路以洛杉矶为终点站，这里拥有一个新建的人工港口。铁路的改建将圣迭戈置于一种难以摆脱的劣势境地。由于其工业发展受阻，第一次世界大战期间圣迭戈非常欢迎美国海军在此地建立一个基地。此后，海军远洋舰只的 1/4 及海军陆战队约 20% 的部队均驻扎在这里。乔纳斯·索尔克对脊髓灰质炎的研究及加利福尼亚大学圣迭戈分校的建立为该市赢得了美国首要的生物医学研究中心的名声，并吸引来了数十亿美元的开发和研究经费。

圣迭戈是一个拥有众多旅游景点的风景如画的城市，享有年均 350 天的日照，因此而吸引了大量居民和旅游者到它的海湾周围修建的 70 个海滩、公园、游览胜地和温泉疗养地来度假。科罗纳多岛是圣迭戈最著名的旅游胜地。巴尔博亚公园在 1915 年和 1935 年曾举办过国际博览会，拥有圣迭戈动物园，这是美国最出色的动物园之一。停泊在该市无数个游艇俱乐部中的游船与附近停靠着的战舰交相成趣。圣迭戈还曾是 1992 年美洲杯帆船赛的举办地。

人口　1223400（2000）。排名：第 7 位。种族：黑人 7.9%，拉美裔 25.4%，亚裔 13.6%，印第安人 0.6%。人口密度：1436 人/平方公里。

地形与气候　海拔：13 英尺。面积：852.1 平方公里。日均最低气温：1 月，9.1°C。日均最高气温：7 月，24.2° C。年均降水量：降雨，9.32 毫米；降雪：0 毫米。晴天：150 天。雨雪天：41 天。

政府　组织形式：市经理制*。市长：迪克·默菲。

达拉斯

（得克萨斯州）

历史　达拉斯在特里尼蒂河畔的沃思堡以东延伸了约 30 英里，1841 年田纳西商人和律师约翰·布赖恩最先在这里定居。1846 年，根据詹姆斯·波尔克政府的副总统乔治·

* 指由市民选举产生的市议会负责像企业董事会聘任经理那样来聘任和解聘市长的政府组织制度。市议会将市行政权力委托给受聘的市长，自己则行使立法和监督权。

达拉斯的名字命名。1871年获准建市。1872年铁路延伸到这里，使达拉斯获得很大发展，但直到1910年时，它的人口也仅有92000人。

达拉斯地处北得克萨斯石油带的中心，如今依靠多样化的经济基础而繁荣，除了石油和天然气以外，它还生产陶土及制造硅酸盐水泥的原料；该市周围农场还出产棉花、谷物、水果、菜牛、奶牛、生猪、肉羊和家禽。达拉斯是美国最大的棉花市场之一，是重要的农产品和工业品转运地，它还是美国西南部的金融中心，拥有众多的大银行和保险公司以及联邦第11储备区的储备银行。主要制造业有航天、微电子、运输设备、机械、食品及相关产品以及服装等。重要的高技术公司有得克萨斯仪器公司、电子数据系统公司和E系统公司。

达拉斯一些著名的大学包括：达拉斯卫理公会学院、得克萨斯大学西南医学院、达拉斯神学院和神学研究院以及贝勒大学口腔及护理学院。达拉斯交响乐团、达拉斯戏剧中心、达拉斯市民剧院、在得克萨斯州大会堂中的达拉斯历史协会博物馆以及达拉斯花园中心，都为该市丰富的文化生活添彩增色。商品展销公园是每年一度的得克萨斯州商品博览会的举办地点，它一直是美国各州商品博览会中出席者最多的商品交易会。

人口 1188580（2000）。排名：第8位。种族：黑人25.9%，拉美裔35.6%，亚裔2.7%，印第安人0.5%。人口密度：1385人/平方公里。

地形与气候 海拔：596英尺。面积：858.3平方公里。日均最低气温：1月，1°C。日均最高气温：7月，36.5°C。年均降水量：降雨，34.16毫米；降雪，3毫米。晴天：138天。雨雪天：79天。

政府 组织形式：市经理制。市长：罗纳德·科克。

圣安东尼奥

（得克萨斯州）

历史 圣安东尼奥是得克萨斯州第三大城市，位于该州中南部地区墨西哥湾海岸平原的边缘，距墨西哥湾140英里。它的经济繁荣有赖于农业、畜牧业和批发商的活动，这些批发商控制着得克萨斯西南部和墨西哥北部的商业。在生物技术工程方面，该市也处在地区前列。给该市经济带来进一步刺激的是5个重要的军事设施：萨姆·休斯顿堡、伦道夫空军基地、凯利空军基地、拉克兰德空军基地以及布鲁克斯空军基地。这些军事设施每年大约给该地区经济贡献30亿美元。

1718年圣安东尼奥—德瓦雷罗传教区（后来被称为“阿拉莫”）和圣安东尼奥要塞的建立标志着该地

区最早的永久性定居点的出现。当来自加那利群岛的56名移民加入了先前居住在这里的牧场工人、传教士和军人的行列后，他们建起了名叫圣费尔南多—德贝克萨城的得克萨斯第一个市政组织。1809年，此地成为一个真正的城市并处在墨西哥控制下，直到1836年圣哈辛托战役。1845年得克萨斯成为美国的一个州后，美国拓荒者和德国移民大量涌入。1910年时，该市人口已超过96000人，此后至今，人口又增长了近10倍。

如今，圣安东尼奥成了度假者钟爱的憩息地，每年有1000多万旅游者光顾。该市吸引人的胜地有阿拉莫和它的4个姊妹传教区、沿圣安东尼奥河的河边步行道、布雷肯里奇公园（美国最大的动物园之一的所在地）、得克萨斯海洋世界、美洲大厦和西班牙总督府。

人口 1144646（2000）。排名：第9位。种族：黑人6.8%，拉美裔58.7%，亚裔1.6%，印第安人0.8%。人口密度：1451人/平方公里。

地形与气候 海拔：701英尺。面积：788.7平方公里。日均最低气温：1月，3.8°C。日均最高气温：7月，35.7°C。年均降水量：降雨，29.13毫米；降雪：0.5毫米。晴天：110天。雨雪天：81天。

政府 组织形式：市经理制。市长：埃德·加尔扎。

底特律

（密歇根州）

历史 底特律位于伊利湖与休伦湖之间的底特律河畔，是1701年由来自法国卡迪亚克的安托万·德拉马瑟先生建立的。它是大湖区最早的永久性定居点，并作为皮毛商的贸易站而繁荣起来。它最初的名字叫庞恰特雷恩—底特律堡，先是在法国人的控制下（至1760年），后在英国人的控制下（至1796年），然后又被美国人所控制。

1818年，第一艘汽船从布法罗抵达底特律，1825年通过伊利运河它成为进入东部市场的更方便的通道，这使它得以利用密歇根半岛上充足的自然资源，在内战后迅速崛起为一个大型现代工业城市。到1899年时，底特律的制造业产值已在美国城市中名列第十，主要出口产品包括铁矿石、铜、铅、盐和鱼类。最终成为底特律核心产业的汽车业的发展，促使该市在20世纪20年代时已排名美国第三大城市。底特律是通用、克莱斯勒和福特三大汽车公司总部的所在地，然而近年来汽车业对该市的影响却一直是祸大于福，因为“三巨头”中任何一家的挫折都会使这座“汽车城”受到牵连。

虽然底特律一直保持着美国制

造业第三大城市的地位，但它也一直遭受着城市衰落的折磨。占居民大多数的黑人生活水平的相对低下导致了40年代和60年代的骚乱，如今，该市一直在犯罪率最高的美国城市之列。不过，底特律的黑人也发起了60年代最激动人心的俗文化表演。创建于1960年的“塔姆拉·摩汤唱片公司”的商标使斯蒂维·旺德尔、“超人”及“杰克逊五人组”闻名世界，并在这个过程中创立了美国最大的黑人拥有的企业。

底特律丰富多彩的文化机构中，包括拥有大量欧洲藏品和世界上最丰富的美国艺术藏品的底特律艺术学院、底特律交响乐团、克兰布鲁克艺术学院以及坐落在底特律河中一个岛屿上、占地1000英亩、拥有沙滩、游艇船坞、动物园、水族馆和植物园的贝尔岛公园。

人口　951270（2000）。排名：第10位。种族：黑人81.6%，拉美裔5.0%，亚裔1.0%，印第安人0.3%。人口密度：2709人/平方公里。

地形与气候　海拔：581英尺。面积：351.2平方公里。日均最低气温：1月，-8.8°C。日均最高气温：7月，28.3°C。年均降水量：降雨，30.97毫米；降雪，39毫米。晴天：75天。雨雪天：133天。

政府　组织形式：市长—议会制。市长：丹尼斯·阿切尔。

圣何塞

（加利福尼亚州）

历史　圣何塞位于圣弗朗西斯科湾南端旧金山以南45英里处，是加利福尼亚建立的第一个非宗教的欧洲人社区。1777年，一些有冒险精神的农民在圣何塞—瓜达卢普镇定居，他们试图使自己和这一地区完全不依赖墨西哥政府和西班牙传教组织，自力更生解决他们的生活必需品供应问题。果树、橄榄树、兽皮、牛脂、家畜、谷物以及活跃的零售活动都对圣何塞早期的繁荣做出了贡献。1846—1848年美墨战争后，美国夺取了加利福尼亚等地区。1849—1852年，圣何塞成为加州第一个首府。

直到第二次世界大战前，圣何塞都是一个农业城市。第二次世界大战时，该市工业和技术开始发展。最近20多年工业创新的快速发展，使圣何塞在30年代发端于斯坦福大学及其周围地区的研究与开发中开始领先，并使该地区发生了显著的变化。由于高技术革命，圣克拉拉县变成了著名的硅谷，它在信息系统、个人计算机及外围设备生产方面均处于领先地位，并培育出一个生机勃勃的半导体工业。与此同时，该市的金融服务、房地产、建筑及零售业也都繁荣起来。

雇用着25万员工的2600多家高

技术公司坐落在圣何塞市，其中1/3的工人从事制造业生产，这在后工业时代的美国是一个非常高的比例。圣克拉拉县的中间家庭收入是加利福尼亚州最高的，而圣何塞的中间房产价格长期以来也一直在全美国名列前茅。

人口 894943（2000）。排名：第11位。种族：黑人3.5%，拉美裔30.2%，亚裔26.9%，印第安人0.8%。人口密度：2042人/平方公里。

地形与气候 海拔：65英尺。面积：438.2平方公里。日均最低气温：1月，5°C。日均最高气温：7月，27.5°C。年均降水量：降雨，13.86毫米；降雪：0毫米。

政府 市经理制。市长：罗恩·冈萨雷斯。

印第安纳波利斯

（印第安纳州）

历史 印第安纳波利斯作为印第安纳州首府和美国心脏地带的重要商业中心，所连接的高速公路网比美国其他任何城市都要多，并因此而赢得了“美国的十字路口”的美称。美国人口中有50%能在1天内驱车到达该市，地理上的这个优势使它成了运输业和制造业的聚焦点。

1820年，最初到来的欧洲人在福尔克里克河与怀特河的交汇处建立了一个定居点。1825年，它被选作印第安纳州的首府。州政府机构带来的工作机会使该市人口大量增长，1830年国家公路（US40）的规划加速了人口的扩张。1839年怀特河上中央运河的开通使印第安纳波利斯飞速发展，这条运河不仅为该市提供了重要的运输联系，而且为工厂、锯木场和造纸厂的运转提供了必要的水动力资源。然而，依靠运河来保持繁荣被证明是不可能的，到铁路引进之前，该市已经衰落了。1853年，铁路从美国的四面八方铺进了印第安纳波利斯，有一个时候，该市每天竟有200列火车通过。世纪之交时，印第安纳波利斯已经发展为一个拥有人行道和有轨电车的先进都市。汽车工业的早期阶段时，该市经济繁荣起来，在底特律获得优势之前，它曾生产着50多款式样的小轿车，包括杜森伯格、马默和施图茨等。

印第安纳波利斯在重工业的衰退和富人向市郊迁居的浪潮中得以幸存，继续保持了制造业和运输业中心的地位，同时仍然是一个繁忙的小麦、大豆和牲畜市场。它的主要工业包括电子、金属加工、制药和运输设备制造业等。市中心地区已经历了一个复兴过程，建筑了会议中心、山地人大厦、市场广场，并重修了联邦火车站。但是，该市首先吸引人的仍然是“印第安纳波利斯500”，即1911年开始在每年阵亡将士纪念日的周末举办的一年一度的汽车大奖赛。

人口 791926（2000）。排名：第12位。种族：黑人25.3%，拉美裔3.9%，亚裔1.4%，印第安人0.3%。人口密度：869人/平方公里。

地形与气候 海拔：808英尺。面积：911.7平方公里。日均最低气温：1月，-7.8°C。日均最高气温：7月，29.5°C。年均降水量：降雨，39.12毫米；降雪，21毫米。晴天：90天。雨雪天：122天。

政府 组织形式：市长—议会制。市长：巴特·彼得森。

旧金山

（加利福尼亚州）

历史 旧金山（圣弗朗西斯科）位于圣弗朗西斯科湾和太平洋之间的金门海峡附近，浓雾迷漫使得许多探索西海岸的伟大的欧洲探险家错过了这个地区。1542年，胡安·罗德里格斯·卡布里略发现了沿岸附近的法拉伦群岛。1579年，弗朗西斯·德拉克在金门海峡以北几英里的地方登陆。然而，在唐·加斯帕·德·波尔塔拉驶入该海湾前，又是200年过去了。接着，6年后，唐·胡安·曼纽尔·阿雅拉在此地建立了一个小镇和传教区。

西班牙政府和1821年后的墨西哥政府对于利用旧金山的地理和战略地位都不热心，1846年7月9日，当约翰·蒙哥马利舰长在此地升起了美国国旗时，这里的人口也仅有840人。1848年在萨特的锯木场发现黄金以及1849年的淘金热（它带来了4万名对加利福尼亚满怀希望的淘金者，其中大部分是乘船来的），一下子就使旧金山被绘入了世界版图，1850年它被组建为市。

作为重要的运输和工业中心，旧金山保持了持续的繁荣；然而1906年一场里氏8.6级的大地震夺去了452人的生命，摧毁了28000座房屋，造成了约3.5亿美元的损失。但是旧金山从废墟中崛起，并发展成为一座繁荣的多样化的世界性都市和美国从事世界贸易的主导城市。1989年10月17日旧金山又发生了一次里氏7.1级的大地震，造成了该地区67人死亡和巨大的财产损失，但是该市的毁坏程度没有像1906年大地震那样厉害。

如今，旧金山是一个接纳着40多条航线的船只、每年从世界各地300多个港口进口价值约250亿美元货物的港口。它也是一个重要的国际金融中心，拥有美国3个最大银行的总部、第12区联邦储备银行和太平洋证券交易所。该市还有650多家保险公司，是风险投资者和企业家的庇护所：其90%以上的企业仅有不足25名雇员。该地区还建有几个美国海军设施。

旧金山以其崇尚个人首创精神著称，曾是50年代“垮掉的一代”运动的避风港，该市海特—阿什伯里区也是60年代嬉皮士运动的大本营。它拥有的传统艺术机构包括旧金山芭蕾舞团、旧金山歌剧团、旧金山交响乐团和美国音乐学院剧团。在其主要教育机构中，有圣弗朗西斯科大学、希尔德理工学院、加利福尼亚大学、圣弗朗西斯科艺术学院、圣弗朗西斯科音乐学院和圣弗朗西斯科殡葬科学院。在它众多的博物馆中，包括国家海运历史公园、美术博物馆和加利福尼亚名人堂。其他的游览胜地有历史上著名的缆车（最先于1873年投入使用）、唐人街和渔船码头。

人口 776733(2000)。排名：第13位。种族：黑人7.8%，拉美裔14.1%，亚裔30.8%，印第安人0.4%。人口密度:6462人/平方公里。

地形与气候 海拔：155英尺。面积：120.2平方公里。日均最低气温：1月，5.2°C。日均最高气温：7月，21° C。年均降水量：降雨，19.71毫米；降雪：0毫米。晴天：162天。雨雪天：67天。

政府 组织形式：市长—议会制。市长：小威利·布朗。

杰克逊维尔
（佛罗里达州）

历史 首批来到该地区的欧洲人是法国的胡格诺派教徒，他们于1564年在佛罗里达东北部圣约翰斯河岸加洛林堡建立了一个殖民地。第二年，西班牙人摧毁了这个要塞。此地永久性的定居开始于1816年；1822年杰克逊维尔诞生，它是根据指挥美军从西班牙人手中夺取了佛罗里达的安德鲁·杰克逊少将的名字命名的。直到内战后，该市的发展都比较缓慢，不过到1960年时，该市人口已超过了20万。1968年，杰克逊维尔与达瓦尔县合并，人口猛增到50多万，成为美国面积最大的城市。

作为佛罗里达州最大的城市，杰克逊维尔是一个重要的地区商业、工业、财政和医疗中心。在改进了它的位于圣约翰斯河口以西25英里处的港口后，它又成为一个重要的进口港和该地区主要的流通中心。杰克逊维尔还是一个拥有大量娱乐和会议设施的胜地。在它的生活福利设施中，包括有海登·伯恩斯图书馆、坎默美术馆、杰克逊维尔艺术博物馆、杰克逊维尔动物园、圣约翰斯河公园以及位于佛罗里达第一个欧洲人殖民地遗址上的加洛林堡国家纪念馆。在该市主要教育机构中，有杰克逊维尔大学和北佛罗里达大学。

人口 735617（2000）。排名：第14位。种族：黑人29.0%，拉美裔4.2%，亚裔2.8%，印第安人

0.3%。人口密度：374人/平方公里。

地形与气候 海拔：31英尺。面积：1967.6平方公里。日均最低气温：1月，5.4°C。日均最高气温：7月，29.5°C。年均降水量：降雨，52.77毫米；降雪，0毫米。晴天：98天。雨雪天：116天。

政府 组织形式：市长—议会制。市长：约翰·德莱尼。

哥伦布

（俄亥俄州）

历史 1812年俄亥俄州议会决定在该州中心位置赛欧托河沿岸辟出一块地方作为州府，并将它命名为哥伦布，以纪念这位著名的新世界的探索者。从一开始，该市就充分利用了它作为州政府所在地的地位和处于正在发展的美国公路、运河和高速公路网中部的重要地理位置。1834年哥伦布组建为市，并成为农产品贸易的一个兴旺的中心。

1850—1900年间，该市人口从17800人增长为10万多人。由于拥有众多的马车制造厂，19世纪时，哥伦布以“世界马车之都”而闻名。因为有5条铁路穿过该市，所以许多银行很快就开始在这里安营扎寨，使得哥伦布成为周边农业各县的金融中心。

正如在19世纪那样，哥伦布的现代经济依然是建立在政府、农业、地区金融和教育的基础上。1950年，为了抵制市郊化的趋势，该市实行了兼并周围社区的政策。由于它比其他中西部城市较少地依赖于重工业，它比大多数中西部城市都更好地经受住了铁锈带的衰退，依然是一个繁华的都市。1980年代，该市在创新开发中创造了7.8亿多美元的财富和大约10万个新的就业机会。

俄亥俄州立大学是美国规模最大的大学之一，它创建于1870年，当时叫做俄亥俄农机学院。今天，该市拥有众多的学术机构，其中包括：俄亥俄多明我会神学院（它的创立可以追溯到1868年）、哥伦布艺术设计学院以及俄亥俄理工学院。企业领袖和政治家已经联合起来，努力要将该市创办成一个艺术中心。他们已修缮了3座剧院，并新建了一个由另3座剧院组成的艺术中心。

人口 711470（2000）。排名：第15位。种族：黑人24.5%，拉美裔2.5%，亚裔3.4%，印第安人0.3%。人口密度：1471人/平方公里。

地形与气候 海拔：833英尺。面积：483.8平方公里。日均最低气温：1月，－7°C。日均最高气温：7月，29.1°C。年均降水量：降雨，36.97毫米；降雪，28毫米。晴天：75天。雨雪天：136天。

政府 组织形式：市长—议会制。市长：迈克尔·科尔曼。

奥斯汀

（得克萨斯州）

历史 奥斯汀是得克萨斯州首府，位于科罗拉多河岸圣安东尼奥市东北约80英里处。此地最早是印第安人游牧部落的居住地。1835年，该地第一名永久性的欧洲移民雅各布·哈勒尔在此定居，并建立了滑铁卢镇。1839年，该地被选择为得克萨斯共和国首都所在地，并根据19世纪20年代率领首批英国移民来到得克萨斯的斯蒂芬·奥斯汀的名字重新命名。1845年得克萨斯加入美国后，奥斯汀开始走向繁荣，到1930年时，它已发展为拥有75000人的一个重要的地区中心。

奥斯汀最初是黑土平原的农民与东部进行交流的商业和流通中心，这里的农民种植棉花、玉米和谷物，饲养牲畜和家禽。传统的工业有肉类加工、罐头业和家具制造业，1970年以来，高技术产业已超过传统工业，并使该市人口增长了近1倍。几十年来，该市的经济一直得益于其作为州政府驻地的地位，州政府为该市提供了131000个就业机会，相当于该市就业总量的1/4。

1881年建立于奥斯汀的得克萨斯大学以其获得的全美大学数额最高的捐赠而自豪（这是得克萨斯油田的一份遗产）。随着这所大学发展成为一个哺育着该市文化和经济生活的一流学术机构（学生有5万人），随着大批电子和计算机公司的迁入，奥斯汀已经迅速成长为一个全美范围的大都市。近年来，这所大学在学术上的出色表现及奥斯汀享有的自由主义和进步主义的名声（这里的咖啡馆比牛仔帽还要普遍），吸引了众多的艺术团体和诸如戴尔计算机公司、摩托罗拉公司、3M公司、IBM公司和得克萨斯仪器公司等高技术公司来此落户。

人口 656562（2000）。排名：第16位。种族：黑人10.0%，拉美裔30.5%，亚裔4.7%，印第安人0.6%。人口密度：1093人/平方公里。

地形与气候 海拔：570英尺。面积：600.9平方公里。日均最低气温：1月，3.8°C。日均最高气温：7月，35.2°C。年均降水量：降雨，31.5毫米；降雪，1毫米。晴天：115天。雨雪天：82天。

政府 组织形式：市经理制。市长：科克·沃特森。

巴尔的摩

（马里兰州）

历史 自殖民地时代以来，巴尔的摩一直是美洲最活跃的海港之一。1729年，它获得特许，成为烟草出口的主要口岸。巴尔的摩的名字是根据马里兰殖民地的创建者巴尔的摩勋爵乔治·卡尔弗特的名字命名的。到独立战争时，巴尔的摩已经赢得了作为重要的商业和海运中心的名声，从这里驶出的船只与北欧、地中海和加勒比地区进行着繁忙的贸易。1797 年巴尔的摩获得特许成为城市后，在冶铁和炼铜业的飞速发展、临近国家首都的地理位置以及连接中西部的巴尔的摩—俄亥俄铁路的开通等诸因素的刺激下，它的商业活动迅猛增长。然而，内战时期深刻分裂的感情因素阻碍了这种发展，多年后这座城市才开始复兴。

1904 年，一场大火烧毁了市中心几乎所有的建筑物，但也给复兴带来了动力。两次世界大战重新对巴尔的摩的港口设施提出了需求，并促使该市发展成为一个坚实的重工业基地。但是第二次世界大战后，它的基础设施已经老化、衰败了。如今，巴尔的摩依然是一个拥有世界最大的钢铁厂之一（伯利恒钢铁公司的斯帕罗斯角钢厂）的大港口和工业城市。通过获得全国赞扬的内河港口计划和在卡姆登船厂建造奥里奥尔公园等城市改造规划，这座城市的大部分已经得到重建。1960 年该市人口曾流失近 20%，目前，这种趋势已经停止。

该市的历史遗址中，有弗朗西斯·基创作《星条旗》的地方——麦克亨利堡。巴尔的摩也是圣玛丽学院和大学、约翰斯·霍普金斯大学和巴尔的摩大学所在地。

人口 651154（2000）。排名：第 17 位。种族：黑人 64.3%，拉美裔 1.7%，亚裔 1.5%，印第安人 0.3%。人口密度：3131 人/平方公里。

地形与气候 海拔：155 英尺。面积：208 平方公里。日均最低气温：1 月，－4.2°C。日均最高气温：7 月，30.6°C。年均降水量：降雨，43.39 毫米；降雪，22 毫米。晴天：106 天。雨雪天：112 天。

政府 组织形式：市长—议会制。市长：马丁·奥马利。

孟菲斯

（田纳西州）

历史 孟菲斯地区最早的居民是 1000 多年前到达这个俯瞰密西西比河的峭壁地带的。后来，奇克索族印第安人用强力取代了这些人，并在这里居住了 8 个世纪，直到 1838 年美国政府将全部奇克索人的部落驱赶到俄克拉何马和更远的西部地区，以使白人能够开发这片土地。1541 年，西班牙探险家赫尔南多·德索托考察了这片峭壁。许多探险家在下一个世纪中也到过这里，1739 年法国人在这里建立了阿桑普申堡。在 18 世纪的剩余时间里，法国人、西班牙人和奇克索人为控制这片土地而不断争战，直到 1797 年它成为美国的一部分。该地区最初的美国所有者詹姆斯·温切斯特将军、约翰·奥弗顿法官和安德鲁·杰克逊将军（他后来出售了他的那份土地，并成为总统）于1819年建立了此镇，并根据尼罗河畔古埃及城市的名字命名它为孟菲斯。

密西西比河上的水手们使年轻的孟菲斯获得了喧闹和淫秽的名声，而蚊虫则揭开了该市传染黄热病的历史。19世纪80年代的黄热病使市内半数以上的居民丧生，并使该市的特许状险些被收回。最终，是一个排污系统（这类排水系统中的第一个）帮助战胜了黄热病。内河航运和棉花作物使孟菲斯逐渐走向繁荣，并吸引来了爱尔兰和德国移民，到20世纪时该市已开始成为非正式的南方中部地区的首府。埃尔维斯·普雷斯利将该市的“节奏布鲁斯”传统扩展为世界第一个摇滚乐的崇拜偶像，使孟菲斯对流行音乐文化做出了不可磨灭的贡献。1991年，洛兰汽车旅馆——民权领袖小马丁·路德·金1968年遭暗杀的地方——被开辟为国家民权博物馆。近年来，该市的中心地理位置帮助它吸引了一些大公司的到来，其中著名的有联邦快递公司和西北航空公司。

人口 650100（2000）。排名：第18位。种族：黑人61.4%，拉美裔3.0%，亚裔1.5%，印第安人0.2%。人口密度：950人/平方公里。

地形与气候 海拔：307英尺。面积：684平方公里。日均最低气温：1月，－0.6°C。日均最高气温：7月，33° C。年均降水量：降雨，51.57毫米；降雪，6毫米。晴天：118天。雨雪天：106天。

政府 组织形式：市长—议会制。市长：威利·赫伦顿。

密尔沃基

（威斯康星州）

历史 17世纪70年代，法国探险家雅克·马奎特和路易·若利埃成为探访现今密尔沃基地区的首批欧洲人，该地区位于密歇根湖西岸梅诺莫尼河与金尼金尼克河交汇处。1795年，西北公司的雅克·维考在此地建立了一个贸易站，1818年，第一个永久居民所罗门·朱诺建立了密尔沃基（此名来自印第安语“美丽的土地”的音译）。19世纪40年代后，大批德国移民来到此地，到1850年时他们占了该地居民人口的60%以上。如今，该市约1/3的居民是德国移民的后裔。

作为一个兴旺发达的农业中心，密尔沃基到内战时已成为世界上最大的小麦市场。内战后，它的工业基础也开始发展，到1940年时该市在美国城市制造业中已排名第4位。密尔沃基今天仍然是一个最活跃的汽车配件等耐用品、建筑及筑路设备、柴油机和汽油机、拖拉机、船用发动机的生产者，也是一个重要的肉类加工业中心。该市保持了德国移民的传统，发展了繁荣的酿酒业，拥有美国最大的几个啤酒生产公司（尽管到1996年时，几乎所有的啤酒公司都消失了）。密尔沃基是一个重要的大湖地区及国际港口，经营着数条国际海运航线。

人口 596974（2000）。排名：第19位。种族：黑人37.3%，拉美裔12.0%，亚裔2.9%，印第安人0.9%。人口密度：2406人/平方公里。

地形与气候 海拔：581英尺。面积：248.1平方公里。日均最低气温：1月，-11.5°C。日均最高气温：7月，26.5°C。年均降水量：降雨，30.94毫米；降雪，45毫米。晴天：96天。雨雪天：122天。

政府 组织形式：市长—议会制。市长：约翰·诺奎斯特。

波士顿

（马萨诸塞州）

历史 波士顿是以许多清教徒移民移居美洲时由那里出发的一个英国港口的名字命名的，1630年首批移民在约翰·温思罗普的率领下移居此地。作为马萨诸塞湾殖民地的首府，它很快成为整个新英格兰殖民地的文化和商业首都。波士顿人从未完全接受英国的统治，在反对《印花税法》及制造“波士顿倾茶案”的行动中，他们对英国的统治提出了挑战。在“波士顿大屠杀”中丧生的殖民地居民是在随后开始的美国独立战争岁月中牺牲的烈士们的先行者。

随着独立战争的结束，波士顿商人发现自己被禁止性关税挡在了英国港口之外；应他们为美国商品寻求新市场的要求，美国开始了与东方和印度的贸易。19世纪中，波士顿的发展先是得益于工业革命，后来又得益于几次移民浪潮，特别是来自南方各州的黑人和来自爱尔兰和意大利的移民浪潮。

尽管波士顿在商业和工业中的优势在19世纪之后并未保持下来，但它依然是银行和金融服务业的一个重要中心。第二次世界大战以来，波士顿市郊已发展为一个科学研究与开发中心、一个计算机工业中心（80年代，128号公路成了东海岸对加州硅谷的回应），从而刺激了对该市市区的投资。作为新英格兰的门户、独立战争的诞生地，波士顿也是一个旅游中心。

对波士顿最重要的认同也许是它在教育、文化和宗教宽容方面所拥有的财富。哈佛大学是美国历史最悠久的大学（1636年），而罗克斯伯里拉丁学院则是美国历史最悠久的依靠私人捐助而建立的中学（1645年）。如今，波士顿是20多所高等院校及一些美国最出色的文化机构的所在地，这些机构包括：美国艺术科学院（1780年）、马萨诸塞历史协会（1791年）、波士顿文学协会（1807年）、波士顿公共图书馆（美国第一个公共图书馆，1854年）、波士顿美术博物馆（1870年）以及波士顿交响乐团（1881年）。《波士顿环球报》是美国创办最早和最杰出的日报和周报。

人口 589141（2000）。排名：第20位。种族：黑人25.3%，拉美裔14.4%，亚裔7.5%，印第安人0.4%。人口密度：4821人/平方公里。

地形与气候 海拔：10英尺。面积：122.2平方公里。日均最低气温：1月，－5.1°C。日均最高气温：7月，27.6°C。年均降水量：降雨，43.81毫米；降雪，42毫米。晴天：99天。雨雪天：128天。

政府 组织形式：市长—议会制。市长：托马斯·梅尼诺。

华盛顿

（哥伦比亚特区）

历史 华盛顿市是由乔治·华盛顿挑选来作为美国首都的一块地方，它由马里兰和弗吉尼亚两州让与的土地组成。1787年，国会批准了这个计划。1791年，乔治·华盛顿委派皮埃尔·查尔斯·兰方来规划该市设计。1800年该市建成后，于当年12月1日成为美国首都。在1812—1814年英美战争中，华盛顿市于1814年8月被英军占领，其间，白宫、国会大厦和其他一些重要建筑均被焚毁。战后该市被重建。

尽管哥伦比亚特区归联邦管辖，但它已要求作为“新哥伦比亚”而拥有州的地位。1961年，国会通过宪法第23条修正案，首次给予哥伦比亚特区公民以总统选举投票权，10年后，又准许该特区在国会众议院拥有一个无投票权的代表席位。哥伦比亚特区最大的雇主是联邦政府，印刷业是它的主要工业。肯尼迪总统曾称该市为具有“南方效率和北方魅力”的城市，但是自那以后，华盛顿成为一座主要的艺术城市。大城市所具有的问题华盛顿都有，而且由于政府雇员人数不定，使得它所面临的问题更大。

作为美国政府的所在地，华盛顿是来自世界各地的旅游者的胜地，每年它接待大约1700万旅游者。华盛顿市拥有许多历史和旅游景点，其中尤以白宫、国会大厦、华盛顿纪念碑、林肯和杰斐逊纪念堂、富兰克林·罗斯福纪念园以及国会图书馆著名。在它众多的博物馆中，有国家航空航天博物馆、国家美洲艺术博物馆、国家非洲艺术博物馆、国家自然历史博物馆、国家艺术馆、海军纪念博物馆和史密森学院等。

人口 572059（2000）。排名：第21位。种族：黑人60.0%，拉美裔7.9%，亚裔2.7%，印第安人0.3%。人口密度：3523人/平方公里。

地形与气候 海拔：30英尺。面积：162.4平方公里。日均最低气温：1月，-2.5°C。日均最高气温：7月，31°C。年均降水量：降雨，39毫米；降雪，16毫米。晴天：101天。雨雪天：111天。

政府 组织形式：市长—议会制。市长：安东尼·威廉姆斯。

纳什维尔

（田纳西州）

历史 1779—1780年的冬天，来自北卡罗来纳州的一群移民在詹姆斯·罗伯逊的率领下抵达坎伯兰河岸一个名叫大索尔特利克的地方，并在河两岸建立了要塞。他们根据大陆军的将领弗朗西斯·纳什将军的名字，将其中一个要塞命名为纳什伯勒。1784年，这个定居点改名为纳什维尔，并于1806年被设立为市。1843年，该市成为田纳西州首府。作为纳奇兹道路（一条通往密西西比州纳奇兹的500英里长的公路）的北端，纳什维尔在内战前已经繁荣起来。内战时，纳什维尔在1864年12月成为最后几场主要战役之一的战场；战后它经历了长期的重建，到19世纪末时，人口已达81000人。20世纪上半期，该市继续发展，到第二次世界大战时，人口增长了1倍。自那以后，它又经历了有史以来最迅速的经济扩张。

纳什维尔不仅是众所周知的主要的音像制品生产中心，而且拥有多样化的经济基础，是美国南方北部地区的流通和贸易中心。几个宗教组织及其出版公司均以该市为总部；它还是十几家高等院校和学术机构的所在地，其中包括范德比尔特大学、菲斯克大学和田纳西州立大学。随着制造业特别是汽车配件生产的基础不断扩大以及保险业和银行业的坚定进入，纳什维尔为自己规划了一个繁荣的未来。作为“大奥普里”* 的故乡，纳什维尔也开始发展地区旅游业和会议设施。一个与真迹一样大的希腊帕台农神庙的复制建筑已成为该市吸引人的旅游胜地。

人口 569891（2000）。排名：第22位。种族：黑人25.9%，拉美裔4.6%，亚裔2.3%，印第安人0.3%。人口密度：459人/平方公里。

地形与气候 海拔：605英尺。面积：1241.9平方公里。日均最低气温：1月，-2.3°C。日均最高气温：7月，32.1°C。年均降水量：降雨，

---

* “大奥普里”是纳什维尔的一种闻名遐迩的传统乡村音乐戏剧，自20世纪20年代以来，作为电台和电视台的一种固定节目播出；70年代后，经常在露天剧场和娱乐中心演出，深得公众喜爱。

48.49 毫米；降雪，10.7 毫米。晴天：103 天。雨雪天：119 天。

政府 组织形式：市长—议会制。市长：比尔·珀塞尔。

埃尔帕索

(得克萨斯州)

历史 埃尔帕索是墨西哥边境上最大的得克萨斯城市，坐落在格兰德河北岸该州西部，对岸是墨西哥的华雷斯。作为一个重要的入境口岸，埃尔帕索拥有该地区最大的商业和制造业基地，还有煤田、油田、牧场和农场，主要农作物包括山核桃、水果、棉花、苜蓿、洋葱、莴苣、辣椒等。重要的工业有金属冶炼、石油和天然气提炼、纺织、肉类和食品加工等。该市也是得克萨斯大学（埃尔帕索分校）所在地。

1536年，阿尔瓦·努内斯·卡贝扎·德瓦卡跨过格兰德河，成为涉足该地区的第一个欧洲人。不过，直到1659年格兰德河南岸埃尔帕索·德尔·诺特的建立以及瓜达卢佩传教区建立之前，这里并无人定居。1682年，来自新墨西哥的殖民者建立了伊塞尔塔（该地现属埃尔帕索市区范围），但直到1827年胡安·玛丽亚·庞塞·德莱昂到来，才开始了移民在此地的永久性定居。1873 年埃尔帕索设市。随着 1881 年铁路的修通，该市很快发展成为一个重要的工业中心。

埃尔帕索获得的廉价劳动力资源既支撑了它的矿业、冶炼业和农业活动，也有助于该市制造业基础的建设。然而，近年来制造业返回劳动力成本更加低廉的墨西哥的动向，已经引起了人们对这个经济部门的担忧。埃尔帕索靠近墨西哥的华雷斯市，这使它成了一个充满活力的旅游天堂；而它那舒适宜人的气候以及处于拉美人向美国移民路线上的优越地理位置也使它成了美国增长最快的城市之一。埃尔帕索还是拥有拉美裔居民比例最高的美国城市。

人口 563662（2000）。排名：第23位。种族：黑人3.1%，拉美裔76.6%，亚裔 1.1%，印第安人0.8%。人口密度：908 人/平方公里。

地形与气候 海拔：3700 英尺。面积：620.8 平方公里。日均最低气温：1月，－0.8°C。日均最高气温：7月，35.1°C。年均降水量：降雨，7.82 毫米；降雪，5 毫米。晴天：194 天。雨雪天：45 天。

政府 组织形式：市长—议会制。市长：雷蒙德·卡巴莱罗。

西雅图

(华盛顿州)

历史 西雅图位于皮吉特海峡海洋保护区岸边，是哥伦比亚河以北太平洋西北海岸建立的第一个欧裔美国人定居点。1851 年，移居者从阿尔基角出发，迁居到现今的派厄尼广场所在地。他们受到苏夸米什族印第安人首领西雅尔思（西雅图一词是移民们对这位首领名字的并非准确的拼读）的善待，并积极发展了后来成为该市经济支柱的伐木和木材加工业。

随着1893年大北铁路的完工以及1897年阿拉斯加淘金热的出现，西雅图成了通往“克朗代克”* 的门户，从此该市开始转变为商业和工业城市。甚至在淘金热消退及1899年该市经历了一场毁灭性的火灾后，西雅图也仍然保持了作为通往东方的大港和一个工业中心所具有的繁荣。1909年，该市曾是阿拉斯加—育空—太平洋博览会的举办地。1914年巴拿马运河的开通给这个已经十分繁忙的港口带来了更多的业务。两年后，一家小公司开始建造拥有两个座位的双翼飞机，标志着西雅图与航空航天工业持久联系的开端。后来，这家小公司变成了世界上最大的商业飞机制造商“波音公司”，并在西雅图地区雇用了10万多人。

大自然赋予了西雅图壮美的风光，使它面临宽阔的皮吉特海峡，南面和东面又有可以凭窗远眺、白雪覆盖的喀斯喀特峰和雷尼尔峰，因此，该地区为居民和旅游者提供了从滑雪、远足到垂钓和荡舟的多种户外活动形式。1962年该市举办的第二次国际博览会“西雅图世界商品博览会”帮助该市建立了作为技术、贸易、工业和旅游城市的名声。该市主要的文艺节目由西雅图交响乐团、西雅图戏剧联合会和西雅图话剧团演出。其他引人入胜的游览地包括西雅图艺术博物馆、派厄尼广场、派克广场市场、联邦湖中具有历史意义的船只、伍德兰德公园和动物园、占地74英亩的西雅图会议中心的许多景点：它的几座建筑物、公园式的绿地和喷泉都是世界商品博览会留下的遗产。该地区拥有的20所高等院校中包括华盛顿大学和西雅图太平洋大学。

人口 563374（2000）。排名：第24位。种族：黑人8.4%，拉美裔5.3%，亚裔13.1%，印第安人1.0%。人口密度：2602人/平方公里。

地形与气候 海拔：450英尺。面积：216.5平方公里。日均最低气温：1月，1.2°C。日均最高气温：7月，24° C。年均降水量：降雨，38.85毫米；降雪：15毫米。晴天：57天。雨雪天：160天。

政府 组织形式：市长—议会制。市长：保罗·谢尔。

---

* “克朗代克”是加拿大西部一条小河的名字，1896年河谷地区发现金矿，引起淘金热。后人以此词代表贵金属特别是黄金的蕴藏地。

丹佛

（科罗拉多州）

历史 丹佛诞生于1859年淘金热的高潮中，当时在南普拉特河与切里克里克河的交汇处发现了小片的沙金。最初几年，该镇历经一场洪水、几场火灾、印第安人的数次攻击以及内战中南军的占领，但却生存下来。由于落基山脉发现了更多的金子，丹佛很快成为一个兴旺的小城镇。酒吧、赌场、马车拥挤在肮脏的街道上，西部几乎每一个歹徒、暴徒和警察都至少造访过此地一次。世纪之交给该市带来了体面，山中的财富被投入了公园、喷泉、林阴道和精心设计的私人豪邸的建筑。

20世纪70年代末和80年代初石油危机期间，丹佛经历了它的第二次繁荣，成为在落基山西麓运转的页岩石油公司的中心。当时它也是美国发展最快的城市之一，1983年，作为五年建筑计划（该计划要为丹佛市增加16座摩天楼；1座耗资7600万美元的步行购物中心和1个投资8000万美元的表演艺术中心）的一部分，丹佛市使自己的办公面积扩大了一倍。80年代中期，能源过剩使该市发展速度放慢，但是90年代它又重新开始高速发展；在90年代最初几年中，它的人口以每年近1万的速度增长。

1993年，科罗拉多落基山棒球队在一个改建的橄榄球场上吸引来了400多万球迷。1995年，在经历了来自行李自动运送系统的无数挫折后，多次被预报将投入运营的丹佛国际机场终于开启了它的大门，从而完成了这项预算超支严重却意义不大的项目的最后篇章。

丹佛是美国人口最年轻的城市之一，城市的青年风味十足。在看电影的人数上，丹佛居全美国之首；并且是世界人均运动用品商店最多的城市。该市的205个公园总是熙熙攘攘，以致最近不得不对自行车进行限速。

人口 554636（2000）。排名：第25位。种族：黑人11.1%，拉美裔31.7%，亚裔2.8%，印第安人1.3%。人口密度：2005人/平方公里。

地形与气候 海拔：5280英尺。面积：276.6平方公里。日均最低气温：1月，-8.9°C。日均最高气温：7月，31°C。年均降水量：降雨，15.31毫米；降雪，60毫米。晴天：115天。雨雪天：88天。

政府 组织形式：市长—议会制。市长：韦林顿·韦布。

夏洛特

（北卡罗来纳州）

历史 夏洛特坐落在卡罗来纳山麓南端一片绿草如茵的土地上。长期以来，它一直是周围农场的交通要道和农产品重要的流通站。大约250年前，苏格兰和爱尔兰移民沿着古老的卡托巴族印第安人的商路，在十字路口上建立了一个移民点。1762年，这个移民点根据英王乔治三世的新娘的名字，被命名为夏洛特。独立战争期间，英军康沃利斯将军在其军队短暂地占领该地时，曾称此地为"黄蜂巢"，后来该市便以此为自己的标志。

1799年，这里发现了一块17磅重的天然金块，随之而引发了一场淘金热。虽然星罗棋布的金矿促进了当地的商业，但19世纪中期加利福尼亚的淘金狂潮却吸引走了那些满怀希望的淘金者，使夏洛特不得不走上了成为主要产棉区的未来之路。内战期间，夏洛特是南部邦联的主要城市，1865年南部邦联最后的内阁全体会议在此举行。在最近的20年间，随着夏洛特变成一个国际金融中心，这座"女王之城"迎来了它第二次人口增长高潮。美国25大银行中有2家银行将其总部设在该市。

近年来，该市的经济基础已多样化，除了化工、食品、机械、金属加工和纺织等产品外，它已发展为一个重要的世界贸易和技术中心。在该市落户的160多家跨国公司分别从事着微电子、保险、机器制造和生化药品业的生产和经营。由于处在与西北部、中西部和佛罗里达南部市场的等距离位置上，夏洛特一直是一个主要的商品流通渠道。作为处在城市急剧扩张的中心地带的一个中等城市，夏洛特的市郊规模在美国排名第五，有500多万人居住在该市周围100英里的半径范围内。夏洛特黄蜂队、卡罗来纳美洲狮队和夏洛特赛车跑道队都是该市富有传奇色彩的、市民引以自豪和热心支持的运动组织。

人口 540828（2000）。排名：第26位。种族：黑人32.7%，拉美裔7.4%，亚裔3.4%，印第安人0.3%。人口密度：1373人/平方公里。

地形与气候 海拔：665英尺。面积：393.9平方公里。日均最低气温：1月，-0.7°C。日均最高气温：7月，31.2°C。年均降水量：降雨，43.16毫米；降雪：6毫米。晴天：111天。雨雪天：111天。

政府 组织形式：市经理制。市长：帕特里克·麦克罗里。

沃思堡

（得克萨斯州）

历史 沃思堡是1849年根据驻得克萨斯美军司令威廉·沃思将军的名字命名的，最初被用来保护居民免遭印第安人攻击。作为奇泽姆牛车道上的中途休息地，沃思堡发展得很缓慢；但1871年得克萨斯太平洋铁路修到该市后，情况开始大变。

牲畜围场如雨后春笋般建立起来，使沃思堡成为运牛的重要通道；随着一座能够自动装卸的谷物仓库的建立，沃思堡也发展为一个谷物碾磨中心。19、20世纪之交时，它也成了繁荣的肉类加工市场。1917年石油的发现给它带来了繁荣，使该市转变为拥有十几座炼油设备的重要炼油中心。两次世界大战给该地区增添了军事设施（尤其是机场）。沃思堡是得克萨斯的第六大城市，拥有该州三座最好的博物馆和一个总面积仅次于芝加哥诸公园的公园网。

人口 534694（2000）。排名：第27位。种族：黑人20.3%，拉美裔29.8%，亚裔2.6%，印第安人0.6%。人口密度：798人/平方公里。

地形与气候 海拔：670英尺。面积：670.3平方公里。日均最低气温：1月，1°C。日均最高气温：7月，36.5°C。年均降水量：降雨，29.45毫米；降雪，1.4毫米。晴天：137天。雨雪天：78天。

政府 组织形式：市经理制。市长：肯尼思·巴尔。

波特兰
（俄勒冈州）

历史 波特兰著名的秀丽风景得益于它独一无二的自然地理位置。在它的东面，有喀斯喀特山和胡德山；东北面是亚当斯山；北面则是圣海伦斯火山和雷尼尔山。11座桥横跨在将该市分成为东西两部分的威拉米特河上。

穿行于俄勒冈城和温哥华的印第安人在俄勒冈城北12英里处威拉米特河岸开辟出一块1英亩的土地，后来这块土地被称为“林中空地”。1884年，威廉·奥弗顿声称该地四周的640英亩土地为他所有，后来他将这些土地卖给了打算在这里建立一座城市的阿萨·洛夫乔伊和弗朗西斯·佩蒂格罗夫。佩蒂格罗夫在掷硬币中获胜后，将这座未来的城市以其缅因州故乡的名字命名为波特兰。

作为拥有一个巨大的内河港口的重要河口港市（也是西海岸惟一的淡水港），波特兰是木材、面粉和谷物运输的主要港口，并很快发展为俄勒冈最大的城市。它的主要工业还包括造纸和纸浆业、采矿业、高技术设备和航空航天设备制造业。波特兰拥有繁荣的艺术生活，它的居民还可以很容易地驱车去参加海滨游泳和山地滑雪等活动。

人口 529121（2000）。排名：第28位。种族：黑人6.6%，拉美裔6.8%，亚裔6.3%，印第安人1.1%。人口密度：1794人/平方公里。

地形与气候 海拔：39英尺。面积：295平方公里。日均最低气温：1月，0.8°C。日均最高气温：7月，26.3°C。年均降水量：降雨，37.39毫米；降雪，7毫米。晴天：

69 天。雨雪天：152 天。

政府 组织形式：委员会制*。市长：维拉·卡茨。

俄克拉何马城

（俄克拉何马州）

历史 俄克拉何马城可以说是在 1889 年的“土地抢占潮”中人为地兴起的一个城市，根据哈里逊总统发布的公告，当年 4 月 22 日，该地正式向欧洲移民开放。到当天晚间，约有 1 万移民迁入该地，这是美国城市史上在非兼并的情况下一个城市一天之内人口增长最多的一个例子。1907 年，俄克拉何马成为一个州；1910 年，俄克拉何马城成为该州首府，当时该市人口已增长到 64000 人左右。此后，它发展为俄克拉何马州最大的城市、主要的商业中心和全国牛仔名人大厦所在地。

俄克拉何马城的经济以石油业和家畜业为基础，并依靠石油产品、肉类加工、家畜育种和饲养而繁荣。该市拥有发达的印刷出版业，并且制造包括汽车、电子设备、计算机、通讯开关及油井设备在内的多种工业产品。作为服务于该州中西部地区的主要银行业中心，俄克拉何马城拥有一个联邦储备银行分行。从多少有些不利的报道来看，俄克拉何马城引发了 20 世纪 70 年代石油景气中的“股市投机银行综合征”。当时，佩恩广场银行在错误建议下实施的石油工业贷款几乎摧毁了美国的银行体系。

俄克拉何马城也是美国历史上破坏最严重的恐怖主义爆炸的发生地。1995 年 4 月 19 日，一颗 5000 磅重的汽车炸弹把艾尔弗雷德·默拉联邦大厦炸开了一个巨大的窟窿，致使 169 人丧生，其中包括在大厦内一个日托中心的 15 名儿童。

人口 506132（2000）。排名：第 29 位。种族：黑人 15.4%，拉美裔 10.1%，亚裔 3.5%，印第安人 3.5%。人口密度：324 人/平方公里。

地形与气候 海拔：1304 英尺。面积：1564.4 平方公里。日均最低气温：1 月，－3.7°C。日均最高气温：7 月，34.1°C。年均降水量：降雨，30.89 毫米；降雪，9 毫米。晴天：141 天。雨雪天：81 天。

政府 组织形式：市经理制。市长：科克·汉弗莱斯。

---

* 指行政权与立法权均集中于一个由全体市民选举产生的通常为五人的委员会手中的市政管理形式。在委员会制政府中，市长是委员会的协调人，行政权由其他委员按事务类别分掌。由于立法权也属该委员会，因此，这种管理形式常被批评为权力过分集中。

图森

（亚利桑那州）

历史 第一个到达现今图森地区的欧洲人是1692年来到此地的天主教耶稣会传教士尤塞比奥·基诺。1700年，在该地区附近为帕帕戈族印第安人建立了沙维尔—德尔巴克传教区。但直到1776年，西班牙人才在此地建立了一个永久性的定居点，并用帕帕戈语“楚克雄”为其命名，意为“山脚下的神泉村”。图森一直在西班牙和墨西哥的统治下，直到1853年作为加兹登购买地的一部分由美国政府获得。内战时期，它在南部邦联的控制下，1867—1877年间，它曾是亚利桑那准州的首府。

虽然南太平洋铁路于1880年修到这里，并且在亚利桑那南部发现了蕴藏丰富的铜矿，但是图森的地理位置和自然资源都没有给它的经济发展以太多的刺激。它依然以冬季疗养胜地和作为周边农业及矿业的商业中枢而闻名。1950年，它的人口仅有45500人。

近45年来，图森发生了急剧的变化。作为人口从工业州向阳光带迁移的受益者之一，图森的人口在这段时间里增长了近10倍。在最近的一个十年中，图森的制造业就业机会增加了2万个。由于它周围的自然风景秀美，它依然保持着对退休者和旅游者的吸引力，图森市内和周围众多的高尔夫球场、大牧场和旅游胜地清楚地反映了这一点。图森被林孔、圣卡塔利娜、图森和圣丽塔4条山脉所环绕。其他的自然景观有萨比努大峡谷（它拥有该地区惟一的常年不断的溪流）、国家仙人掌纪念地（一块为树形仙人掌建立的保留地）和图森山公园，后者是亚利桑那—索诺拉沙漠博物馆的所在地。亚利桑那大学坐落在图森，附近有戴维斯—莫塞恩空军基地和基茨峰天文台。

人口 486699（2000）。排名：第30位。种族：黑人4.3%，拉美裔35.7%，亚裔2.5%，印第安人2.3%。人口密度：1498人/平方公里。

地形与气候 海拔：2584英尺。面积：324.8平方公里。日均最低气温：1月，3.3°C。日均最高气温：7月，36.9°C。年均降水量：降雨，11.14毫米；降雪，2毫米。晴天：198天。雨雪天：50天。

政府 组织形式：市经理制。市长：罗伯特·沃尔克普。

新奥尔良

（路易斯安那州）

历史 新奥尔良于1718年由让·巴普蒂斯特·勒莫安建立，并根据法国总督的名字命名为“奥尔良城”，是美国最独特的城市之一。它位于密西西比河口110英里处，一直是一个重要的国际港口（现今在美国排名第二)。由于经历过多次法国、西班牙、非洲和英国移民浪潮，使它成为北美大陆一座具有最丰富的特色文化的城市。它的地理环境也很独特，该市大部分都处于海平面以下。持续不断的洪水威胁现在已经被一个复杂的运河与堤坝网络所减轻。

在法国统治了半个世纪后，新奥尔良于1763年成为西班牙统治下的路易斯安那的首府。作为路易斯安那购买地的一部分被美国获得之前，它又短暂地重新回到法国人的统治下(1800—1803)。尽管路易斯安那于1815年被承认为一个州，但新奥尔良却继续在建筑、烹饪以及四旬斋开始前那些日子里的华丽的狂欢节庆祝活动方面反映着西班牙和法国的传统。该市的非洲裔黑人传统也很强盛，迪克西兰爵士乐长期以来被宣传为一种独特的美国音乐，实际上它是非洲风格与欧洲风格的一种混合音乐。

除了作为出口棉花、水稻、石油产品、钢铁和玉米以及进口蔗糖、香蕉、咖啡、铝矾土和糖浆的主要港口外，新奥尔良还是墨西哥湾近海石油钻探的中心。近年来，它的工业尤其是航天研究和技术、石油精炼以及造船业也有很大发展。

新奥尔良本身也是一个重要的旅游城市，它吸引旅游者的特别景点包括圣路易斯大教堂、法兰西市场、保藏大厦、迪克西兰大厦以及长老会教堂，所有这些景点都在法裔居民区内；此外还有花园区内的供狂欢者居住的建筑、新奥尔良艺术博物馆、南部邦联博物馆、奥杜邦公园动物园。在它的教育机构中，有塔林大学、索菲·纽科姆学院和迪拉德大学。

人口 484674(2000)。排名：第31位。种族：黑人67.3%，拉美裔3.1%，亚裔2.3%，印第安人0.2%。人口密度：939人/平方公里。

地形与气候 海拔：30英尺。面积：516.4平方公里。日均最低气温：1月，6.1°C。日均最高气温：7月，32.6°C。年均降水量：降雨，59.74毫米；降雪，0.2毫米。晴天：109天。雨雪天：113天。

政府 组织形式：市长—议会制。市长：马克·莫里尔。

拉斯韦加斯

(内华达州)

历史 拉斯韦加斯最初是由摩门教徒于1855年定居并拓殖的。不过，它的近代历史却开始于1931年，当年内华达州使赌博合法化，并制定了婚姻和离异自由化的法律。从那时起直到1978年大西洋城重新开放赌场，拉斯韦加斯由于在美国赌博业所享有的独一无二的地位而繁荣。1980年以来，它一直是美国人口增长最快的城市之一，1980—1996

年间，它的人口增长了1倍多，从164674人增加到376906人。由于人口增长太快，它每年需要印刷出版两次电话簿。

赌博业无疑促进了该市的发展(1997年，赌博业的税收高达60亿美元)，但对比全美其他十几个使赌博业在船上、在土著人保留地，或者在新奥尔良的法裔区合法化的城市的状况来看，拉斯韦加斯的繁荣主要是由于将赌博业、夜生活、购物与明确的甚至是有些过分的法律义务结合在一起的结果。自1993年以来，该市拆除了5座大型建筑，为的是建立更新、更大的建筑。美国的十大饭店都在该市有分店，包括拥有5000个房间的米高梅大饭店。在过去的十年中，该市修建了复制纽约、巴黎、威尼斯建筑和埃及金字塔的饭店，为了复制威尼斯建筑，甚至开凿了穿过沙漠的人工河流。

拉斯韦加斯每年吸引着3000多万名世界各地的游客，包括300万名来这里开会的人。旅游业为它创造了数万个新的工作岗位和新的住宅(每月平均有578所新住宅投入使用)。由于该市坐落于沙漠上，除了饮用水外，没有任何地理上的障碍限制它的扩张。不过，它正在开始面临市区扩张所带来的各种问题，如交通拥挤、空气污染，以及学校和水资源分配等。

人口 489434（2000）。排名：第32位。种族：黑人10.4%，拉美裔23.6%，亚裔4.8%，印第安人0.7%。人口密度：2269人/平方公里。

地形与气候 海拔：2162英尺。面积：215.7平方公里。日均最低气温：1月，0.9°C。日均最高气温：7月，41.1°C。年均降水量：降雨，4毫米；降雪，1毫米。晴天：211天。雨雪天：26天。人口密度：1874人/平方公里。

政府 组织形式：市经理制。市长：奥斯卡·古德曼。

克利夫兰

（俄亥俄州）

历史 克利夫兰坐落在俄亥俄州最大的都市区的心脏地带。它建立于1795年，是根据康涅狄格土地公司测量员摩西·克利夫兰的名字命名的。当时这家公司负责康涅狄格州不愿放弃的对如今组成俄亥俄州的350万英亩土地（西部保留地）的领土要求事务。1825年，随着伊利运河及连接克利夫兰和俄亥俄河岸朴次茅斯镇的俄亥俄伊利运河的开通，克利夫兰从伊利湖畔凯霍加河口的一个边境村落发展为俄亥俄北部的一个商业和制造业中心。1855年索奥船闸开启了苏必利尔湖与下游湖区的贸易后，克利夫兰成了矿石、原木、铜、煤及农产品的一个主要运输中心。

内战期间，为满足联邦对重型机械、铁路设备和造船业的不断增长的需求，该市开采煤、铁矿以生产钢铁，并大力发展商业活动。战后，克利夫兰的工业生产甚至进一步扩张，以满足紧随西进移民而兴起的新兴城市和农场的不断增长的需求。

今天，重型制造业依然雇用着克利夫兰市约20%的劳动力，但是，向服务业经济转移的全国性趋势对该市经济产生了重要影响，克利夫兰市郊的人口已经从1970年的280万人下降为今天的180万人。不过，克利夫兰仍然拥有许多大型的工业公司，此外还有许多医药和工业研究机构，其中最主要的有世界著名的克利夫兰临床中心以及国家航空航天局的刘易斯研究中心。

克利夫兰的工业力量与其繁荣的文化机构相辅相成。大学圈——凯斯西部保留地大学（西部保留地大学和凯斯理工学院的联合体）附近的一个占地近500英亩的地方，是美国最古老的剧场克利夫兰剧场、世界著名的克利夫兰交响乐团、克利夫兰自然历史博物馆、西部保留地历史协会、克利夫兰健康博物馆、艾伦医学纪念图书馆和克利夫兰动物园的所在地。此外，以购物中心为代表的重新焕发了活力的市中心区还坐落着克利夫兰艺术学院、克利夫兰音乐学院和为不同民族的文化表演而建造的卡拉姆中心。

人口　478403（2000）。排名：第33位。种族：黑人51.0%，拉美裔7.3%，亚裔1.3%，印第安人0.3%。人口密度：2338人/平方公里。

地形与气候　海拔：805英尺。面积：204.6平方公里。日均最低气温：1月，－7.5°C。日均最高气温：7月，27.6°C。年均降水量：降雨，35.4毫米；降雪，52毫米。晴天：70天。雨雪天：156天。

政府　组织形式：市长—议会制。市长：迈克尔·怀特。

长滩

（加利福尼亚州）

历史　长滩最初是印第安人的一个贸易营地，18世纪末成为西班牙两个大牧场洛斯阿拉米托斯和洛斯塞利托斯的一部分。1881年，威廉·威尔莫尔开始将此地改造成一个以他的名字命名的旅游胜地。1888年设市后，以其濒临太平洋的8.5英里长的海滩命名为长滩。该市保留了作为旅游胜地的特征，直到1921年在西格诺尔山发现大量石油才使长滩的命运改写。如今，长滩以工业为主要特征，其中有船舶修理、运输、石油精炼和海洋研究；此外，美国海军在此保有一个拥有干船坞设施的大型基地。

值得长滩自豪的文化娱乐设施

有它自己的艺术博物馆、阶梯剧场、长滩交响乐团驻地及长滩社区娱乐大厦。旅游者喜爱的去处包括1844年建造的一座西班牙式的砖坯房洛斯塞利托斯、如今已充当海上浮动博物馆的“玛丽皇后”号豪华海轮、会议中心和饭店。长滩也是每年春天的汽车一级方程式大奖赛的举办地。迪斯尼乐园就在附近的阿纳海姆。

人口 461522（2000）。排名：第34位。种族：黑人14.9%，拉美裔35.8%，亚裔12.0%，印第安人0.8%。人口密度：3578人/平方公里。

地形与气候 海拔：35英尺。面积：129平方公里。日均最低气温：1月，6.8°C。日均最高气温：7月，28.3°C。年均降水量：降雨，12毫米；降雪，0毫米。晴天：143天。雨雪天：35天。

政府 组织形式：市经理制。市长：贝弗利·奥尼尔。

阿尔伯克基
（新墨西哥州）

历史 1706年西班牙人在此地建立村庄，有35户人家移居格兰德河沿岸的这片土地。阿尔伯克基的名字是唐·弗朗西斯科·瓦尔德斯为向菲利普国王任命的新西班牙总督阿尔伯克基公爵表示敬意而命名的。印第安人的多次袭击抑制了这个村庄的扩张，到它建立100周年时，人口也不过2200人。得益于该地临近“圣菲小道”，这里的居民可以从事农业、养牛、出售羊毛和建筑用的砖坯、经营贸易站、军需品供应站、酒馆、旅店及其他商贸业务。1880年铁路的开通极大地推动了阿尔伯克基的发展，到1940时，它的人口增长了十多倍，达到35000人。

如今，阿尔伯克基占据着从洛斯阿拉莫斯到拉斯克鲁塞斯的“格兰德河学术研究走廊”的中心位置。它是新墨西哥大学以及诸如通用电话电子公司、优利系统公司、通用电器公司和桑迪亚国家实验室等高科技企业和设施的所在地。阿尔伯克基的文化和历史观光胜地包括：阿尔伯克基博物馆、普韦布洛族印第安人文化中心、马克斯韦尔人类学博物馆、国家原子能博物馆以及国家岩像碑刻博物馆。

人口 448607（2000）。排名：第35位。种族：黑人3.1%，拉美裔39.9%，亚裔2.2%，印第安人3.9%。人口密度：1362人/平方公里。

地形与气候 海拔：5300英尺。面积：329.4平方公里。日均最低气温：1月，－5.3°C。日均最高气温：7月，33.7°C。年均降水量：降雨，8.12毫米；降雪，11毫米。晴天：71天。雨雪天：135天。

政府 组织形式：市长—议会

制。市长：吉姆·巴卡。

堪萨斯城

（密苏里州）

历史 堪萨斯城最初是法国皮毛商弗朗索瓦·舒托于1821年建立的一个贸易输出站。1833年，在附近建立了韦斯特波特镇，1850年堪萨斯城获得了它的第一个特许状。1889年，它改用现名。

堪萨斯城位于堪萨斯河与密苏里河的交汇处，其早期的繁荣有赖于它作为河运港口和圣菲小道及俄勒冈小道的终端的地理位置。1866年铁路修到这里后，使堪萨斯城作为商业中心的地位得到确认。由于它所处的中心位置及其优越的多样化的运输和仓储设备的发展，堪萨斯城成为美国一个主要的农畜产品市场和重型农业机械流通市场。堪萨斯城商会是世界最大的谷物和商品贸易市场之一。该市其他主要产业有贺卡印制、电信、高技术制成品特别是飞机降落仪器系统。堪萨斯城还是第十联邦储备银行所在地。

作为早期未开发的原野中的一片文化绿洲（该市曾以拥有2座大剧院而自豪），堪萨斯城一直享有艺术上的麦加的地位，它拥有的文化设施包括堪萨斯城艺术学院、纳尔逊·阿特金斯艺术博物馆、堪萨斯城交响乐团、歌剧院和密苏里剧场。该市早期文物保存在洛恩·杰克内战博物馆和“密苏里市镇1855”博物馆中。堪萨斯城也是每年一度的美国良种牲畜博览会、马匹博览会和牛仔竞技表演的举办地，这些博览会和表演是每年举行的“未来美国农民大会”的一部分。堪萨斯城拥有的高等院校包括罗克赫斯特学院（1916年创建）、密苏里—堪萨斯城大学以及德弗里理工学院。

人口 441545（2000）。排名：第36位。种族：黑人31.2%，拉美裔6.9%，亚裔1.9%，印第安人0.5%。人口密度：539人/平方公里。

地形与气候 海拔：744英尺。面积：819.5平方公里。日均最低气温：1月，－8.2°C。日均最高气温：7月，31.3°C。年均降水量：降雨，29.27毫米；降雪，5.9毫米。晴天：132天。雨雪天：97天。

政府 市经理制。市长：凯·巴恩斯。

弗雷斯诺

（加利福尼亚州）

历史 弗雷斯诺是围绕1872年建立的后来属南太平洋铁路上的一座火车站而发展起来的城市。1874年设市。19世纪80年代，随着灌溉系统引入肥沃的圣华金谷地，这座处在兴旺的农业经济中心的小城市开始繁荣起来。如今，弗雷斯诺县是美国乃至世界最大的农产品产地，平均每年产值20多亿美元，生产加工200种农畜产品，其中包括葡萄（制葡萄酒和葡萄干）、西瓜、棉花、苜蓿、大麦、谷物、牛、羊和家禽等。

1980—1990年间，弗雷斯诺的人口增长了63%，是美国人口增长第九快的城市，也是美国50个大城市中人口增长最快的城市。

弗雷斯诺是西班牙语“桉树”的意思。该市位于加利福尼亚中部，是通往内华达岭的门户，距3个国家公园均不足90分钟的路程，其中距金斯峡谷公园55英里、距塞阔亚公园85英里、距约塞米蒂公园92英里。市区风景名胜有弗雷斯诺艺术博物馆、弗雷斯诺动物园、卡尼私邸博物馆（被修复的“葡萄干大王”西奥·卡尼的住宅）、弗雷斯诺都市博物馆以及探索中心。该市还有10所大专院校，包括加州大学的一个校园以及弗雷斯诺城市学院。

人口 427652（2000）。排名：第37位。种族：黑人8.4%，拉美裔39.9%，亚裔11.2%，印第安人1.6%。人口密度：1664人/平方公里。

地形与气候 海拔：328英尺。面积：257平方公里。日均最低气温：1月，3°C。日均最高气温：7月，37°C。年均降水量：降雨，10毫米；降雪，0毫米。晴天：200天。雨雪天：44天。

政府 组织形式：市经理制。市长：艾伦·奥特里。

弗吉尼亚比奇

（弗吉尼亚州）

历史 弗吉尼亚比奇的历史可以追溯到1607年建立詹姆斯敦殖民地的移民在亨利角的登陆，然而，在该市的整个历史中，它一直被北部的邻市诺福克所遮蔽。诺福克由于拥有优良的港口，长期以来一直是切萨皮克湾口许多海运公司和海军设施的所在地。不过，在最近20年里，弗吉尼亚比奇发生了显著的变化。

1970年，弗吉尼亚比奇的人口为172000人，仅比诺福克人口的一半稍多些。到1990年，它的人口增长了128%，达到393000人，并且还是美国50个最大的城市中人口增长最快的城市之一。增长的主要原因在于地方的积极性；在同一时期诺福克的人口下降了11%。该市一个显著的特点是美国海军的存在。它拥有3个海军基地：欧舍那海军航空兵站、利特尔克里克海军两栖作战基地以及达姆尼克海军训练中心。这3个海军基地与该市的陆军斯托里堡总共雇用着36000名军事和文职人员。

弗吉尼亚比奇拥有38英里长的大西洋海岸线、28英里长的公共海滩和一个占地2700英亩的州立海滨公园（其中有茂密的高地森林、有柏树丛生的沼泽地，还有铁兰植物），它继续依赖旅游业为其主要经济部门，每年能够吸引250万旅游者。该市主要工业包括船舶工程、建筑、通讯和电子业，拥有10个工商业园区，其中4个是由弗吉尼亚比奇开发局建立的。

弗吉尼亚比奇著名的历史和旅游景点有弗吉尼亚海洋科学博物馆、亚当·瑟罗古德房宅（建于1680年，是北美最古老的砖房之一）、1790年第一届国会授权建立的老亨利角灯塔以及海军将领格拉斯伯爵的塑像，他在弗吉尼亚角战役中打败了英国人，从而迫使康沃利斯将军在约克敦投降，并使美国独立战争在1781年结束。

人口 425257（2000）。排名：第38位。种族：黑人19.0%，拉美裔4.2%，亚裔4.9%，印第安人0.4%。人口密度：727人/平方公里。

地形与气候 海拔：12英尺。面积：585.1平方公里。日均最低气温：1月，－0.1°C。日均最高气温：7月，30.5°C。年均降水量：降雨，45.22毫米；降雪，7毫米。晴天：110天。雨雪天：115天。

政府 组织形式：市经理制。市长：迈耶拉·奥本多夫。

亚特兰大

（佐治亚州）

历史 亚特兰大是佐治亚州最大的城市及首府，它坐落在查特胡奇河附近的蓝岭山脉脚下。1836年首批移民移居此地；1845年，该地成为佐治亚铁路的终点站并得名“亚特兰大”。1861年，居民人口增长到15000人。内战期间，亚特兰大作为南军的一个战略补给库及新兵集散地，成为南部邦联的最重要的城市之一，也因此使之在1864年成为北军的威廉·谢尔曼将军以“三光政策”著称的“向海岸进军”中的一个主要的打击目标。在血战了2个月后，谢尔曼于9月1日攻占该城，将其大部分焚为废墟。战后，这座惨遭浩劫的城市得到重建，并于1868年成为佐治亚州首府。

作为所谓“新南方”的主要城市，亚特兰大是美国东南部重要商业中心。亚特兰大又被称为“没有界限的城市”，因为没有任何一条大河、山脉或海岸线阻碍它向其不断扩展的郊区迅速发展。《财富》杂志评出的500家最大的企业中，有好几家的总部设在亚特兰大，如“可口可乐公司”、“联合包裹服务公司（UPS）”等。有线新闻电视网（CNN）和美国疾病控制中心的总部也在亚特兰大。德尔塔航空公司的主要转运中心——亚特兰大哈茨菲尔德国际机场是世界上第二繁忙的机场。

该市也是一个重要的教育和文化中心，拥有30多所高等院校和研究机构，其中包括佐治亚理工学院、埃默里大学、莫尔豪斯学院和斯佩尔曼学院。此外，吉米·卡特总统图书馆和小马丁·路德·金牧师的墓也在这里。

1996年夏季奥林匹克运动会使亚特兰大突然之间引起了世界的关注，并为该市未来的经济发展注入了活力。这届奥运会为亚特兰大增加了数十万个工作机会，其中大部分已成为永久性的；同时它也为该市的建筑业增加了约5亿美元的投资。它还给这座城市的市中心增添了奥林匹克百年纪念公园和运动场地。

人口 416474（2000）。排名：第39位。种族：黑人61.4%，拉美裔4.5%，亚裔1.9%，印第安人0.2%。人口密度：1226人/平方公里。

地形与气候 海拔：1034英尺。面积：339.8平方公里。日均最低气温：1月，0.3°C。日均最高气温：7月，31° C。年均降水量：降雨，48.61毫米；降雪，2毫米。晴天：108天。雨雪天：116天。

政府 组织形式：市长—议会制。市长：威廉·坎贝尔。

萨克拉门托

（加利福尼亚州）

历史 萨克拉门托是加利福尼亚州首府及该州第七大城市，位于旧金山西北75英里亚美利加河与萨克拉门托河的交汇处。它是周围富庶的农场的批发与零售中心，其商业包括食品加工和罐头业，还有一个世界上最大的杏仁剥制厂。

1839年，瑞士籍美国人约翰·奥古斯都·萨特从墨西哥政府手中取得了一份土地转让证书，在此地建立了一个名叫新海尔维第的殖民地。1844年，萨特堡建成后，此地成为加利福尼亚的一个主要贸易站。1848年发现黄金后不久，萨克拉门托镇建立。1850年时，该镇居民已达7000人。1854年，该镇成为加州首府，并于1863年被组建成市。

19世纪60年代，这个“通往采金地的大门”和“老萨克拉门托”成为商业的枢纽，它通过亚美利加河与金矿所在地各镇相连接，并从萨克拉门托河两岸的农场和果园中运输农产品。停靠在旧金山的水手们访问萨克拉门托，以补充他们的新鲜农产品的库存并在酒吧及赌场中取乐。富人们居住在河边巨大的私人豪邸中；鹅卵石街道、煤气街灯和木质人行道使这座城市充满了优雅的格调。今天的萨克拉门托因其建筑精妙和气氛安宁而更惹人喜爱，它拥有120个公园，沿亚美利加河大道两旁有步行和自行车小道；它还有2个交响乐团，以及芭蕾舞团、剧院和戏剧公司，也有许多爵士乐俱乐部和咖啡厅。

人口 407018（2000）。排名：

第40位。种族：黑人15.5%，拉美裔21.6%，亚裔16.6%，印第安人1.3%。人口密度：1615人/平方公里。

地形与气候 海拔：25英尺。面积：252平方公里。日均最低气温：1月，3.2°C。日均最高气温：7月，34° C。年均降水量：降雨，17.87毫米；降雪，0.1毫米。晴天：193天。雨雪天：57天。

政府 组织形式：市经理制。市长：希瑟·法戈。

奥克兰

（加利福尼亚州）

历史 第一个在现今奥克兰土地上定居的欧洲人是路易斯·佩拉尔塔神父，他于1820年建立了名叫兰乔—圣安东尼奥的面积达44000英亩的定居地。该地首次真正的发展开始于1852年通往旧金山的轮渡服务业的建立。1869年奥克兰被选定为第一条横贯美洲大陆的铁路的西端终点站，此后，轮渡的重要性让位于铁路。该市一直处于海湾对岸更先进的邻居城市的经济发展阴影中，直到1906年旧金山大地震使10万—15万人到奥克兰避难为止。估计这些人中有65000人在奥克兰永久定居，从而为奥克兰发展为国际港口和工业中心而开始的长期增长提供了推动力。

如今，奥克兰已成为拥有排名世界第10位的集装箱港口的商业和文化中心，它也是加利福尼亚海湾区快速运输系统中的高速公路系统北部的重要枢纽。它还是该地区主要的生物工程学中心，并且是许多地区性和跨国金融、医药、电信、国际贸易和重工业公司的总部所在地。

长期以来，奥克兰主要以市区工业为中心，它已投入了数亿美元来开发它的市区和以在奥克兰港口度过其青年时代的著名作家杰克·伦敦的名字命名的杰克·伦敦海滨。奥克兰拥有由多元的种族和文化组成的居民。在奥克兰居住的艺术家比在美国任何地方（除纽约的格林尼治村外）的都要多。1989年洛马普雷塔大地震使奥克兰遭受了重大损失。两年后，几乎是加利福尼亚迄今为止最严重的火灾焚毁了奥克兰山附近1000多所住房，夺去了14个人的生命，并造成15亿美元的损失。

人口 399484（2000）。排名：第41位。种族：黑人35.7%，拉美裔21.9%，亚裔15.2%，印第安人0.7%。人口密度：2862人/平方公里。

地形与气候 海拔：42英尺。面积：139.6平方公里。日均最低气温：1月，6.3°C。日均最高气温：7月，29.6° C。年均降水量：降雨，18.03毫米；降雪，无资料。

政府 组织形式：市经理制。

市长：杰里·布朗。

梅萨

（亚利桑那州）

历史 菲尼克斯以东15英里即是梅萨，它曾经是那座凤凰城的郊区，如今却快步进入了美国最大城市的行列。1990—1998年间，这座亚利桑那州第三大城市的人口增长了24.5%。增长的主要原因在于：开办企业的费用低，税收结构合理，劳动力受教育程度和技术高，犯罪率低，拥有教学质量优秀的学校，水资源供应充分。

梅萨地区1878年开始有人定居，1883年建市，其名称是西班牙语“桌面”的意思，是对该地区平缓的高地即平顶山地形的形象描述。最初的定居者即是在高起于周围地区的一座平顶山上建立了自己的房屋和农场的。

人口 396375（2000）。排名：第42位。种族：黑人2.5%，拉美裔19.7%，亚裔1.5%，印第安人1.7%。人口密度：1228人/平方公里。

地形与气候 海拔：1241英尺。面积：322.77平方公里。日均最低气温：1月，2°C。日均最高气温：7月，40.16°C。年均降水量：降雨，7.52毫米；降雪：0毫米。晴天：320天。雨雪天：45天。

政府 组织形式：市长—议会制。市长：凯诺·霍克

塔尔萨

（俄克拉何马州）

历史 塔尔萨是根据《1830年印第安人迁移法》被迫从南大西洋沿岸各州迁出的印第安民族建立的第一个定居地。他们给这个新定居地取名为“塔尔西镇”，这是后人对印第安语“塔拉哈西”（意为“旧镇”）的讹用。1879年随着一个邮局地建立，开始正式使用“塔尔萨”的名称称呼该镇。1900年，这里的居民不足2000人，但世纪之交时，格伦普尔和雷德福克油田的偶然发现所导致的大片油田的开发，使塔尔萨走上了从印第安人的小定居地到大都市的道路。到1907年时，它的居民已增加到7298人，而到1920年时，人口已达这个数字的10倍。很快，塔尔萨便成了“世界石油之都”。

如今，塔尔萨虽然仍大量地从事石油和天然气工业生产（它仍然是与石油相关的约500家企业的所在地），但它已成为从事远比最初的石油业更加多样化的生产的城市。塔尔萨主要的公司企业是从事航空航天、能源、计算机技术、保险、电信、医疗保健和电子设备制造业的地区、国家和国际公司。445英里长的阿肯色—密西西比航道开通后于1971年建造的卡图萨港是一个重要

的内河港口，它使塔尔萨与密西西比河水系及墨西哥湾直接联系起来。

在工商业发展的同时，塔尔萨也保持了它早期的石油大亨和石油工人们的文化传统，以及最初的印第安居民的文化传统。克里克族印第安人托马斯·吉尔克里斯因格伦普尔油田的发现而成为百万富翁，他建立了托马斯·吉尔克里斯美洲历史和艺术学院，专用于对美洲印第安人的教育。建于20世纪初的塔尔萨歌剧公司与该市交响乐团、芭蕾舞团和话剧团一道，使塔尔萨有充足的理由要求作为俄克拉何马州的文化首府。塔尔萨人极其尊重自己的传统，他们经常举行牛仔竞技表演和地方音乐节。此外，每年夏季，来自该州65个印第安部落的代表都要聚集在塔尔萨举行年度议事会。塔尔萨拥有的高等院校包括塔尔萨大学和奥雷尔·罗伯茨大学。

人口 393049（2000）。排名：第43位。种族：黑人15.5%，拉美裔7.2%，亚裔1.8%，印第安人4.7%。人口密度：815人/平方公里。

地形与气候 海拔：676英尺。面积：482平方公里。日均最低气温：1月，–4°C。日均最高气温：7月，34.3°C。年均降水量：降雨，38.77毫米；降雪：9毫米。晴天：127天。雨雪天：90天。

政府 组织形式：委员会制。市长：M. 苏珊·萨维奇。

奥马哈

（内布拉斯加州）

历史 在现今奥马哈地域的永久性定居是从刘易斯和克拉克探险队于1804年经过此地后不久建立的一个皮毛贸易站开始的。1820年，联邦政府在此地建立了阿特金森堡，此后，其周围社区便成了摩门教小道和刘易斯—克拉克小道的一个重要站点。1854年，奥马哈设市，该市名称的意思为“河岸第一市”。1869年，经过艾奥瓦州康瑟尔克拉夫斯镇（位于密苏里河东岸、与奥马哈市隔河相望）市民的有力游说，奥马哈成为美国第一条横跨大陆的联合太平洋铁路的东端终点站。此后6年中，奥马哈市人口增长到39000人，到世纪之交时，它的人口已突破了10万大关。

如今，奥马哈拥有7条铁路干线，新近扩建的奥马哈港为数十条驳船航线提供着服务，作为中西部地区的重要交通枢纽，该市成为肉类和谷物的一个主要流通中心，正实践着它的箴言“我们供养世界”。奥马哈市的主要食品加工产品有通心粉、炸土豆片、咖啡、速熟煎饼、冷冻正餐和奥马哈牛排。它拥有数十家《财富》杂志500家最大的制造业企业和发达的出版业（约1/4的制造业公司是出版业或印刷业公司）；它的多样化经济在保险业、通讯业和以克赖顿大学及内布拉斯加大学医学院为中心的先进医疗设施方面也有强大的根基。

奥马哈的表演艺术机构有奥马哈交响乐团、奥马哈歌剧团、奥马哈芭蕾舞团、奥菲姆剧院和奥马哈社区娱乐场。它的博物馆和历史遗迹中包括儿童名人会堂、亨利·杜尔利动物园和水族馆、大平原黑人博物馆、“哈泽德”号和“马林”号舰船、旧市场及密苏里河畔的一个多用途的国家历史遗址区。

人口 390007（2000）。排名：第44位。种族：黑人13.3%，拉美裔7.5%，亚裔1.7%，印第安人0.7%。人口密度：1516人/平方公里。

地形与气候 海拔：982英尺。面积：257.2平方公里。日均最低气温：1月，-12.1°C。日均最高气温：7月，31.3°C。年均降水量：降雨，30.34毫米；降雪，32毫米。晴天：113天。雨雪天：99天。

政府 组织形式：市长—议会制。市长：迈克·法伊。

明尼阿波利斯

（明尼苏达州）

历史 明尼阿波利斯是美国最早建立的第二个城市，虽然冬季极冷，但它仍然是美国最令人向往的城市之一。它位于芝加哥西北约350英里的明尼苏达河源头附近，横跨在密西西比河两岸。它是美国北部密尔沃基和西雅图之间最大的商业都市，尽管许多大型计算机和电子公司以它为总部所在地，但却没有任何工业在该市占有支配地位。明尼阿波利斯是地区银行中心和联邦第九储备区的联邦储备银行所在地，拥有世界上最大的现金谷物交易和4个世界上最大的面粉加工业公司，并且为中西部的北方提供卡车、驳船和航空运输。

1682年，探查密西西比河的法国传教士路易·亨内平神父成为见到圣安东尼瀑布，即未来明尼阿波利斯所在地的第一位欧洲人。但直到保护皮毛商免遭苏族和奥吉布瓦族印第安人攻击的斯内宁堡于1819年建立之前，这里一直无人定居。这以后，圣安东尼镇开始在密西西比河一侧岸上发展起来，而另一侧岸上则很快建起了第二个定居点。1872年，两个小镇合并，新名字由印第安语“水”（音“明尼”）和希腊语“城市”（音“波利斯”）混合而成。明尼阿波利斯在面粉和木材加工业基础上繁荣起来。到19世纪末时，北部的森林已被伐尽，但面粉加工业直到今天也仍然是该市兴旺的工业之一。

长期以来，明尼阿波利斯一直被认为是进步主义政治和社会思潮中心，是教育和文化的圣地。它拥有明尼苏达大学的主校园，并以明尼苏达交响乐团和明尼阿波利斯艺术学院而自豪。它是户外活动爱好者的憩息地，其公园系统拥有153个公园，占地6000英亩；该市辖区内有10%的面积被水覆盖，拥有12个湖泊。

人口 382618（2000）。排名：第45位。种族：黑人18%，拉美裔7.6%，亚裔6.1%，印第安人2.2%。人口密度：2681人/平方公里。

地形与气候 海拔：828英尺。面积：142.7平方公里。日均最低气温：1月，-16.4°C。日均最高气温：7月，28.5°C。年均降水量：降雨，26.36毫米；降雪，46毫米。晴天：100天。雨雪天：113天。

政府 组织形式：市长—议会制。市长：沙伦·贝尔顿。

火奴鲁鲁

（夏威夷州）

历史 火奴鲁鲁（又译“檀香山”）意为“受保护的港口”，1794年被欧洲人发现，此后一直吸引着大量的旅游者。它位于瓦胡岛上，面临珊瑚礁包围的一个巨大海湾，拥有大型的港口设施。由于气候宜人、（怀基基）海滩平坦、山峰耸立，并充满异国情调，旅游一直是火奴鲁鲁的主要行业；每年都有数百万来自美国大陆和东亚尤其是日本的旅游者光顾。

国防工业是火奴鲁鲁经济的第二大支柱，因为美国长期以来在该岛周围保持着巨大的军事设施，包括珍珠港海军基地、希卡姆空军基地以及美国陆军的斯科菲尔德兵营和沙夫特堡。火奴鲁鲁是夏威夷的食糖、菠萝和糖浆等农产品出口的中心，也是这个岛屿州大部分生活必需品的主要进口港。

人口 371657（2000）。排名：第46位。种族：黑人1.6%，拉美裔4.4%，亚裔55.9%，印第安人0.2%。人口密度：5672人/平方公里。

地形与气候 海拔：15英尺。面积：65.52平方公里。日均最低气温：1月，18.5°C。日均最高气温：7月，30.6°C。年均降水量：降雨，23.47毫米；降雪，0毫米。晴天：90天。雨雪天：102天。

政府 组织形式：市长—议会制。市长：杰里米·哈里斯。

迈阿密

（佛罗里达州）

历史 迈阿密是美国在北美大陆上最南部的城市，位于北回归线以北约2度的位置上，这个位置使得它成为长期以来的旅游胜地。20世纪80年代期间，迈阿密也发展成了一个重要的商业中心，并且成为拉丁美洲移民特别是古巴移民的居住中心。这些移民的雄心和商业上的敏锐促进了该市的繁荣。尽管旅游业仍占据该地区经济活动的60%以上，但建筑业和轻工业等许多工商业领域的活动以及农业（酸橙、西红柿、鳄梨、芒果和蚕豆等）也已开始发展起来。

迈阿密的名字据认为是来自印第安语“大水”的音译，它的历史可以追溯到16世纪，当时美洲土著人占据着佛罗里达的南部。1836年在迈阿密河口附近建筑的用以对森密诺尔族印第安人作战的基地——达拉斯堡，是欧洲人在此地的第一个永久性定居点。佛罗里达东岸铁路的建成，以及1896年迈阿密设立为市（人口343人），为进入该地区提供了便利。随着旅游饭店的迅速崛起，迈阿密与佛罗里达其他地区一道获得了极大的成功。1926年，一场可怕的飓风使海水淹没了该市的大部分土地，迈阿密的繁荣被突然打断。但是，通过排水和开发沼泽地，该市努力开始重新稳步发展。第二次世界大战后，新的旅游胜地又建立起来，迈阿密重新繁荣，并成为老年退休者和古巴难民的憩息地。

人口 362470（2000）。排名：第47位。种族：黑人22.3%，拉美裔65.8%，亚裔0.7%，印第安人0.2%。人口密度：4082人/平方公里。

地形与气候 海拔：12英尺。面积：88.8平方公里。日均最低气温：1月，15.1°C。日均最高气温：7月，31.5° C。年均降水量：降雨，57.55毫米；降雪：0毫米。晴天：76天。雨雪天：129天。

政府 组织形式：市经理制。市长：乔·卡罗洛。

科罗拉多斯普林斯

（科罗拉多州）

历史 这座科罗拉多州的第二大城市坐落在落基山脉东麓、丹佛以南约60英里处。该市的大部分在起伏的群山中半隐半现，朝西能看到14100英尺高的派克峰。威廉·杰克逊·帕尔默将军是最先认识到此地秀美景色的人，他于1871年创建了这座城市。这里最初的居民主要是欧洲人特别是英国人，该市因此而获得了“小伦敦”的雅号。

1890年代，科罗拉多斯普林斯迎来了它的第一个大繁荣时期，因为1891年在附近的克里普尔克里克发现了金矿。淘金热结束于1917年，这一年美国开始铸造银币。第二次世界大战开始以来，该市便成为军事重镇。以1942年建立卡森堡为开端，该市先后成为空军学院和几个空军基地的所在地，并且自那时起多年来一直是北美空间防御司令部的所在地。

由于生活费用低廉和天气晴好，科罗拉多斯普林斯的制造业基地在

20世纪60年代和70年代经历了创记录的增长。主要的制造业包括半导体、电子设备、计算机和塑料工业。在派克峰地区服务业的发展中，该市处于领先地位。因此，美国奥林匹克委员会将总部设在了这里，并且在此建立了奥林匹克训练中心和世界上最早的多项运动综合训练设施。

科罗拉多斯普林斯还以它极其洁净的空气而自豪。据当地官员称，该市花粉指数在全国最低，为气喘、鼻道过敏和其他呼吸器官失调的病人提供了理想的休养环境。

人口 360890（2000）。排名：第48位。种族：黑人6.6%，拉美裔12.0%，亚裔2.8%，印第安人0.9%。人口密度：761人/平方公里。

地形与气候 海拔：6145英尺。面积：474.5平方公里。日均最低气温：1月，－8.8°C。日均最高气温：7月，30.3°C。年均降水量：降雨，16.24毫米；降雪，51毫米。晴天：129天。雨雪天：98天。

政府 组织形式：市经理制。市长：卢·梅克皮斯。

圣路易斯

（密苏里州）

历史 圣路易斯是美国一个重要的运输、制造业、商业和教育中心。由于圣路易斯水量和电力资源充足、在市区拥有100多万劳动力以及位于矿藏资源丰富的地区，它在美国的工业地区中一直名列前十位之内。它还是美国最繁忙的内河港口之一，是美国第3大铁路中心、第8大卡车运输中心，并拥有美国第6繁忙的机场。在它的主要工业产品中，包括飞机、汽车、印刷机械、啤酒和化工产品。它的市区拥有5所大学、23所学院和7所大专学院。圣路易斯大学是密西西比河以西最古老的大学，它建立于1818年。华盛顿大学则以其几所医学院及研究计划和数名诺贝尔奖金获得者而闻名世界。

圣路易斯于1764年由皮埃尔·拉克雷德建立，在此后的40年中它一直是法国人定居地及贸易站，并拥有溯密西西比河北上的皮毛贸易探险队。由于1803年路易斯安那的购买，圣路易斯被美国所控制。1823年，圣路易斯设市，拥有近5000人口。1817年，第一艘汽船驶入圣路易斯，从此汽船便成为该市发展的一个关键因素。随着东部移民的涌入，以及内河贸易的繁荣所引起的爱尔兰和德国移民浪潮的到来，圣路易斯的人口迅速增长。1870年，它的居民已达311000人，使它成为继纽约和费城之后的美国第3大城市。1950年，它的人口继续增长到856800人的高峰。然而，战后居民人口向市郊的迁移运动沉重地打击了圣路易斯市，使其人口下降了近一半。

圣路易斯市中心区有许多著名建筑和历史建筑。建成于 1834 年的老教堂和德雷德·斯科特案* 最初在此开庭审理的旧法院大厦已经被保存为杰斐逊国家发展纪念馆的一部分。在著名的拱形门楼的顶部，瞭望室提供了观览全市市容的好去处。基尔大会堂内包括有一个 3500 个座位的剧场和一个拥有 1 万个座位的会议厅。1904 年路易斯安那购买地博览会（也被称做“圣路易斯世界商品展销会”）的举办地点森林公园包含了圣路易斯动物园、麦克唐纳天文馆、珠宝馆和一个全部用玻璃建成的植物展览馆。圣路易斯市还是密苏里植物园的所在地，它以其人工气候室（一个种有稀有果树和其他热带植物的网格圆顶建筑）和美国最大的日本花园而著称。圣路易斯交响乐团创建于 1880 年，是美国创建时间第二早的交响乐团，它驻在鲍威尔交响音乐厅内。

人口 348189（2000）。排名：第 49 位。种族：黑人 51.2%，拉美裔 2.0%，亚裔 2.0%，印第安人 0.3%。人口密度：2140 人/平方公里。

地形与气候 海拔：564 英尺。面积：159 平方公里。日均最低气温：1 月，-6.7°C。日均最高气温：7 月，31° C。年均降水量：降雨，33.91 毫米；降雪，18 毫米。晴天：105 天。雨雪天：108 天。

政府 组织形式：市长—议会制。市长：弗朗西斯·斯莱。

威奇托

（堪萨斯州）

历史 威奇托最初是在南北战争期间由来自俄克拉何马州的印第安移居者建立的，它的名字也取自该印第安部落。1864 年建立时，它是一条重要的牛路——奇瑟姆小道上的一个贸易站，1871 年建市。1872 年，圣菲铁路筑经该市，进一步加强了它作为主要牛市转运中心的地位；尽管到 1875 年时，由于农场主逐渐实行牛群圈养而阻碍了牛群的移动，但该市的面粉碾磨业和零售业却繁盛起来。1915 年附近地区石

* 即“德雷德·斯科特诉桑福德案”。斯科特是密苏里州的一名奴隶，他于 1846 年以曾在禁止蓄奴的自由领地居住过为由，要求获得自由人身份。1857 年 3 月 6 日，联邦最高法院裁决认为：奴隶是财产，永远不能成为公民；斯科特作为一名奴隶，无权像自由公民一样在联邦法庭提起诉讼；1820 年国会通过的在北纬 36 度 30 分线以北的领地上禁止蓄奴的《密苏里妥协案》是违宪的，因为国会无权禁止公民将其财产（即奴隶）带往自由领地。此判决一经公布，便挑起了美国全国性的有关奴隶制问题的大辩论，并最终促成了美国内战的爆发。

油的发现以及20世纪20年代飞机制造业的拓展使该市工业迅速增长。如今，航空航天设备制造业已成为威奇托市的主业（该市拥有比奇飞机公司、塞斯纳飞机公司、盖茨·利尔喷气机公司，以及波音军用飞机公司），此外，还有石油精炼业、谷物加工和仓储业，以及牲畜销售业。

威奇托市是弗兰兹大学（1898年）、堪萨斯纽曼学院（前神圣心脏学院，1933年）和威奇托州立大学所在地。麦克唐奈空军基地坐落在该市附近。该市著名的文化设施有：威奇托艺术博物馆（是拥有美国最丰富的艺术藏品的博物馆之一）、堪萨斯娱乐场和威奇托交响乐团。

人口 344284（2000）。排名：第50位。种族：黑人11.4%，拉美裔9.6%，亚裔4%，印第安人1.2%。人口密度：948人/平方公里。

地形与气候 海拔：387.1英尺。面积：363.1平方公里。日均最低气温：1月，-7.1°C。日均最高气温：7月，33.8°C。年均降水量：降雨，29毫米；降雪，16毫米。晴天：279天。雨雪天：86天。

政府 组织形式：市经理制。市长：鲍勃·奈特。

经济统计资料

1997—2001 年美国联邦预算收支

据国会预算局估算，截止到 2001 年 9 月 26 日，2001 年财政年度美国联邦预算盈余为 1210 亿美元，占国内生产总值的 1.2%。这一估算额大致相当于上一财政年度盈余额的一半，比 8 月份估算的 1530 亿美元低得多。在连续 28 年联邦预算赤字后，2001 年是连续第四年出现预算盈余。

（单位：百万现值美元。由于四舍五入和包括负值子项在内的子项省略，许多数字相加后不等于总数。）

	1997 财政年度①	1998 财政年度①	1999 财政年度①	2000 财政年度①
净收入				
个人所得税	737466	828597	879480	1004461
公司所得税	182294	188677	184680	207288
社会保险税及筹款：				
联邦养老及遗属保险	336728	358784	383559	411676
联邦伤残保险	55261	57016	60910	68907
联邦医疗保险	110710	119863	132268	135528
铁路退休基金	4051	4353	4143	4336
就业税及筹款总额	506750	540015	580880	620447
其他保险和退休金：				
失业	28202	27484	26480	27641
联邦雇员退休金	4344	4261	4399	4693
非联邦雇员	74	74	73	70
社会保险税及筹款总计	539371	571835	611832	652851
国内消费税	56926	57669	70412	68866
遗产及赠与税	19845	24076	27782	29010
关税	17927	18297	18336	19913
联储银行收益存款	19636	24540	25917	32293

续表

	1997 财政年度①	1998 财政年度①	1999 财政年度①	2000 财政年度①
其他杂项收入	5491	5027	5112	5807
净预算收入	1578955	1721421	1827302	2025038
净支出				
立法部门	2362	2600	2612	2913
司法部门	3259	3463	3793	4087
总统行政机构				
白宫办公机构	39	46	51	53
管理与预算局	56	56	59	64
行政机构总计	219	236	416	284
国际援助项目：				
国际安全援助	4403	4950	5405	6534
多边援助	2141	1850	1857	1759
国际开发署	2814	2435	2337	2622
国际发展援助	2902	2494	2410	2953
国际援助项目总计	10128	8980	10061	12083
农业部：				
食品券项目	22857	20141	19005	18295
农业服务机构	7417	10421	19508	33353
林业服务	3209	3399	3423	3978
农业部总计	52549	53950	62839	75728
商务部：				
人口普查局	282	542	1131	4214
商务部总计	3780	4047	5036	7931
国防部—军事：				
军事人员	69722	68976	69503	75950
作战和维护	92465	93473	96420	105871
采购	47691	48207	48824	51616
研发、试验和评估	37026	37421	37362	37608
军事建筑	6188	6046	5519	5111
国防部—军事总计	258330	256124	261379	281233
国防部—非军事	30282	31216	32008	32019
教育部	30014	31498	32435	33308
能源部	14470	14444	16054	15010
卫生和公众服务部：				
公共卫生	21755	23680	25554	28281
医疗保健财务局	369714	379950	390181	413124
食品及药物管理局	873	838	951	1023
国家卫生研究机构	11199	12501	13815	15415

续表

	1997财政年度①	1998财政年度①	1999财政年度①	2000财政年度①
卫生及公众服务部总计	339541	350571	359700	382627
住房及城市发展部	27625	30224	32736	30830
内政部	6722	7232	7814	8036
司法部：				
联邦调查局	2700	2949	3040	3088
毒品管制局	969	1099	1203	1203
移民及归化局	2770	3593	3775	4163
联邦监狱系统	2939	2682	3204	3708
司法部总计	14315	16169	18318	19561
劳工部：				
失业信托基金	24299	23408	24870	24149
劳工部总计	30461	30002	32459	31354
国务院	5245	5373	6463	6849
交通部：				
联邦航空管理局	8815	9242	9507	9561
交通部总计	39865	39467	41836	46030
财政部：				
国内税收署	31386	33153	37087	37986
公债利息	355796	363824	353511	362118
财政部总计	379345	390094	386703	390813
退伍军人事务部	39277	41776	43169	47087
环保局	6167	6288	6752	7236
总务局	1083	1095	－46	25
国家航空和航天局	14358	14206	13665	13442
人事管理总局	45404	46307	47515	48660
小企业局	334	－78	58	－422
社会保障署	393309	408202	419790	441810
其他独立机构：				
国家和社区服务公司	564	591	609	684
公共广播公司	260	250	281	316
哥伦比亚特区	717	818	－2910	312
公平就业机会委员会	231	244	255	290
美国进出口银行	－114	－208	－159	－743
联邦通讯委员会	1001	1769	3293	4073
联邦存款保险公司	－14181	－4122	－5025	－2837
法律服务公司	282	285	298	301
国家档案管理局	198	210	225	201

续表

	1997 财政年度①	1998 财政年度①	1999 财政年度①	2000 财政年度①
国家艺术与人文基金会	230	207	217	218
国家劳工关系委员会	175	177	182	198
国家科学基金会	3131	3188	3285	3487
核管理委员会	51	38	37	33
铁路退休委员会	4870	4837	4830	4992
证券交易委员会	－20	－231	－255	－506
史密森协会	491	488	486	517
田纳西河流域管理局	－337	－784	2	－307
其他独立机构总计	**－2489**	**10653**	**6943**	**10526**
坐支收入余额	－154970	－161036	－159080	－172844
净预算支出	1600911	1652224	1704942	1788045
减净收入	1578955	1721421	1827302	2025038
赤字(－)或盈余(＋)	－21957	＋70039	＋124360	＋236993

①财政年度截止于9月30日。

美国的国内生产总值、国民生产总值、国民生产净值、国民收入和个人收入

(单位:10亿现值美元)

	1960	1970	1980	1990	1999R	2000
国内生产总值	–	–	–	5546.1	9268.6	9872.9
国民生产总值	515.3	1015.5	2732.0	5567.8	9261.8	9860.8
减:固定资本消耗	46.4	88.8	303.8	602.7	1151.4	1241.3
等于:国民生产净值	468.9	926.6	2428.1	4965.1	8110.4	8619.5
减:间接营业税和非税收债务	45.3	94.0	213.3	444.0	713.1	762.7
企业转移支付	2.0	4.1	12.1	26.8	41.3	43.9
统计误差	－2.8	－1.1	4.9	7.8	－72.7	－130.4
加:除去政府拥有的公司现金盈余后的补贴	0.4	2.9	5.7	4.5	33.3	37.6
等于:国民收入	424.9	832.6	2203.5	4491.0	7462.1	7980.9
减:包括存货估值和资本消耗在内的公司利润	49.5	74.7	177.2	380.6	825.2	876.4
净利息	11.3	41.2	200.9	463.7	506.5	532.7
社会保险分摊额	21.9	62.2	216.5	503.1	660.7	701.5

续表

	1960	1970	1980	1990	1999[R]	2000
应计工资减支付额	0.0	0.0	0.0	0.1	5.2	—
加:个人利息收入	27.5	81.8	312.6	666.3	950.0	1000.6
个人红利收入	24.9	69.3	271.9	698.2	343.1	379.2
政府对个人的转移支付	12.9	22.2	52.9	144.4	988.4	1036.0
企业转移支付	2.0	4.1	12.1	21.3	31.1	33.1
等于:个人收入	409.4	831.8	2258.5	4673.8	7777.3	8319.2

注:R=修正数。

美国国内生产总值

(单位:10亿现值美元)

	1990	2000①	2001年第二季度①		1990	2000①	2001年第二季度①
国内生产总值	5513.8	9872.9	10202.6	货物与服务净出口	-74.4	-346.0	-373.4
个人消费支出	3742.6	6728.4	7044.6	出口	550.4	1102.9	1079.6
耐用品	465.9	819.6	844.7	货物	N/A	785.6	754.4
非耐用品	1217.7	1989.6	2062.3	服务	N/A	317.3	325.2
服务	2059.0	3919.2	4137.6	进口	624.8	1466.9	1427.0
				货物	N/A	1244.9	1197.8
私人国内投资总额	802.6	1767.5	1669.9	服务	N/A	221.9	229.2
固定投资	802.7	1718.1	1706.5	政府支出与总投资	1042.9	1741.0	1835.4
非住宅	587.0	1293.1	1260.2	联邦	424.9	59.02	609.9
建筑	198.7	313.6	338.6	国防	313.4	375.4	396.1
设备与软件	388.3	979.5	921.7	非国防	111.5	214.8	213.8
住宅	215.7	425.1	446.2	州和地方政府	618.0	1150.8	1225.5
企业库存变化	0	49.4	-36.6				

①经季节调整按年率折算。N/A=无数据。

1936—2001年收入、支出以及预算盈余或赤字

（单位：百万现值美元）

财政年度①	收入	支出	盈余或赤字（－）②	财政年度①	收入	支出	盈余或赤字（－）②
1936	3923	8228	－4304	1970	192807	195649	－2842
1937	5387	7580	－2193	1971	187139	210172	－23033
1938	6751	6840	－89	1972	207309	230681	－23373
1939	6295	9141	－2846	1973	230799	245707	－14098
1940	6548	9468	－2920	1974	263224	269359	－6135
1941	8712	13653	－4941	1975	279090	332332	－53242
1942	14634	35137	－20503	1976	298060	371779	－73719
1943	24001	78555	－54554	过渡季度③	81232	95973	－14741
1944	43747	91304	－47557	1977	355559	409203	－53644
1945	45159	92712	－47553	1978	399561	458729	－59168
1946	39296	55232	－15936	1979	463302	503464	－40162
1947	38514	34496	4018	1980	517112	590920	－73808
1948	41560	29764	11796	1981	599272	678209	－78936
1949	39415	38835	580	1982	617766	745706	－127940
1950	39443	42562	－3119	1983	600562	808327	－207764
1951	51616	45514	6102	1984	666457	851781	－185324
1952	66167	67686	－1519	1985	734057	946316	－212260
1953	69608	76101	－6493	1986	769091	990231	－221140
1954	69701	70855	－1154	1987	854143	1003804	－149661
1955	65451	68444	－2993	1988	908166	1063318	－155151
1956	74587	70640	3947	1989	990771	1144020	－153319
1957	79990	76578	3412	1990	1031308	1251776	－220469
1958	79636	82405	－2769	1991	1054265	1323757	－269492
1959	79249	92098	－12849	1992	1090453	1380794	－290340
1960	92492	92191	301	1993	1153226	1408532	－255306
1961	94388	97723	－3335	1994	1257451	1460553	－203102
1962	99676	106821	－7146	1995	1351495	1515412	－163917
1963	106560	111316	－4756	1996	1452763	1560094	－107331
1964	112613	118528	－5915	1997	1578955	1600911	－21957
1965	116817	118228	－1411	1998	1721421	1652224	70039
1966	130835	134532	－3698	1999	1827302	1704942	124360
1967	148822	157464	－8643	2000	2025038	1788045	236993
1968	152973	178134	－25161	2001④	1989000	1868000	121000
1969	186882	183640	3242				

①1936—1976财政年度6月30日截止。1976年以后的财政年度9月30日截止。②由于四舍五入，可能与表中数字之差不相等。③过渡季度指1976年7月1日到9月30日。④国会预算局估计数，截止到2001年9月26日。

美国国民收入（按行业分类）①

（单位：10亿现值美元）

	1960	1970	1980	1990	1997	1998	1999	2000
未经资本消耗调整的国民收入	428.6	835.1	2263.9	4513.6	6598.0	6928.6	7416.5	7946.6
国内产业	425.1	827.8	2216.3	4492.0	6606.0	6949.3	7423.3	7958.7
私营产业	371.6	695.4	1894.5	3830.2	5728.5	6043.0	6469.1	6949.7
农、林、渔业	17.8	25.9	61.4	98.0	106.0	104.2	110.7	117.9
采矿	5.6	8.4	43.8	36.8	52.5	50.6	48.2	57.1
建筑	22.5	47.4	126.6	222.0	305.1	331.1	389.9	425.0
制造	125.3	215.6	532.1	859.5	1151.0	1168.7	1189.8	1237.5
耐用品	73.4	127.7	313.7	483.1	659.4	684.2	697.7	723.2
非耐用品	52.0	87.9	218.4	376.3	491.6	484.4	492.1	514.3
交通运输和公用事业	35.8	64.4	177.3	326.3	480.9	500.8	515.4	555.4
交通运输	18.5	31.5	85.8	139.2	208.0	216.2	234.9	245.2
通讯	8.2	17.6	48.1	91.6	139.3	149.3	144.4	163.4
电力、燃气和卫生	9.1	86.8	43.4	95.5	133.6	135.3	136.1	146.7
批发业	25.0	47.5	143.3	261.7	384.2	409.2	444.8	479.7
零售业	41.3	79.9	189.4	392.3	543.2	580.0	621.8	663.5
金融、保险、房地产	51.3	96.4	279.5	684.2	1192.0	1273.5	1379.9	1476.6
服务业	46.9	109.8	341.0	949.4	1513.6	1624.9	1768.7	1937.0
政府	53.5	132.4	321.8	661.1	877.5	906.3	954.1	1009.0

①由于四舍五入，表中数字相加可能与总数不相等。国民总收入中包括来自国外的收入。

美国国民收入（按收入分类）①

（单位：10亿现值美元）

	1960	1970	1980	1990	1997年	1998	1999	2000
国民收入②	424.9	832.6	2203.5	4491.0	6646.5	6994.7	7462.1	7980.9
雇员报酬	296.7	618.3	1638.2	3297.6	4687.2	4981.0	5310.7	5715.2
工资和薪水	272.8	551.5	1372.0	2745.0	3893.6	4153.9	4477.4	4837.2
政府	49.2	117.1	260.1	516.0	664.2	689.3	724.3	768.4
其他	223.7	434.3	1111.8	2229.0	3229.4	3464.6	3753.1	4068.8
工资和薪水以外的补贴	23.8	66.8	266.3	552.5	793.7	827.1	833.4	878.0
雇主缴纳的社会保险分摊额	12.6	34.3	127.9	278.3	400.7	420.1	323.6	343.8
其他劳动收入	11.2	32.5	138.4	274.3	392.9	406.9	509.7	534.2
调整后的业主收入	52.1	80.2	180.7	363.3	551.2	577.2	672.0	715.0
农业	11.6	14.7	20.5	41.9	35.5	28.7	26.6	30.6
非农业	40.5	65.4	160.1	321.4	515.8	548.5	645.4	684.4
经资本消耗调整的个人租金收入	15.3	18.2	6.6	－14.2	158.2	162.6	147.7	141.6
经库存调整的公司利润	49.8	69.5	194.0	354.7	741.2	732.3	825.2	876.4
税前公司利润	49.9	76.0	237.1	365.7	734.4	717.8	776.3	845.4
公司应纳利润税	22.7	34.4	84.8	138.7	246.1	240.1	253.0	271.5
税后公司利润	27.2	41.7	152.3	227.1	488.3	477.7	523.3	573.9
红利	12.9	22.5	54.7	153.5	275.1	279.2	343.5	379.6
未分配利润	14.3	19.2	97.6	73.6	213.2	198.5	179.8	194.3
库存估值调整	－0.2	－6.6	－43.1	－11.0	6.9	14.5	－2.9	－12.4
净利息	11.3	41.2	200.9	463.7	432.0	449.3	506.5	532.7

①由于四舍五入及数据不全，表中数字相加可能与总数不相等。②国民收入是在货物及服务生产过程中产生的劳动及财产收益的总值，也即雇员报酬、业主收入、租金收入、经调整的公司利润和净利息的总和。它衡量的是经济体所生产的货物及服务的总要素成本。收入指税前收入。国民总收入包括未单列的各项调整。

美国全部个人收入的分配①

（单位：10亿现值美元）

年份	个人收入	个人税收	个人可支配收入	个人支出	个人储蓄	
					数额	占可支配收入的百分比（%）
1960	411.7	48.7	362.9	339.6	23.3	6.4
1965	555.8	61.9	493.9	456.2	37.8	7.6
1970	836.1	109.0	727.1	666.1	61.0	8.4
1975	1315.6	156.4	1159.2	1054.8	104.4	9.0
1980	2285.7	312.4	1973.3	1811.5	161.8	8.2
1985	3439.6	437.7	3002.0	2795.8	206.2	6.9
1990	4791.6	624.8	4166.8	3958.1	208.7	5.0
1991	4968.5	624.8	4343.7	4097.4	246.4	5.7
1992	5264.2	650.5	4613.7	4341.0	272.6	5.9
1993	5480.1	689.9	4790.2	4575.8	214.4	4.5
1994	5757.9	739.1	5018.9	4842.1	176.8	3.5
1995	6072.1	795.0	5277.0	5097.2	179.8	3.4
1996	6425.2	890.5	5534.7	5376.2	158.5	2.9
1997	6784.0	989.0	5795.1	5674.1	121.0	2.1
1998	7391.0	1070.9	6320.0	6054.7	265.4	4.2
1999	7777.3	1159.2	6618.0	6457.2	160.9	2.4
2000	8319.2	1288.2	7031.0	6963.3	67.7	1.0

①收入减去税收 = 可支配收入；可支配收入减去支出 = 储蓄。由于四舍五入，表中数字相加可能与总数不相等。

美国的国债

财政年度	债务（10亿美元）	人均债务（美元）	利息支付（10亿美元）	占联邦支出百分比（%）	财政年度	债务（10亿美元）	人均债务（美元）	利息支付（10亿美元）	占联邦支出百分比（%）
1870	2.4	61.06	–	–	1982	1142.0	4913	117.4	15.7
1880	2.0	41.60	–	–	1983	1377.2	5870	128.8	15.9
1890	1.1	17.80	–	–	1984	1572.3	6640	153.8	18.1
1900	1.2	16.60	–	–	1985	1823.1	7598	178.9	18.9
1910	1.1	12.41	–	–	1986	2125.3	8774	190.2	19.2
1920	24.2	228	–	–	1987	2350.3	9615	195.4	19.5
1930	16.1	131	–	–	1988	2602.3	10534	214.1	20.1
1940	43.0	325	1.0	10.2	1989	2857.4	11545	24.9	21.0
1950	256.1	1688	5.7	13.4	1990	3233.3	13000	264.8	21.1
1955	272.8	1651	6.4	9.4	1991	3665.3	14436	285.5	21.6
1960	284.1	1572	9.2	10.0	1992	4064.6	15846	292.3	21.2
1965	313.8	1613	11.3	9.6	1993	4411.5	17105	292.5	20.8
1970	370.1	1814	19.3	9.9	1994	4692.8	18025	296.3	20.3
1975	533.2	2475	32.7	9.8	1995	4974.0	18930	332.4	22.0
1976	620.4	2852	37.1	10.0	1996	5224.8	19805	344.0	22.0
1977	698.8	3170	41.9	10.2	1997	5413.1	20026	355.8	22.2
1978	771.5	3463	48.7	10.6	1998	5526.2	20443	363.8	22.0
1979	826.5	3669	59.8	11.9	1999	5656.3	20746	353.5	20.7
1980	907.7	3985	74.9	12.7	2000	5674.2	20591	362.0	20.3
1981	997.9	4338	95.6	14.1	2001	5807.5	20353	359.5	20.8

注：直到1976年，财政年度都截止于6月30日。自1977年起，财政年度截止于9月30日。

2000年总收入最多的美国公司

（单位：百万美元）

公司名称	公司总部所在地	总收入
埃克森—莫比尔公司	欧文，得克萨斯州	210392
沃尔—马特商店	本顿维尔，阿肯色州	193295
通用汽车公司	底特律，密歇根州	184632
福特汽车公司	迪尔伯恩，密歇根州	180598
通用电气公司	费尔菲尔德，康涅狄格州	129853
花旗银行集团	纽约，纽约州	111826
安然天然气公司	休斯敦，得克萨斯州	100789
国际商用机器公司	阿蒙克，纽约州	88396
美国电话电报公司	纽约，纽约州	65981
维里齐昂通讯公司	纽约，纽约州	64707
菲利普—莫里斯公司	纽约，纽约州	63276
J.P. 摩根大通金融公司	纽约，纽约州	60065
美洲银行公司	夏洛特，北卡莱罗纳州	57747
SBC通信公司	圣安东尼奥，得克萨斯州	51476
波音公司	西雅图，华盛顿州	51321
德士古公司	怀特普莱恩斯，纽约州	51130
杜克能源公司	夏洛特，北卡罗来纳州	49318
克劳格公司	辛辛那提，俄亥俄州	49000
惠普公司	帕洛阿尔托，加州	48782
谢夫隆石油公司	旧金山，加州	48069
州农业保险公司集团	布卢明顿，伊利诺斯州	47863
美国国际集团	纽约，纽约州	45972
家庭储藏公司	亚特兰大，佐治亚州	45738
摩根—斯坦利集团	纽约，纽约州	45413
美林公司	纽约，纽约州	44872

美国银行的数量和存款额

包括所有在联邦存款保险公司投保的商业银行和储蓄银行以及储贷协会(S&Ls)在内。

(截止到2000年12月)

年份	银行总数					总存款额				
		商业银行①					商业银行①			
	所有各类银行总数	国民银行	州银行	非成员银行	储蓄银行总数	所有各类存款总数	国民银行	州银行	非成员银行	储蓄银行总数
1935	15295	5386	1001	7735	1173	45102②	24802	13653	5669	978②
1940	15772	5144	1342	6956	2330	67494	35787	20642	7040	4025
1945	15969	5017	1864	6421	2667	151524	77778	41865	16307	15574
1950	16500	4958	1912	6576	3054	171963	84941	41602	19726	25694
1955	17001	4692	1847	6698	3764	235211	102796	55739	26198	50478
1960	17549	4530	1641	6955	4423	310262	120242	65487	34369	90164
1965	18384	4815	1405	7327	4837	467633	185334	78327	51982	151990
1970	18205	4621	1147	7743	4694	686901	285436	101512	95566	204357
1975	18792	4744	1046	8595	4407	1157648	450308	143409	187031	376908
1980	18763	4425	997	9013	4328	1832716	656752	191183	344311	640470
1985	18033	4959	1070	378	3626	314082	71241875	354585	521628	1022739
1990	15158	3979	1009	7355	2815	3637292	1558915	397797	693438	987142
1993	13220	3304	969	6685	2262	3528487	1576725	476093	701502	774157
1994	12603	3075	976	6400	2152	3611618	1630171	533261	711006	737180
1995	11970	2858	1042	6040	2030	3769477	1695817	614924	716829	741907
1996	11670	2763	1024	5902	1981	3788905	1795110	567809	698497	727489
1997	10922	2597	992	5554	1779	4125811	2004855	729009	687832	704115
1998	10463	2456	994	5324	1689	4386298	2137946	810471	733027	704855
1999	10221	2363	1010	5207	1641	4538036	2154259	899252	777264	707261
2000	9905	2230	991	5094	1590	4914808	2250464	1032110	894000	738234

①"非成员银行"指不属于联邦储备系统成员的银行。"国民"和"州"银行机构都是成员银行。

②1935年的数字不包括储蓄与信贷协会的数据(无数据)。

美国银行破产数①

包括所有在联邦存款保险公司投保的商业和储蓄银行，以及1980年以后的储蓄与信贷协会。

年份	倒闭或受援助	年份	倒闭或受援助	年份	倒闭或受援助	年份	倒闭或受援助	年份	倒闭或受援助
1934	9	1961	5	1972	2	1983	99	1992	181
1935	26	1963	2	1973	6	1984	106	1993	50
1936	69	1964	7	1975	13	1985	180	1994	15
1937	77	1965	5	197	617	1986	204	1995	8
1938	74	1966	7	1978	7	1987	262	1996	6
1939	60	1967	4	1979	10	1988	465	1997	1
1940	43	1969	9	1980	22	1989	534	1998	3
1955	5	1970	7	1981	40	1990	382	1999	8
1959	3	1971	7	1982	119	1991	271	2000	7
1960	1								

①不包括1980年以前破产的储蓄与信贷协会。

联邦储备委员会贴现率

贴现率是会员银行通过联邦储备系统贷款时所支付的利率，由联储确定。下表包括了该利率到2001年10月为止的所有变化。

生效期	利率	生效期	利率	生效期	利率	生效期	利率
1980年		12月15日	$8^{1/2}$	1990年		11月17日	$4^{1/2}$
2月15日	13	1984年		12月18日	$6^{1/2}$	1999年	
5月30日	12	4月9日	9	1991年		8月24日	$4^{3/4}$
6月13日	11	11月21日	$8^{1/2}$	4月30日	$5^{1/2}$	11月16日	5
7月28日	10	12月24日	8	9月13日	5	2000年	
9月26日	11	1985年		11月6日	$4^{1/2}$	2月2日	$5^{1/4}$
11月17日	12	5月20日	$7^{1/2}$	12月20日	$3^{1/2}$	3月21日	$5^{1/2}$
12月5日	13	1986年		1992年		5月16日	6
1981年		3月7日	7	7月2日	3	2001年	
5月5日	14	4月21日	$6^{1/2}$	1994年		1月3日	$5^{3/4}$
11月2日	13	7月11日	6	5月17日	$3^{1/2}$	1月31日	5
12月4日	12	8月21日	$5^{1/2}$	8月16日	4	3月20日	$4^{1/2}$
1982年		1987年		11月15日	$4^{3/4}$	4月18日	4
7月20日	$11^{1/2}$	9月4日	6	1995年		5月15日	$3^{1/2}$
8月2日	11	1988年		2月1日	$5^{1/4}$	6月27日	$3^{1/4}$
8月16日	10	8月9日	$6^{1/2}$	1996年		8月21日	3
8月27日	10	1989年		1月31日	5	9月17日	$2^{1/2}$
10月12日	$9^{1/2}$	2月24日	7	1998年		10月2日	2
11月22日	9			10月15日	$4^{3/4}$		

美国50家最大的银行持股公司

（截止到2000年12月31日）

（单元：千美元）

公司，总部驻地	总资产	公司，总部驻地	总资产
花旗银行，纽约市（纽约）	902210000	MBNA公司，威尔明顿（特拉华）	38666212
J.P.摩根大通曼哈顿银行，纽约市（纽约）	715348000	查尔斯·施瓦布公司，旧金山（加利福尼亚）	38154765
美洲银行，夏洛特（北卡罗来纳）	642191000	北方信托公司，芝加哥（伊利诺伊）	36022222
威尔斯—法戈公司，旧金山（加利福尼亚）	272426000	联邦种植园主公司，孟斐斯（田纳西）	34720718
第一银行公司，芝加哥（伊利诺伊）	269300000	第一宪章金融公司，克利夫兰（俄亥俄）	33033878
第一联合银行公司，夏洛特（北卡罗来纳）	254170000	M&T银行，布法罗（纽约）	28949456
Taunus公司，纽约市（纽约）	197815000	亨廷顿银行股份公司，哥伦布（俄亥俄）	28599377
波士顿弗利特金融集团公司，波士顿（马萨诸塞）	179519000	大众公司，圣胡安（波多黎各）	28058000
太阳信托银行公司，亚特兰大（佐治亚）	103496380	马歇尔—莱斯利公司，密尔沃基（威斯康星）	26077739
国民城市银行公司，克利夫兰（俄亥俄）	88534609	老肯特金融公司，大急流城（密歇根）	23866576
美国银行公司，明尼阿波利斯（明尼苏达）	87336000	锡安银行，盐湖城（犹他）	21938263
Key公司，克利夫兰（俄亥俄）	87164924	罗盘银行股份公司，伯明翰（亚拉巴马）	20023496

续表

公司,总部驻地	总资产	公司,总部驻地	总资产
第一明星公司,密尔沃基(威斯康星)	77584892	第一田纳西国民公司,孟斐斯(田纳西)	18556099
纽约银行,纽约市(纽约)	77113797	班克维斯特公司,檀香山(夏威夷)	18457066
瓦霍维亚公司,温斯顿—塞勒姆(北卡罗来纳)	74031652	北方银行集团公司,波特兰(缅因)	18233761
PNC金融服务集团公司,匹兹堡(宾夕法尼亚)	69915985	哈勃尼亚公司,新奥尔良(路易斯安那)	16698046
州街公司,波士顿(马萨诸塞)	69298347	国民商业银行公司,孟菲斯(田纳西)	16636536
BB&T公司,温斯顿—塞勒姆(北卡罗来纳)	59340228	绿点金融公司,纽约市(纽约)	15764810
梅隆金融公司,匹兹堡(宾夕法尼亚)	50563617	TD沃特豪斯持股公司,纽约市(纽约)	15330045
5/3银行公司,辛辛那提(俄亥俄)	45856906	北福克银行公司,梅尔维尔(纽约)	14840962
南方信托公司,伯明翰(亚拉巴马)	45146531	太平洋世纪金融集团公司,檀香山(夏威夷)	14026624
地区金融公司,伯明翰(亚拉巴马)	43909839	普罗维登特金融集团,辛辛那提(俄亥俄)	13978252
科美利加公司,底特律(密歇根)	42032150	联合银行公司,格林贝(威斯康星)	13128394
萨米特银行,普林斯顿(新泽西)	39668367	殖民银行公司,蒙哥马利(亚拉巴马)	11741202
美国南方银行公司,伯明翰(亚拉巴马)	38968133	人民互助持股公司,布里奇波特(康涅狄格)	11608026

2000年各类共同基金业绩

（截止到2000年9月30日）

基金类型/基金目标	平均回报率(%)		
	一年期	三年期	五年期
多元股票型			
积极成长型	45.80	21.33	19.87
股票收入型	8.67	7.21	13.79
国内成长型	25.78	16.54	19.31
成长与收入型	13.57	10.61	16.43
中等资本型	49.86	21.60	20.59
标准—普尔500指数型	12.69	15.86	21.17
小资本型	39.39	12.14	16.89
特殊股票型			
能源/自然资源类	23.28	-0.09	10.82
金融服务类	23.62	10.49	19.29
贵金属类	-28.60	-19.95	-15.19
医疗/生物技术类	91.10	25.13	24.21
其他类	12.14	6.88	11.30
房地产类	23.38	-0.54	10.36
技术/通讯类	61.66	42.82	31.64
公用事业类	21.91	18.28	17.11
世界股票型			
新兴市场股票型	8.36	-7.41	0.22
全球股票型	20.59	11.53	14.09
非美国股票型	12.45	7.06	8.36
新兴市场收入型	22.16	1.29	13.45
混合型			
国内资产分配基金	11.81	9.62	12.70
全球资产分配基金	8.95	4.68	6.58
国内平衡基金	12.02	9.01	12.63
全球平均基金	10.40	7.67	10.47
债券型			
高收益公司债券	-0.39	0.33	5.37
投资等级公司债券	4.64	4.26	5.41
可转换债券	30.92	12.78	15.75
投资等级债券	5.52	4.58	5.46
长期债券	5.81	4.80	6.05

续表

基金类型/基金目标	平均回报率(%)		
	一年期	三年期	五年期
中、短期债券	5.56	4.97	5.57
抵押债券	5.95	4.92	5.57
全球收益债券	1.38	1.28	4.48
贷款分享型	5.80	5.99	6.45
多重债券	4.24	2.87	5.91
美国政府/机构债券	5.74	4.74	5.25
美国政府长期债券	6.32	4.92	5.61
美国政府短期和中期债券	5.53	4.81	5.24
美国国库券	7.56	5.83	6.09
市政债券型			
高收益市政债券	1.72	2.60	4.72
保险市政债券	5.43	3.48	4.77
国家市政债券	4.46	3.28	4.54
州市政债券	4.71	3.27	4.64

美国的共同基金持有者情况①

持有者的特点		年份	拥有共同基金的家庭数(百万)
年龄中位数②	44	1980	4.6
家庭年收入中位数	55000	1984	10.2
家庭金融资产中位数	80000	1988	22.2
家庭共同基金资产中位数	25000	1992	25.8
所拥有基金数的中位数	4	1994	30.2
就业比例②	82%	1996	36.8
已婚或与伴侣同居	74%	1998	44.4
配偶或伴侣就业比例	75%	1999	48.4
四年制大学学位或更高学位②	50%	2000	50.6
拥有:			
股本基金	88%		
债券基金	42%		
混合基金	35%		
货币市场基金	48%		
各种投资于共同基金的年金	23%		

①本表中拥有共同基金的家庭数据,既包括拥有在雇主支付的退休计划之内的基金的家庭,也包括拥有不在这类退休计划之内的基金的家庭。②指家庭中回应调查的进行共同基金投资的财务决策人。注:1980 年至 1988 年的数据不包括只因为雇主支付的退休计划而拥有基金的家庭。

道—琼斯工业平均指数里程碑

（截止日期为 2001 年 9 月 30 日）

首次收盘后超过	日期	首次收盘后超过	日期
100	1906 年 1 月 12 日	9000	1998 年 4 月 6 日
500	1956 年 5 月 12 日	9100	1998 年 4 月 14 日
1000	1972 年 11 月 14 日	9200	1998 年 5 月 13 日
1500	1985 年 12 月 11 日	9300	1998 年 7 月 16 日
2000	1987 年 1 月 8 日	9500	1999 年 1 月 6 日 *
2500	1987 年 7 月 17 日	9600	1999 年 1 月 8 日
3000	1991 年 4 月 17 日	9700	1999 年 3 月 5 日
3500	1993 年 5 月 19 日	9800	1999 年 3 月 11 日
4000	1995 年 2 月 23 日	9900	1999 年 3 月 15 日
4500	1995 年 6 月 16 日	10000	1999 年 3 月 29 日
5000	1995 年 11 月 21 日	10100	1999 年 4 月 8 日
5500	1996 年 2 月 8 日	10300	1999 年 4 月 12 日 *
6000	1996 年 10 月 14 日	10400	1999 年 4 月 14 日
6500	1996 年 11 月 25 日	10500	1999 年 4 月 21 日
7000	1997 年 2 月 13 日	10700	1999 年 4 月 22 日 *
7500	1997 年 6 月 10 日	10800	1999 年 4 月 27 日
8000	1997 年 7 月 16 日	11000	1999 年 5 月 3 日 *
8100	1997 年 7 月 24 日	11100	1999 年 5 月 13 日
8200	1997 年 7 月 30 日	11200	1999 年 7 月 12 日
8300	1998 年 2 月 12 日	11300	1999 年 8 月 25 日
8400	1998 年 2 月 18 日	11400	1999 年 12 月 23 日
8500	1998 年 2 月 27 日	11500	2000 年 1 月 7 日
8600	1998 年 3 月 10 日	11700	2000 年 1 月 14 日 *
8700	1998 年 3 月 16 日		
8800	1998 年 3 月 19 日		
8900	1998 年 3 月 20 日		

* 9400、10200、10600、10900 和 11600 没有列入此表。因为在那一天收盘时，道—琼斯指数上升超过 200 点以上。

1963年以来的道—琼斯指数极端值

（截止日期:2000年10月15日）

高		年份	低	
12月18日	767.21	1963	1月2日	646.79
11月18日	891.71	1964	1月2日	766.08
12月31日	969.26	1965	6月28日	840.59
2月9日	995.15	1966	10月7日	744.32
9月25日	943.08	1967	1月3日	786.41
12月3日	985.21	1968	5月21日	825.13
5月14日	968.85	1969	12月17日	769.93
12月29日	842.00	1970	5月6日	631.16
4月28日	950.82	1971	11月23日	797.97
12月11日	1036.27	1972	1月26日	889.15
1月11日	1051.70	1973	12月5日	788.31
5月13日	891.66	1974	12月6日	577.60
7月15日	881.81	1975	1月2日	632.04
9月21日	1014.79	1976	1月2日	858.71
1月3日	999.75	1977	11月2日	800.85
9月8日	907.74	1978	2月28日	742.12
10月5日	897.61	1979	11月7日	796.67
11月20日	1000.17	1980	4月21日	759.13
4月27日	1024.05	1981	9月25日	824.01
12月27日	1070.55	1982	8月12日	776.92
11月29日	1287.20	1983	1月3日	1027.04
1月6日	1286.64	1984	7月24日	1086.57
12月16日	1553.10	1985	1月4日	1184.96
12月2日	1955.57	1986	1月22日	1502.29
8月25日	2722.42	1987	10月19日	1738.74
10月21日	2183.50	1988	1月20日	1879.14
10月9日	2791.41	1989	1月3日	2144.64
7月16日	2999.75	1990	10月11日	2365.10
12月31日	3168.83	1991	1月9日	2470.30
6月1日	3413.21	1992	10月9日	3136.58
12月29日	3794.33	1993	1月20日	3241.95
1月31日	3978.36	1994	4月4日	3593.35
12月13日	5216.47	1995	1月30日	3832.08
12月27日	6560.91	1996	1月10日	5032.94
8月6日	8259.31	1997	4月11日	6391.69
11月23日	9374.27	1998	8月31日	7539.07
12月31日	11497.12	1999	1月22日	9120.67
1月14日	11722.98	2000	5月7日	9796.03

道—琼斯工业平均指数一天内损益纪录

（截止到 2001 年 9 月 30 日）

最大收益点数					最大收益百分比				
排名	日期	收盘	净变化	变化的百分比	排名	日期	收盘	净变化	变化的百分比
1	03/16/00	10630.60	499.19	4.93	1	10/06/31	99.34	12.86	14.87
2	04/05/01	9918.05	402.63	4.23	2	10/30/29	258.47	28.40	12.34
3	04/18/01	10615.83	399.10	3.91	3	09/21/32	75.16	7.67	11.36
4	09/08/98	8020.78	380.53	4.98	4	10/21/87	2027.85	186.84	10.15
5	09/24/01	8603.86	368.05	4.47	5	08/03/32	58.22	5.06	9.52
6	05/16/01	11215.92	42.95	3.15	6	02/11/32	78.60	6.80	9.47
7	12/05/00	10898.72	338.62	3.21	7	11/14/29	217.28	18.59	9.36
8	10/28/97	7498.32	337.17	4.71	8	12/18/31	80.69	6.90	9.35
9	10/16/98	8299.36	330.58	4.15	9	02/13/32	85.82	7.22	9.19
10	03/15/00	10131.41	320.17	3.26	10	05/06/32	59.01	4.91	9.08

最大损失点数					最大损失百分比				
排名	日期	收盘	净变化	变化的百分比	排名	日期	收盘	净变化	变化的百分比
1	09/17/01	8920.70	-684.81	-7.13	1	10/19/87	1738.74	-508.00	-22.61
2	04/14/00	10305.77	-617.78	-5.66	2	10/28/29	260.54	-38.33	-12.82
3	10/27/97	7161.15	-554.26	-7.19	3	10/29/29	230.07	-30.57	-11.73
4	08/31/98	7539.07	-512.61	-6.37	4	11/06/29	232.13	-25.55	-9.92
5	10/19/87	1738.74	-508.00	-22.61	5	12/18/1899	58.27	-5.57	-8.72
6	03/13/01	10208.25	-436.37	-4.1	6	08/12/32	63.11	-5.79	-8.40
7	09/20/01	8376.21	-382.92	-4.37	7	03/14/07	76.23	-6.89	-8.29
8	10/12/00	10034.58	-379.21	-3.64	8	10/25/87	1793.93	-156.83	-8.04
9	03/07/00	9796.03	-374.47	-3.68	9	07/21/33	88.71	-7.55	-7.84
10	01/04/00	10997.93	-359.58	-3.17	10	10/18/37	125.73	-10.57	-7.75

纳斯达克股市里程碑

（截止到2000年10月15日）

首次收盘后超过	日期
100	1971年2月8日
200	1980年11月13日
300	1986年5月6日
400	1986年5月30日
500	1991年4月12日
1000	1995年7月17日
1500	1997年7月11日
2000	1998年7月16日
2500	1999年1月29日
3000	1999年11月3日
3500	1999年12月3日
4000	1999年12月29日
4500	2000年2月17日
5000	2000年3月9日

1971 年以来的纳斯达克指数极端值

高	年份	低
114.12	1971	99.68
135.15	1972	113.65
136.84	1973	88.67
96.53	1974	54.87
88.00	1975	60.70
97.88	1976	78.06
105.05	1977	93.66
139.25	1978	99.09
152.29	1979	117.84
208.29	1980	124.09
223.96	1981	170.80
241.63	1982	158.92
329.11	1983	229.86
288.41	1984	223.91
325.53	1985	245.82
411.21	1986	322.14
456.27	1987	288.49
397.54	1988	329.00
487.60	1989	376.87
470.30	1990	322.93
586.35	1991	352.85
676.95	1992	545.85
790.56	1993	645.02
803.93	1994	691.23
1072.82	1995	740.53
1328.45	1996	978.17
1748.62	1997	1194.39
2200.63	1998	1357.09
4090.61	1999	2193.13
5048.62	2000	2332.78

纳斯达克股市一天内损益纪录

（截止到2000年10月15日）

最大收益点数			最大收益百分比		
排名	日期	点变化	排名	日期	变化的百分比
1	01/03/01	324.83	1	01/03/01	14.17
2	12/05/00	274.05	2	12/05/00	10.48
3	04/18/00	254.41	3	04/05/01	8.92
4	05/30/00	254.37	4	04/18/01	8.12
5	10/19/00	247.04	5	05/30/00	7.94
6	10/13/00	242.09	6	10/13/00	7.87
7	06/02/00	230.88	7	10/19/00	7.79
8	04/25/00	228.75	8	12/22/00	7.56
9	04/17/00	217.87	9	10/21/87	7.34
10	06/01/00	181.59	10	04/18/00	7.19
最大损失点数			最大损失百分比		
排名	日期	点变化	排名	日期	变化的百分比
1	04/14/00	－355.49	1	10/19/87	－11.35
2	04/03/00	－349.15	2	04/14/00	－9.67
3	04/12/00	－286.27	3	10/20/87	－9.00
4	04/10/00	－258.25	4	10/26/87	－9.00
5	01/04/00	－229.46	5	08/31/98	－8.56
6	03/14/00	－200.61	6	04/03/00	－7.64
7	05/10/00	－200.28	7	01/02/01	－7.23
8	05/23/00	－199.66	8	12/20/00	－7.12
9	10/25/00	－190.22	9	04/12/00	－7.06
10	03/29/00	－189.22	10	04/10/00	－7.06

注：纳斯达克股市于1971年2月8日开始交易。

2000 年最活跃的普通股

（单位：百万股）

	纽约证券交易所交易量
朗迅技术公司	3972.4
康柏计算机公司	3610.3
美国电报与电话公司（AT&T）	3417.6
美国在线	3106.0
北电网络	2863.0
辉瑞有限公司	2457.7
花旗集团	2366.6
通用电气	2363.0
诺基亚公司	2191.8
摩托罗拉公司	1178.5
	美国交易所交易量
纳斯达克 100 股	4929.9
标准普尔 SPDR 信托	1461.8
钻石信托	308.9
内伯斯工业公司	296.7
IVAX 公司	203.5
美林因特网控股公司	183.5
标准普尔中期资本信托	176.4
灰狼公司	174.7
生物技术控股	157.7
德文能源公司	150.0
	纳斯达克交易量
思科系统公司	14122.8
英特尔公司	13669.2
甲骨文公司	13565.6
太阳微系统公司	10404.0
微软公司	10324.6
世界通讯公司	8634.3
3Com 公司	8562.8
戴尔计算机公司	8317.6
JDS 单相公司	6320.5
爱立信电话公司	5359.2

2001年5月联邦政府部门雇员状况

（薪水以千美元为单位）

所有机构 \ 总数	所有地域		美国		首都华盛顿		海外	
	就业	薪水	就业	薪水	就业	薪水	就业	薪水
总数	2704015	10529616	2614548	10216145	322633	1592373	89431	313471
立法部门	30199	133544	30191	133481	29104	127682	8	63
国会	17124	70975	17124	70975	17124	70975	—	—
美国参议院	6464	26823	6464	26823	6464	26823	—	—
众议院	10660	44152	10660	44152	10660	44152	—	—
国会大厦建筑局	1950	7199	1950	7199	1950	7199	—	—
国会预算局	232	1458	232	1458	232	1458	—	—
总审计局	3117	19562	3116	19556	2338	14818	1	6
政府印刷局	3044	12461	3044	12461	2766	11502	—	—
国会图书馆	4268	19503	4261	19473	4240	19395	7	57
联邦税务法院	241	1438	241	1438	241	1438	—	—
司法部门	32957	150648	32548	148985	1904	10308	409	1663
美国最高法院	418	1415	418	1415	418	1415	—	—
联邦法院	32539	149233	32130	147570	1486	8893	409	1663
行政部门	2640859	10245424	2551845	9933679	291625	1454383	89014	311745
总统行政机构	1566	1057	1557	10507	1557	10507	9	63
白宫办公厅	369	2061	369	2061	369	2061	—	—
副总统办公室	15	116	15	116	15	116	—	—
管理和预算局	490	3883	490	3883	490	3883	—	—
行政管理局	182	110	182	110	182	110	—	—
经济顾问委员会	30	170	30	170	30	170	—	—
政策发展办公室	31	145	31	145	31	145	—	—
国家安全委员会	47	301	47	301	47	301	—	—
毒品管制办公室	109	795	109	795	109	795	—	—
贸易代表办公室	173	1262	164	1199	164	1199	9	63
行政各部	1593855	6527928	1512051	6244115	218226	1082600	81804	283813
国务院	28054	157512	10586	55906	9295	47026	17468	91606
财政部	159274	639368	157898	632876	22538	123053	1376	6492
国防部总计	670568	2390373	616772	2242590	63119	233318	53796	147783
国防部军事	645849	2323444	592127	2175761	62398	231479	53772	147683
国防部文职	24719	66929	24645	66829	721	1839	74	100

续表

总数 / 所有机构	所有地域		美国		首都华盛顿		海外	
	就业	薪水	就业	薪水	就业	薪水	就业	薪水
总数 所有机构	2704015	10529616	2614548	10216145	322633	1592373	89431	313471
陆军部	227870	629053	205062	563591	19003	40749	22808	65462
陆军军职	203152	562125	180418	496763	18282	38910	22734	65362
陆军文职	24718	66928	24644	66828	721	1839	74	100
工程兵	24699	66880	24625	66780	702	1791	74	100
海军部	182557	739163	174527	706456	24660	99855	8030	32707
空军部	154438	624766	147651	597306	5123	20737	6787	27480
国防后勤部	23680	89067	22942	85749	2007	8921	738	3318
其他国防部门	82023	308324	66590	289488	12326	63056	15433	18836
司法部	126711	613108	124162	600322	21831	132058	2549	12786
内政部	72982	271041	72601	269722	7936	37267	381	1319
农业部	100084	369032	98797	365085	11213	55138	1287	3947
商务部	39151	171637	38381	168339	20074	103643	770	3298
劳工部	16016	74725	15973	74554	5364	27622	43	171
卫生部	63323	309912	63064	308371	28227	151882	259	1541
住房部	10154	55056	10067	54627	3059	18159	87	429
交通部	64131	431276	63629	428252	10487	67425	502	3024
能源部	15689	92019	15681	91959	5230	33547	8	60
教育部	4581	24268	4576	24247	3195	17579	5	21
退伍军人部	223137	938601	219864	927265	6658	34883	3273	11336
独立机构	1045438	3706926	1038237	3679057	71842	361276	7201	27869
联储会	1650	9814	1650	9814	1650	9814	—	—
环境保护署	17968	98190	17919	97933	6019	35576	49	257
平等就业委员会	2746	12828	2746	12828	655	3510	—	—
电讯委员会	1946	11425	1944	11411	1620	9764	2	14
存款保险公司	6532	40743	6524	40692	2442	16608	8	51
紧急情况管理署	4826	20294	4763	19941	2150	9247	63	353
总务局	13921	65322	13836	64971	4734	25266	85	351
航空和航天局	18850	110569	18829	110428	3984	24123	21	141
艺术和人文科学基金会	363	1908	363	1908	363	1908	—	—
和平队	1004	3889	584	2511	472	2134	420	1378
证券交易委员会	2946	17558	2946	17558	1806	10754	—	—
小企业管理局	3968	18688	3876	18386	823	4666	92	302
史密森协会	5082	19825	5054	19649	4636	17879	28	176
社会保障署	63997	262969	63491	260730	1743	7568	506	1966
美国邮政总局	856550	2779914	852520	2764579	21065	78582	4030	15335

1999年和2000年的美国个人收入中位数

（按性别、种族、年龄和教育程度分类，单位：美元）

	1999	2000
男性	27225	28272
种族		
白人	28564	29696
黑人	20579	21662
拉美裔人	18234	
年龄		
65岁以下	29776	30675
65岁和65岁以上	19079	19168
受教育程度		
9年级以下	13438	14149
9—12年级（无毕业证）	17707	18953
高中毕业	27240	27666
大学，无学位	32724	33039
准学士学位	36632	37953
学士以上学位	47325	49178
女性	15311	16190
种族		
白人	15362	16218
黑人	14771	16081
拉美裔人	11314	12255
年龄		
65岁以下	16943	18332
65岁和65岁以上	10943	10899
受教育程度		
9年级以下	8238	8404
9—12年级（无毕业证）	9625	9996
高中毕业	14695	15119
大学，无学位	19665	20181
准学士学位	21959	23269
学士以上学位	31642	33365

1900—2000年美国的就业与失业情况

[民用劳动力,16岁(含)以上,年均数字,单位:千人]

年份	就业人数	失业人数	失业率(%)
1900	26956	1420	5.0
1910	34599	2150	5.9
1920	39208	2132	5.2
1930	44183	4340	8.9
1940	47520	8120	14.6
1950	58918	3288	5.0
1955	62170	2852	4.4
1960	65778	3852	5.5
1965	71088	3366	4.5
1970	78678	4093	4.9
1975	85846	7929	8.5
1980	99303	7637	7.1
1985	107150	8312	7.2
1986	109597	8237	7.0
1987	112440	7425	6.2
1988	114968	6701	5.5
1989	117342	6528	5.3
1990	118793	7047	5.6
1991	117718	8628	6.8
1992	118492	9613	7.5
1993	120259	8940	6.9
1994	123060	7996	6.1
1995	124900	7404	5.6
1996	126708	7236	5.4
1997	129558	6739	4.9
1998	131463	6210	4.5
1999	133488	5880	4.2
2000	134337	5655	4.0

注:1900—1940年为14岁(含)以上劳动力。

1950年以来联邦每小时最低工资率

	非农业工人			
生效日期	适合1966年以前的法律	平均收入的百分数	适合于1966年及以后的法律	农业工人
1950年1月25日	0.75美元	54	NA	NA
1956年5月1日	1.00	52	NA	NA
1961年9月3日	1.15	50	NA	NA
1963年9月3日	1.25	51	NA	NA
1967年2月1日	1.40	50	1.00美元	1.00美元
1968年2月1日	1.60	54	1.15	1.15
1969年2月1日	1.60	54	1.30	1.30
1970年2月1日	1.60	54	1.45	1.30
1971年2月1日	1.60	54	1.60	1.30
1974年5月1日	2.00	46	1.90	1.60
1975年1月1日	2.10	45	2.00	1.80
1976年1月1日	2.30	46	2.20	2.00
1977年1月1日	2.30	46	2.30	2.20
1978年1月1日	2.65	44	2.65	2.65
1979年1月1日	2.90	45	2.90	2.90
1980年1月1日	3.10	43	3.10	3.10
1981年1月1日	3.35	42	3.35	3.35
1990年4月1日	3.80	35	3.80	3.80
1991年4月1日	4.25	38	4.25	4.25
1996年10月1日	4.75	37	4.75	4.75
1997年9月1日	5.15	39	5.15	5.15

2000年美国年均工资最高的15个大都市区

排名	大城市地区名称	年均工资(美元)
1	圣何塞(加州)	76076
2	旧金山(加州)	59314
3	纽约(纽约州)	56377
4	纽黑文—布里奇波特—斯坦福—丹伯里—沃特伯里(康涅狄格州)	50585
5	米德尔塞克斯—萨默塞特—亨特登(新泽西州)	48977
6	纽瓦克(新泽西州)	48733
7	泽西城(新泽西州)	47514
8	博尔德—朗蒙特(科罗拉多州)	45565
9	华盛顿(哥伦比亚特区—马里兰州—弗吉尼亚州—西弗吉尼亚州)	45333
10	波士顿—伍斯特—劳伦斯—洛厄尔—布罗克顿(马萨诸塞州—新罕布什尔州)	45191
11	西雅图—贝尔维尤—埃弗里特(华盛顿州)	45171
12	特伦顿(新泽西州)	44576
13	奥克兰(加州)	44170
14	伯根—帕塞伊克(新泽西州)	43789
15	哈特福德 (康涅狄格州)	42349

注:工资数据为初步统计数据,并包括了领取联邦雇员计划的失业保险及失业补偿的工人在内。

2001 年第二季度美国工人小时工资率

(单位:千人)

性别与年龄	所有的小时工人数	5.15美元(含)以下	5.15美元(含)以下工资工人比率(%)	10美元以下	10美元以下工资工人比率(%)	10美元(含)以上	10美元(含)以上工资工人比率(%)
总数,16岁(含)以上	72455	2315	3.2	32590	45.0	39865	55.0
16—24岁	16478	1300	7.9	12473	75.7	4005	24.3
20—24岁	10116	660	6.5	6729	66.5	3387	33.5
25岁(含)以上	55977	1015	1.8	20117	35.9	35860	64.1
25—54岁	47849	820	1.7	16659	34.8	31190	65.2
25—34岁	15942	372	2.3	6379	40.0	9563	60.0
35—44岁	18174	276	1.5	5911	32.5	12263	67.5
45—54岁	13734	171	1.2	4370	31.8	9364	68.2
55岁(含)以上	8128	196	2.4	3458	42.5	4670	57.5
55—64岁	6387	111	1.7	2305	36.1	4082	63.9
65岁(含)以上	1741	84	4.8	1153	66.2	588	33.8
男性,16岁(含)以上	36125	802	2.2	13583	37.6	22542	62.4
16—24岁	8477	467	5.5	5996	70.7	2481	29.3
20—24岁	5275	166	3.1	3178	60.2	2097	39.8
25岁(含)以上	27648	334	1.2	7587	27.4	20061	72.6
女性,16岁(含)以上	36329	1514	4.2	19006	52.3	17323	47.7
16—24岁	8000	833	10.4	6476	81.0	1524	19.1
20—24岁	4841	494	10.2	3551	73.4	1290	26.6
25岁(含)以上	28329	681	2.4	12530	44.2	15799	55.8
种族							
白人							
总数,16岁(含)以上	59226	1930	3.3	26216	44.3	33010	55.7
男性	29950	685	2.3	11073	37.0	18877	63.0
女性	29276	1244	4.2	15143	51.7	14133	48.3
黑人							
总数,16岁(含)以上	9985	332	3.3	50	50.7	4921	49.3
男性	4494	103	2.3	641897	42.2	2597	57.8
女性	5491	229	4.2	3167	57.7	2324	42.3
拉美裔							
总数,16岁(含)以上	10138	298	2.9	5875	57.9	4263	42.0
男性	5915	147	2.5	3086	52.2	2829	47.8
女性	4223	151	3.6	2789	66.0	1434	34.0
全职及兼职状态							
全职工人							
总数,16岁(含)以上	55166	914	1.7	20158	36.5	35008	63.5
男性	30316	320	1.1	9097	30	21219	70.0
女性	24850	593	2.4	11061	44.5	13789	55.5
兼职工人							
总数,16岁(含)以上	17141	1389	8.1	12345	72	4796	28.0
男性	5730	477	8.3	4438	77.5	1292	22.5
女性	11412	912	8.0	7908	69.3	3504	30.7

1975—2000 年美国部分种类商品的消费物价指数

（1982—1984 基年 = 100，除非另有说明，表中数字均为所有城市消费者价格指数月度数字的年度平均数。）

	1975	1980	1985	1990	1995	1998	1999	2000
所有商品	53.8	82.4	107.6	130.7	152.4	163.0	166.6	172.2
食品和饮料	60.2	86.7	105.6	132.1	148.9	161.1	164.6	168.4
食物	59.8	86.8	105.6	132.4	148.4	160.7	164.1	167.8
家庭食品	61.8	88.4	104.3	132.3	148.8	161.1	164.2	167.9
谷类及烘烤品	62.9	83.9	107.9	140.0	167.5	181.1	185.0	188.3
肉禽蛋类	67.0	92.0	100.1	130.0	138.8	147.3	147.9	154.5
奶制品	62.6	90.9	103.2	126.5	132.8	150.8	159.6	160.7
水果和蔬菜	56.9	82.1	106.4	149.0	177.7	198.2	203.1	204.6
食糖和糖果	65.3	90.5	105.8	124.7	137.5	150.2	152.3	154.0
油和脂肪	73.5	89.3	106.9	126.3	137.3	146.9	148.3	147.4
非酒精类饮料	41.3	91.4	104.3	113.5	131.7	133.0	134.3	137.8
其他食品	58.9	83.6	106.4	131.2	151.1	165.5	168.9	172.2
旅游食品	54.5	83.4	108.3	133.4	149.0	161.1	165.1	169.0
酒类饮料	65.9	86.4	106.4	129.3	153.9	165.7	169.7	174.7
住房	50.7	81.1	107.7	128.5	148.5	160.4	163.9	169.6
住所	48.8	81.0	109.8	140.0	165.7	182.1	187.3	193.4
主要居所租金	58.0	80.9	111.8	138.4	157.8	172.1	177.5	183.9
燃料和其他用品	45.4	75.4	106.5	111.6	123.7	128.5	128.8	137.9
天然气和电力	40.1	71.4	107.1	109.3	119.2	121.2	120.9	128.0
家具和家用	63.4	86.3	103.8	113.3	123.0	126.6	126.7	128.2
服装	72.5	90.9	105.0	124.1	132.0	133.0	131.3	129.6
男装和男童装	75.5	89.4	105.0	120.4	126.2	131.8	131.1	129.7
女装和女童装	85.5	96.0	104.9	122.6	126.9	126.0	123.3	121.5
鞋类	69.6	91.8	102.3	117.4	125.4	128.0	125.7	123.8
交通	50.1	83.1	106.4	120.5	139.1	141.6	144.4	153.3
私人交通	50.6	84.2	106.2	118.8	136.3	137.9	140.5	149.1
新机动车	62.9	88.4	106.1	121.4	139.0	143.4	142.9	142.8
二手车、卡车	43.8	62.3	113.7	117.6	156.5	150.6	152.0	155.8
汽油	45.1	97.5	98.6	101.0	99.8	91.6	100.1	128.6
公共交通	43.5	69.0	110.5	142.6	175.9	190.3	197.7	209.6

续表

	1975	1980	1985	1990	1995	1998	1999	2000
医疗保健	47.5	74.9	113.5	162.8	220.5	242.1	250.6	260.8
娱乐	62.0	83.6	107.9	132.4	153.9	–①	–①	–①
其他商品和服务	53.9	75.2	114.5	159.0	206.9	237.7	258.3	271.1
烟草产品	54.7	72.0	116.7	181.5	225.7	274.8	355.8	394.9
个人护理	57.9	81.9	106.3	130.4	147.1	156.7	161.1	165.6
个人护理产品	58.0	79.6	107.6	128.2	143.1	148.3	151.8	153.7
个人护理服务	57.7	83.7	108.9	132.8	151.5	166.0	171.4	178.1

①1987年以后劳工统计局停止跟踪这一类别，而开始跟踪新的“娱乐”类别。2000年“娱乐”类的指数是103.3；1999年是102.0；1998年是99.6；1997年是97.4；1995年是94.5。

美国的部分个人消费支出(1993—2000)

（单位:10亿美元）

	1993	1994	1995	1996	1997	1998	1999	2000
个人消费支出	4454.7	4716.4	4969.0	5237.5	5529.3	5856.0	6250.2	6728.4
耐用品	513.4	560.8	589.7	616.5	642.5	693.2	760.9	819.6
汽车及零部件	222.1	242.3	249.3	256.3	264.2	288.8	324.7	346.8
新车	82.1	86.5	82.2	81.9	82.5	87.9	98.0	105.0
购买旧车净值	38.8	43.0	50.0	51.4	53.1	54.9	57.6	59.1
其他机动车	68.9	77.7	80.2	84.3	89.0	104.5	124.7	136.5
轮胎、附件及其他部件	32.4	35.2	36.9	38.7	39.6	41.5	44.4	46.3
家具和家用设备	192.4	211.2	225.0	236.9	248.9	265.2	285.2	307.3
家具,包括床垫和床簧	41.8	45.1	47.5	50.9	53.8	56.7	60.0	64.1
厨房及其他家用器具	25.9	27.5	29.1	30.0	30.8	32.1	34.1	36.3
瓷器、玻璃器皿、餐具和用具	20.8	22.5	23.8	25.4	27.2	29.1	31.4	33.8
音像制品,包括乐器和计算机类产品	62.6	71.0	77.0	80.0	83.7	90.3	98.0	106.9
其他耐用家庭用品	41.3	45.1	47.7	50.5	53.5	57.1	61.7	66.1
其他(珠宝、书籍、体育用品和杂项)	98.9	107.2	115.4	123.3	129.4	139.3	151.0	165.5
非耐用品	1375.2	1438.0	1497.3	1574.1	1641.6	1708.5	1831.3	1989.6

续表

	1993	1994	1995	1996	1997	1998	1999	2000
食品	697.9	728.2	755.8	786.0	812.2	852.6	899.8	957.5
店外消费的食物	428.3	445.5	459.8	476.7	486.5	507.9	536.7	569.6
餐饮支出	261.7	274.5	287.5	300.5	316.6	335.4	353.4	378.0
提供给雇员的食物(包括军队)及农场生产和消费的食物	7.9	8.2	8.4	8.7	9.0	9.3	9.6	9.9
服装及鞋类	231.1	240.7	247.8	258.6	271.7	284.8	300.9	319.1
鞋	34.0	35.8	37.1	38.8	40.1	42.4	44.8	46.8
不包括鞋类的妇女及女童服装	128.4	132.3	135.5	140.8	148.0	154.6	164.0	175.1
不包括鞋类的男士及男童服装	68.6	72.5	75.2	78.9	83.6	87.7	92.1	97.2
汽油、燃料及其他能源产品	119.4	122.5	127.4	139.7	143.2	127.9	143.1	183.2
烟草产品	44.9	45.4	46.7	48.2	49.8	54.4	65.7	72.1
卫生间用品、药品及杂项	120.5	128.3	137.1	148.3	161.2	174.8	194.6	214.0
其他(家庭日用品、非耐用玩具及杂项)	161.5	172.9	182.6	193.3	203.4	214.2	227.2	243.7
服务	2566.1	2717.6	2882.0	3047.0	3245.2	3454.3	3658.0	3919.2
住宅	666.5	704.7	740.8	772.5	810.5	859.7	909.0	958.8
房主自用非农业住宅——占地费	475.2	502.6	529.3	555.4	585.5	625.0	664.6	702.7
房客租用非农业住宅——租金	160.3	169.3	177.0	180.6	186.1	194.0	201.3	209.3
农场住宅租金市值	5.6	5.9	6.0	6.2	6.4	6.7	7.2	7.7
其他	25.5	27.0	28.5	30.2	32.5	34.0	35.9	39.1
家用支出	268.9	284.0	298.1	317.3	333.0	345.6	359.7	385.7
气、水、电和其他卫生服务支出	151.9	156.0	160.9	169.5	173.0	173.0	175.8	189.7
电话和电报支出	74.6	82.7	87.8	97.1	105.0	112.9	122.3	131.3
其他	42.4	45.3	49.4	50.7	55.1	59.7	61.5	64.7
交通	166.2	180.9	197.7	214.2	234.4	246.3	257.4	272.8
自驾车辆交通	127.7	141.0	155.3	169.7	186.6	195.6	204.7	215.8

续表

	1993	1994	1995	1996	1997	1998	1999	2000
修理、停车、清洗、存放	97.6	110.0	122.2	134.2	146.3	153.6	163.6	173.4
其他自驾车辆交通支出	30.1	31.0	33.1	35.5	40.3	42.0	41.1	42.3
付费本地交通	9.5	10.0	10.4	11.2	11.6	12.3	12.4	13.0
公共交通系统	6.7	7.1	7.1	7.7	7.8	8.3	8.6	9.0
出租车	2.8	3.0	3.2	3.5	3.7	4.1	3.8	3.9
付费城际交通	29.1	29.8	32.1	33.3	36.2	38.4	40.3	44.0
铁路	0.6	0.6	0.6	0.6	0.7	0.7	0.7	0.8
长途汽车	1.6	1.5	1.6	1.8	1.8	1.9	2.0	2.2
飞机	23.3	23.7	25.5	26.2	29.0	30.8	32.3	35.8
其他	3.6	4.0	4.3	4.7	4.7	4.9	5.3	5.1
医疗保健	700.6	737.3	780.7	814.4	854.6	899.0	939.9	996.5
内科医疗费用	173.0	181.0	192.4	199.1	208.8	220.5	231.2	245.6
牙科医疗费用	39.9	42.9	46.5	48.4	51.9	55.1	58.3	62.1
其他专业服务	95.1	103.6	112.9	119.7	125.9	132.1	138.4	146.4
住院和家庭护理	339.2	353.9	370.9	390.8	408.9	427.8	446.6	472.4
医疗保险	53.5	55.8	58.0	56.6	59.3	63.6	65.3	70.0
娱乐	151.2	160.0	176.0	191.1	206.2	221.0	238.9	256.2
其他	612.6	650.7	688.7	737.5	806.5	882.6	953.1	1049.3
个人护理	48.9	51.0	53.8	58.0	60.6	65.4	70.6	77.5
个人商务	365.9	381.6	406.8	435.1	489.0	529.8	577.3	638.9
教育和研究	101.2	107.2	114.5	122.3	130.5	140.2	149.5	159.9
高等教育	55.7	59.2	62.9	66.1	69.4	74.0	77.4	80.6
幼儿、小学和中学教育	23.8	25.0	26.4	27.4	29.0	29.9	31.4	32.5
其他	21.8	23.0	25.2	28.8	32.1	36.3	40.7	46.8
宗教及社会福利活动	116.6	127.9	134.9	146.8	149.5	163.9	173.0	190.3
国外旅行净值	-20.1	-17.0	-21.4	-24.8	-23.1	-16.6	-17.2	-17.3
美国居民的国外旅行	48.7	53.0	54.1	57.6	63.6	68.8	72.3	80.7
减:非居民在美国的花费	68.7	69.9	75.4	82.4	86.7	85.4	89.6	97.9

注：由于四舍五入，子项之和可能与总数不相等。

美国零售物价指数（CPI—U）年度百分比变化（1989—2000年）

	1989	1990	1991	1992	1993	1994	1995	1996	1997	1998	1999	2000
所有项目	4.8	5.4	4.2	3.0	3.0	2.6	2.8	3.0	2.3	1.6	2.2	3.4
食品	5.8	5.8	2.9	1.2	2.2	2.4	2.8	3.3	2.6	2.2	2.1	2.3
住所	4.5	5.4	4.5	3.3	3.0	3.1	3.2	3.2	3.1	3.3	2.9	3.3
租金，住宅	3.9	5.6	6.1	2.5	2.3	2.5	2.5	2.7	2.9	3.2	3.1	3.6
燃料和其他公用事业消费	3.3	3.5	3.3	2.2	3.0	1.0	0.7	3.1	2.6	-1.8	0.2	7.1
服装及其保养	2.8	4.6	3.7	2.5	1.4	-0.2	-1.0	-0.2	0.9	0.1	-1.3	-1.3
私人交通	4.9	5.2	2.6	2.2	2.3	3.1	3.7	2.7	0.7	-2.2	1.9	6.1
新轿车	2.0	1.8	3.8	2.5	2.4	3.4	2.2	1.7	0.2	-0.6	-0.3	-0.1
汽油	9.5	14.1	-1.8	-0.2	-1.3	0.5	1.6	6.1	-0.1	-13.4	9.3	28.5
公共交通	5.0	10.1	4.4	1.7	10.3	3.0	2.3	3.4	2.6	1.9	3.9	6.0
医疗保健	7.7	9.0	8.7	7.4	5.9	4.8	4.5	3.5	2.8	3.2	3.5	4.1
娱乐	5.2	4.7	4.5	2.8	2.5	2.9	2.5	3.4	2.1	1.5	0.9	1.3
日用品	4.7	5.2	4.2	2.0	1.9	1.7	1.9	2.6	1.4	0.1	1.8	3.3

2000—2001年美国零售物价指数

1982—1984 = 100	2000年上半年	1999年下半年到2000年上半年的变化率（%）	2000年下半年	2000年上半年到2000年下半年的变化率（%）	2001年上半年	2000年下半年到2001年上半年的变化率（%）
全部项目						
食品、饮料	170.7	1.7	173.6	1.6	176.6	1.7
住宅	167.2	1.2	169.5	1.4	172.4	1.7
服装	167.5	1.6	171.4	2.1	175.5	2.4
交通	130.4	-0.3	128.8	-1.2	129.0	0.2
医疗保健	152.2	3.7	154.5	1.5	156.1	1.0
娱乐	258.2	2.2	263.3	2.0	270.1	2.6
其他商品和服务	102.9	0.9	103.8	0.9	104.6	0.8
服务	268.5	2.8	273.6	1.9	278.9	1.9
特别项目	193.1	1.6	197.3	2.1	201.9	2.3
除食品外的全部项目	171.5	1.9	174.4	1.6	177.5	1.8
除食品外的商品项目	138.7	2.5	139.7	0.7	140.5	0.6
非耐用品	157.1	2.8	159.2	1.3	161.3	1.3
能源	120.5	8.2	128.8	6.9	134.6	4.5
除能源外的全部项目	177.5	1.3	179.7	1.2	182.4	1.5

美国的国际收支往来

（单位：百万美元）

	1965	1970	1975	1980	1985	1990	1995	1999	2000
商品、服务与收入出口	42722	68387	157936	344440	382749	700455	991490	1242655	1418568
除军用品以外的商品(经调整)	26461	42469	107088	224250	215915	389307	575871	684553	772210
服务	8824	14171	25497	47584	73155	147824	218739	272800	293492
美国海外资产收入	7437	11748	25351	72606	93679	163324	196880	283092	350525
商品、服务与收入进口	-32708	-59901	-132745	-333774	-484037	-757758	-1086539	-1518106	-1809099
除军用品以外的商品(经调整)	-21510	-39866	-98185	-249750	-338088	-498337	-749431	-1029987	-1224417
服务	-9111	-14520	-21996	-41491	-72862	-120019	-147036	-189204	-217024
对美国的外国资产收入的支付	-2088	-5515	-12564	-42532	-73087	-139402	-190072	-291603	-360146
单边资金转移净值	-4583	-6156	-7075	-8349	-22700	-34588	-34046	-48913	-54136
资本项目转移净值	NA	NA	NA	NA	NA	NA	NA	-3491	705
海外资产净值(增加/资本流出[-])	-5716	-9337	-39703	-86967	-39889	-74011	-307207	-437067	-580952
美国官方储备资产净值	1225	2481	-849	-8155	-3858	-2158	-9742	8747	-290
官方储备资产以外的美国政府资产净值	-1605	-1589	3474	-5162	-2821	2307	-549	2751	-944
美国私人资产净值	-5336	-10229	-35380	-73651	-33211	-74160	-296916	-448565	-579718
在美国的外国资产净值(增加/资本流入[+])	742	6359	17170	62612	146383	140992	451234	813744	1024218
统计差异	-457	-219	4417	20886	17494	24911	-14931	-48822	696
备查:经常项目差额	5431	2331	18116	2317	-123987	-91892	-129095	-324364	-444667

美国对外贸易趋势（1790—2000）

1790年，美国进出口总额为4300万美元，贸易逆差300万美元。到2000年，美国的进出口总额已达近2万亿美元，而贸易逆差近年来大体呈上升趋势（经过一个世纪的贸易顺差之后），已达创纪录的4360亿美元。

（单位：百万美元）

年份	出口	进口	贸易平衡	年份	出口	进口	贸易平衡
1790	20	23	－3	1920	8228	5278	2950
1795	48	70	－22	1925	4910	4227	683
1800	71	91	－20	1930	3843	3061	782
1805	96	121	－25	1935	2283	2047	235
1810	67	85	－19	1940	4021	2625	1396
1815	53	113	－60	1945	9806	4159	5646
1820	70	74	－5	1950	9997	8945	1043
1825	91	90	1	1955	14298	11566	2732
1830	72	63	9	1960	19659	15073	4586
1835	115	137	－22	1965	26472	21520	5222
1840	124	98	25	1970	42681	40356	2325
1845	106	113	－7	1975	107652	98503	9149
1850	144	174	－29	1980	220626	244871	－24245
1855	219	258	－39	1985	213133	345276	－132143
1860	334	354	－20	1990	394030	495042	－101012
1865	166	239	－73	1991	421730	485453	－63723
1870	393	436	－43	1992	448164	532665	－84501
1875	513	533	－20	1993	465091	580659	－115568
1880	836	668	168	1994	512626	683256	－170630
1885	742	578	165	1995	584742	743445	－158703
1890	858	789	69	1996	625075	795289	－170214
1895	808	732	76	1997	689182	870671	－181489
1900	1394	850	545	1998	682138	911816	－229758
1905	1519	1118	401	1999	695797	1024618	－328821
1910	1745	1557	188	2000	781918	1218022	－436104
1915	2769	1674	1094				

美国与部分国家和主要地区的贸易（2000）

（单位：百万美元；国家按与美国贸易总额的大小排序）

国家	与美国的贸易额	美国对其出口	排名①	美国自其进口	排名①	与美国的贸易平衡	排名②
加拿大	409779.3	178941.0	1	230838.3	1	－51897.3	3
墨西哥	247275.4	111349.0	2	135926.4	3	－24577.4	5
日本	211403.8	64924.4	3	146479.4	2	－81555.0	2
中国	116203.7	16185.3	11	100018.4	4	－83833.2	1
德国	87961.2	29448.4	5	58512.8	5	－29064.4	4
英国	84915.5	41570.4	4	43345.4	6	－1774.6	32
韩国	68137.7	27830.0	6	40307.7	8	－12477.7	10
台湾地区	64908.7	24405.9	7	40502.8	7	－16096.8	6
法国	50161.6	20361.5	9	29800.1	9	－9438.6	13
新加坡	36984.6	17806.3	10	19178.3	12	－1372.0	36
马来西亚	36505.7	10937.5	17	25568.2	10	－14630.7	7
意大利	36103.0	11060.3	16	25042.7	11	－13982.4	8
荷兰	31506.6	21836.0	8	9670.6	26	12165.5	230
巴西	29173.4	15320.9	12	13852.5	18	1468.3	224
香港地区	29173.4	15320.9	12	13825.5	18	1468.3	224
比利时—卢森堡	24584.0	14323.1	14	10260.9	24	4062.2	228
委内瑞拉	24173.1	5549.9	25	18623.2	13	－13703.2	9
爱尔兰	24177.1	7713.5	21	16463.6	14	－8750.1	14
泰国	23002.8	6617.5	22	16385.3	15	－9767.8	12
菲律宾	22733.9	8799.2	19	13934.7	17	－5135.5	21
以色列	20710.3	7745.9	20	12964.4	19	－5218.6	20
沙特阿拉伯	20598.8	6234.1	24	14364.7	16	－8130.6	15
瑞士	20113.5	9953.6	18	10159.9	24	－206.3	64
澳大利亚	18920.4	12482.3	15	6438.1	30	6044.2	229
印度	14353.8	3667.2	31	10686.6	21	－7019.5	17
主要地区/集团							
北美	657054.8	290290.1	NA	366764.7	NA	－76474.7	NA
西欧	422170.9	181509.3	NA	240661.6	NA	－59152.3	NA
欧元区	279731.7	116211.8	NA	163519.9	NA	－47308.1	NA

续表

国 家	与美国的贸易额	美国对其出口	排名①	美国自其进口	排名①	与美国的贸易平衡	排名②
欧盟	385083.0	165064.5	NA	220018.5	NA	-54954.0	NA
欧洲自由贸易联盟	28174.1	11770.2	NA	16403.9	NA	-4633.7	NA
东欧	22043.3	5938.7	NA	16104.6	NA	-10165.9	NA
前苏联各共和国	13719.8	3398.9	NA	10320.9	NA	-6922.0	NA
经合组织	420078.6	180584.3	NA	239494.3	NA	-58910.0	NA
环太平洋国家	620583.2	202574.8	NA	418008.4	NA	-215433.5	NA
亚洲/中东	57967.2	19005.6	NA	38961.6	NA	-19956.0	NA
亚洲/新兴工业国	196061.9	84624.2	NA	111437.7	NA	-26813.5	NA
亚洲/南亚	22119.4	4616.4	NA	17503.0	NA	-12886.6	NA
东盟	133393.2	46750.3	NA	86642.9	NA	-39892.6	NA
亚太经合组织	1320628.3	506992.1	NA	813616.2	NA	-306644.2	NA
中南美洲	132630.6	59282.7	NA	73347.9	NA	-14065.1	NA
拉美20国集团	367009.8	163754.3	NA	203255.5	NA	-39501.2	NA
中美洲共同市场	20863.1	9105.4	NA	11757.7	NA	-2652.3	NA
拉美自由贸易区	334490.6	147980.4	NA	186510.2	NA	-38529.8	NA
北约	819218.6	355363.0	NA	463855.2	NA	-108492.3	NA
欧佩克	86167.5	19077.5	NA	67090.0	NA	-48012.5	NA
世界各国总额	1999939.7	781917.7	NA	1218022.0	NA	-436404.4	NA

①表中排名是按其左边数据栏来排列的。②排名按美国贸易逆差的规模而定。NA=无数据。由于四舍五入及数据不全，具体数字可能与总数不符。

表中各地区的定义是：北美——加拿大，墨西哥。西欧——安道尔，奥地利，比利时，波斯尼亚黑塞戈维那，克罗地亚，塞浦路斯，丹麦，法罗群岛，芬兰，法国，德国，直布罗陀，希腊，冰岛，爱尔兰，意大利，列支敦士登，卢森堡，马其顿，马耳他和戈佐岛，摩纳哥，荷兰，挪威，葡萄牙，圣马力诺，斯洛文尼亚，西班牙，斯瓦尔巴/扬马延岛，瑞典，瑞士，土耳其，英国，梵蒂冈，南斯拉夫。欧元区——奥地利，比利时，芬兰，法国，德国，爱尔兰，意大利，卢森堡，荷兰，葡萄牙，西班牙。欧盟——比利时，丹麦，法国，德国，希腊，爱尔兰，意大利，卢森堡，荷兰，葡萄牙，西班牙，英国。欧洲自由贸易联盟——奥地利，芬兰，冰岛，列支敦士登，挪威，瑞典，瑞士。东欧——阿尔巴尼亚，亚美尼亚，阿塞拜疆，白俄罗斯，保加利亚，捷克，爱沙尼亚，格鲁吉亚，匈牙利，哈萨克斯坦，吉尔吉斯斯坦，拉脱维亚，立陶宛，摩尔多瓦，波兰，罗马尼亚，俄罗斯，斯洛伐克，塔吉克斯坦，土库曼斯坦，乌克兰，乌兹别克斯坦。前苏联各共和国——亚美尼亚，阿塞拜疆，白俄罗斯，爱沙尼亚，格鲁吉亚，哈萨克斯坦，吉尔吉斯斯坦，拉脱维亚，立陶宛，摩尔多瓦，波兰，罗马尼亚，俄罗斯，斯洛伐克，塔吉克斯坦，土库曼斯坦，乌克兰，乌兹别克斯坦。经合组织——（经济合作与发展组织）奥地利，比利时，丹麦，芬兰，法国，德国，希腊，冰岛，爱尔兰，意大利，列支敦士登，卢森堡，摩纳哥，荷兰，挪威，葡萄牙，圣马力诺，西班牙，斯瓦尔巴/扬马延岛，瑞典，瑞士，土耳其，英国。环太平洋国家/地区——澳大利亚，文莱，加拿大，智利，中国，香港地区，印度尼西亚，日本，韩国，澳门地区，马来西亚，墨西哥，新西兰，巴布亚新几内亚，菲律宾，新加坡，台湾地区。亚洲/中东——巴林，伊朗，伊拉克，以色列，约旦，科威特，黎巴嫩，阿曼，卡塔尔，沙特阿拉伯，叙利亚，阿联酋，也门。亚洲新兴工业国——中国香港特别行政区，韩国，新加坡，台湾地区。亚洲/南亚——阿富汗，孟加拉国，印度，尼泊尔，巴基斯坦，斯里兰卡。东盟——（东南亚国家联盟）文莱，印度尼西亚，马来西亚，菲律宾，新加坡，泰国。亚太经合组织——（亚太经济合作组织）澳大利亚，文莱，加拿大，智利，中国，香港地区，印度尼西亚，日本，韩国，马来西亚，墨西哥，新西兰，巴布亚新几内亚，秘鲁，菲律宾，俄罗斯，新加坡，台湾地区，泰国，越南。中南美洲——安圭拉岛，安提瓜和巴布达，阿根廷，阿鲁巴岛，巴哈马，巴巴多斯，伯利兹，百慕大，玻利维亚，巴西，英属维尔京群岛，开曼群岛，智利，哥伦比亚，哥斯达黎加，古巴，多米尼加，多米尼加共和国，厄瓜多尔，萨尔瓦多，福克兰群岛，法属圭亚那，格林纳达，危地马拉，圭亚那，海地，洪都拉斯，牙买加，马提尼克岛，蒙特塞拉特岛，荷属安德烈斯群岛，尼加拉瓜，巴拿马，巴拉圭，秘鲁，圣基茨—内维斯，圣卢西亚，圣文森特和格林纳达，苏里南，特立尼达和多巴哥，特克斯和凯科斯群岛，乌拉圭，委内瑞拉。拉美20国集团——阿根廷，玻利维亚，巴西，智利，哥伦比亚，哥斯达黎加，古巴，多米尼加共和国，厄瓜多尔，萨尔瓦多，危地马拉，海地，洪都拉斯，墨西哥，尼加拉瓜，巴拿马，巴拉圭，秘鲁，乌拉圭，委内瑞拉。中美洲共同市场——哥斯达黎加，萨尔瓦多，危地马拉，洪都拉斯，尼加拉瓜。拉美自由贸易区（LAFTA）——阿根廷，玻利维亚，巴西，智利，哥伦比亚，厄瓜多尔，墨西哥，巴拉圭，秘鲁，乌拉圭，委内瑞拉。北约——（北大西洋公约组织）比利时，加拿大，丹麦，法国，德国，希腊，冰岛，爱尔兰，意大利，列支敦士登，卢森堡，摩纳哥，荷兰，挪威，葡萄牙，圣马力诺，西班牙，斯瓦尔巴/扬马延岛，瑞典，瑞士，土耳其，英国。欧佩克——（石油输出国组织）阿尔及利亚，印度尼西亚，伊朗，伊拉克，科威特，利比亚，尼日利亚，卡塔尔，沙特阿拉伯，阿拉伯联合酋长国，委内瑞拉。

按主要商品种类分类的美国进出口（2000）

（单位：百万美元）

商品种类	出口	进口	商品种类	出口	进口
总额	781918	1218022	珠宝	1574	6459
农产品	51296	39186	照明、管道	1384	5104
动物饲料	3780	597	金属制品[1]	13453	16204
谷物面粉	1310	1753	金属加工机械	6191	7726
咖啡	9	2350	镍制品	401	1425
玉米	4695	160	光学产品	3246	4019
原棉和短绒	1893	28	纸和纸板	10640	15185
毛皮	1426	109	照相设备	4236	6896
鲜活动物	859	1930	塑料制品[1]	7607	8034
肉及肉制品	7004	3841	铂制品	888	5566
动植物油脂	814	1188	陶瓷	114	1805
大米	855	180	发电设备	32473	33773
大豆	5284	34	印刷品	4776	3680
糖	4	461	录音/磁带介质产品	5395	5172
未加工的烟草	1204	569	橡胶制品[1]	1673	1962
蔬菜和水果	7477	9286	橡胶轮胎和橡胶管	2379	4785
小麦	3374	229	科学仪器	30984	22007
制成品	625894	1012855	船	1070	1178
自动数据设备；办公设备	46595	92133	银和银块	227	775
飞机部件	15062	5572	航天器	158	217
飞机	24777	12412	专用机器设备	30959	22711
铝制品	3780	6949	电视、录像机等	27291	70468
艺术品/古董	1387	5864	纺织用纱、纤维	10534	15171
编制品等	3309	4840	玩具/游戏/体育用品	3609	20011
化学品——化妆品	5292	3539	旅游用品	351	4430
化学品——染色品	4089	2667	车辆	57421	161544
化学品——化肥	2249	1684	钟表及部件	348	3481
化学品——无机制品	5359	6108	木制品	1842	7228
化学品——药品	12893	14685	**矿物燃料**	13179	135367
化学品——其他[1]	12264	5725	煤	2162	805
化学品——有机制品	17990	28578	原油	463	89876

续表

商品种类	出口	进口	商品种类	出口	进口
化学品——塑料	19519	10647	液化丙烷和丁烷	663	1508
服装	8191	64296	其他矿物燃料	3320	2194
铜制品	1425	4471	天然气	411	12594
机电产品	89917	108747	石油制品	5746	25673
鞋类	663	14842	**部分其他商品:**		
家具及床上用品	4744	18923	蒸馏酒精饮料	424	2946
宝石、钻石	1289	12068	香烟	3304	258
一般工业机械	33094	34667	软木、木材	4320	8227
玻璃	2502	2248	天然肥料	1724	1399
玻璃制品	865	1918	鱼及鱼制品	2806	9907
非货币黄金	5898	2657	金属矿石、废金属	4234	3817
钢铁制品	5715	15807	纸浆和废纸	4576	3381

①未在其他地方说明的。注：并未列出每一商品种类中的所有产品。

美国在部分国家和地区的对外直接投资

（单位：百万美元）

	1990	1999	2000
所有国家和地区	42408667033	1130789	1244654
加拿大	67033	111051	126421
欧洲	211194	588341	648731
奥地利	889	3711	3676
比利时	9050	17347	16409
丹麦	1597	4123	5618
芬兰	551	1290	1279
法国	18874	40009	39087
德国	27259	50892	53610
希腊	288	604	672
爱尔兰	6880	26084	33369
意大利	13117	17914	23622
卢森堡	1390	16484	19470
荷兰	22658	105571	115506

续表

	1990	1999	2000
挪威	3815	6181	6303
葡萄牙	598	1463	1784
西班牙	7704	13244	14561
瑞典	1600	10200	11371
瑞士	25199	48849	54873
土耳其	494	1235	1378
英国	68224	212007	233384
其他	NA	11135	12760
南美洲	23760	74743	79354
阿根廷	2956	14175	14489
巴西	14918	34276	35560
智利	1368	10105	10846
哥伦比亚	1728	3854	4423
厄瓜多尔	387	1035	838
秘鲁	410	2705	3317
委内瑞拉	1490	7342	8423
中美洲	17719	68456	74754
哥斯达黎加	NA	1539	1983
危地马拉	NA	578	904115
洪都拉斯	NA	126	35414
墨西哥	9398	32262	35407
巴拿马	7409	33027	85280
其他拉丁美洲国家	30113	77506	668
巴哈马	3309	702	1227
巴巴多斯岛	NA	1065	54114
百慕大群岛	21737	47119	1126
多米尼加共和国	NA	956	2596
牙买加	604	2311	3725
荷属安地列斯群岛	－2229	3652	1331
特立尼达和多巴哥	508	1329	20165
英属加勒比海各岛	4800	19767	15813
非洲	4861	14884	2735
埃及	1465	2190	1283

续表

	1990	1999	2000
尼日利亚	161	1462	2826
南非	956	2905	11851
中东	3973	10519	3426
以色列	756	3051	4784
沙特阿拉伯	1981	4426	573
阿拉伯联合酋长国	519	557	199599
亚洲与大洋洲	61869	181882	35324
澳大利亚	14846	34776	9577
中国	NA	8058	23328
香港地区	6187	20092	
印度	513	1402	1258
印度尼西亚	3226	10495	11605
日本	20997	49438	55606
韩国	2178	8559	9432
马来西亚	1384	5820	5995
新西兰	3131	5433	5340
菲律宾	1629	3136	2910
新加坡	3385	20117	23245
台湾地区	2014	6513	7737
泰国	1585	6809	7124
欧盟	NA	520942	573416
东欧	NA	9581	11009
石油输出国组织	NA	29152	32401

部分国家和地区在美直接投资

（单位：百万美元）

	1998	1999	2000
所有国家和地区	793748	965632	1238627
加拿大	74143	76526	100822
欧洲	528601	670030	890611
奥地利	1969	3203	3172
比利时	10966	10037	14186
丹麦	3312	5226	5905
芬兰	4106	4967	5473
法国	58051	82276	119069
德国	94404	111706	122846
爱尔兰	12484	15621	23031
意大利	4143	4709	6409
卢森堡	26650	57047	83304
荷兰	98926	125775	152432
挪威	3833	3089	2441
西班牙	2285	2746	8860
瑞典	15139	20843	27389
瑞士	48403	53706	81698
英国	143165	166900	229762
中、南美洲	9819	8365	8671
巴西	635	740	846
墨西哥	2432	1730	2471
巴拿马	6504	5475	4004
其他拉丁美洲国家	18034	29739	34029
巴哈马	2077	1581	1385
百慕大群岛	3740	12590	14942
荷属安地列斯群岛	2844	3153	3515
英属加勒比海各岛	9009	11082	12513
非洲	862	1547	2119
中东	6346	4432	8373
以色列	2084	2485	3183
科威特	NA	916	957
沙特阿拉伯	NA	946	NA
阿拉伯联合酋长国	43	13	79
亚洲与大洋洲	155943	174993	194032
澳大利亚	12883	13230	14487
香港地区	1578	883	1494
日本	134590	153119	163215
韩国	974	1853	2696
马来西亚	100	71	35
新加坡	1561	1370	7661
台湾地区	3144	2990	3224
欧盟	NA	611171	802712
石油输出国组织	NA	2129	6229

2001年联邦公司税率

应税收入	税率（%）
50000美元或50000美元以下	15
50001美元至75000美元	25
75001美元至100000美元	34
100001美元至335000美元	39
335001美元至10000000美元	34
10000001美元至15000000美元	35
15000001美元至18333333美元	38
18333333美元以上	35

注：私人服务公司（律师或医生等专业人士所采用）纳35%的固定统一税率。

美国资本收益税

截止日期：2001年10月

年份	最高税率（%）	年份	最高税率（%）
1960	25.0	1987	28.0
1970	29.5	1988	33.0
1971	32.5	1990	28.0
1972	35.0	1997	20.0
1978	28.0	1999	20.0
1981	20.0	2001	20.0/18.0

美国经济常用词汇

国民生产总值（GNP） 指国家全部最终商品和劳务产出的市场价值。它衡量的是一个国家的公民提供的劳动力和财产等生产要素所创造的产出。它包括了折旧和间接营业税（如销售税、财产税等）。

国内生产总值（GDP） 衡量的是实际位于一个国家内部的全部生产要素所创造的产出，它排除了包括在国民生产总值中的来自国外的财产纯收入（如在国外工作的美国公民的收入）。从支出项目来看，像国民生产总值一样，它包括了消费者和政府对商品和劳务的购买、国内私人投资总额和纯出口总额。为了去除通货膨胀因素，在用美元对国民生产总值和国内生产总值进行估值时，美国政府现今是以 1992 年作为美元定值的基准年。

资本消耗调整（Capital consumption adjustment） 指所得税返还表中申报的资本消耗（折旧）与用直线折旧法、使用年限和更新成本计算的资本消耗之间的差额。这种调整方式主要用于公司、非农业的单人企业及合伙企业。

存货估价调整（Inventory valuation adjustment） 指生产中使用的存货的账面价值与存货重置成本之间的差额。它是美国商务部在计算国民收入时，用来纠正公司盈利数额的一种方法。

平均收入（Mean income） 指一个群体的总收入除以该群体包含的单位（或个人）总个数所得的平均值。

中间收入（Median income） 指一个群体按每个单位（或个人）收入的多寡排序后，处于中间位置的那个单位（或个人）的收入。

国内私人投资（Private domestic investment） 由 3 部分组成：（1）非住宅固定投资，如公司对工厂、设备等生产资料的购买；（2）住宅固定投资，如单一家庭或复合家庭的住宅建筑；（3）工商业手头的大批原料和制成品存货的变更。

套利（arbitrage） 在至少两个存在差价的市场上同时买卖一种商品或货币的行为。套利者在一个市场上以低价买进一种资产，而在另一个此种资产价格较高的市场上将其卖出，以此谋利。

熊市与牛市（Bear/bull market） 熊市指价格普遍下跌的股市，牛市则指价格普遍上涨的股市。因为，预期股市将下跌而卖出股票或债券以期在以后再买进的投机者，被人们称做“熊”；预期股市将上扬而买进以期在以后卖出的投机者被称做“牛”。

蓝筹股（Blue chip stock） 指那种由具有良好的管理及不断增长的利润记录的著名公司发行的价高利低，但被看做是安全投资的股票。

债券（Bond） 要求发行者在一定期限内每年（或在特定日期）付一定数量的利息，到期时归还本金的书面债务承诺。

资本收益（Capital gain） 一项资产的市值高于购买原价的部分在出售这项资产时得到实现。

资本损失（Capital loss） 一项资产的市值低于购买原价的部分在出售这项资产时得到实现。

普通股（Common stock） 使持有者有权作为该种证券所属公司的部分所有者，并因此而有权获得一份以股息形式支付的公司利润和一项在股东选举中的投票权利的凭证。

优先股（Preferred stock） 类似普通股，但持有者无投票权，却可在普通股持有者获得股息前按固定比率得到股息。

公司债券（Corporate bonds） 要求公司在一定期限内每年支付一定数量的利息，到期时归还本金的债务证券。此种证券的持有者对公司资产没有所有权，因此不能要求支付股息。但公司对债券持有者的支付优先于对股票持有者的支付。

可转换债券（Convertible bond） 持有者可根据自己意愿用它来兑换同一公司的股票的一种公司债券。

信用债券（Debentures） 或称无担保品债券。它是公司为其商业或工业活动筹措资金而发行的一种不以特定的财产留置或抵押作担保的债券。它一般是依据契约或信托证书来发行，多为资信程度高的名牌公司、有形资产不足的服务公司或已没有资产可抵押的公司所采用。

资产剥离（Devestiture） 指一个公司出售该公司的一条或几条生产线、一个或几个分厂或生产部门的行动。在完成资产剥离后，这个公司依然存在，不过规模比以前小了，或许是更精干了。

股息（Dividends） 公司从利润中以现金或追加股份的形式向普通股和优先股的股东支付的报酬。这是股东们的一种投资收益。

道—琼斯平均指数（Dow Jones Averages） 由《华尔街日报》的出版者道—琼斯公司于1896年开始正式公布的股票价格平均数。这些股票全部是在纽约证券交易所上市。如今，它们主要由4项股票价格平均指数构成，包括：30种工业蓝筹股平均指数，20种运输业股票平均指数，15种公用事业股票平均指数，以及这65种股票的综合平均指数。其中，30种工业股票平均指数最负盛名，被称为道—琼斯工业股票平均指数（Dow Jones Industrial Average），它已成为人们衡量美国股市运作状况的主要标准之一。

标准—普尔500种股票综合价格指数（Standard & Poor's 500 Composite Stock Price Index） 简称“标准—普尔500指数”（S&P 500），是美国最大的证券研究机构标准—普尔公司于1957年开始公布的500种上市公司普通股的价格加权总指数。500种股票中包括400种工业股票，40种公用事业股票，20种运输业股票，40种金融业股票。加权计算是以每种股票在市场上的价值及出售的数量为依据的，并考虑到了以股息再投资后的全部收益。该项指数是美国商务部使用的12项主要经济指标之一。除了这项指数外，标准-普尔公司还计算和公布另外136项证券价格指数。

纳斯达克股市（NASDAQ Stock Market） 位于纽约市的美国三大证券交易所之一［其余两个分别是纽约证券交易所（New York Stock Exchange）和主要为小投资者和小公司进行交易而设立的美国证券交易所（The American Stock Exchange），这两个交易所也都位于纽约市］。“纳斯达克”的全称为“全国证券商协会自动化报价系统”（The National Association of Securities Dealers Automated Quotations），“纳斯达克”是其英文名称字头缩写的音译。该交易所建立于1971年，是最先使用计算机和高技术电信设备进行交易和监视交易的证券交易所，如今也是证券交易数量最大的交易所。在该交易所上市的股票中，最突出最活跃的是计算机及其外围设备、计算机软件、微电子等高新技术行业的股票，因此该交易所的股票价格综合指数通常被认为反映了这一行业的经营状况。此项股票价格指数被称为纳斯达克指数。

企业（Establishment） 美国经济统计中表示最基本的工商业单位的一个概念。它表示的是诸如一个制造厂、一个装配厂、一个零售商店、一个仓库等从事工商业活动的一个典型单位，在这个单位中或生产商品，或储存商品，或加工商品，或从事服务等。

厂商（Firm） 美国经济统计中使用的一个概念，表示的是拥有和（或）经营一个或一个以上企业的工商业组织。有时，或在其他场合，也常被称为公司（Company，Enterprise，Business venture）。厂商主要有3种类型：一是独资经营厂商，它由一个个人直接拥有；二是合伙经营厂商，它由两个或数个固定的人分享所有权；三是股份有限公司（Corporation），它由政府发放执照，准许它通过出售普通股票和优先股票获得更多的金融资本、通过出售债券获得更多的借贷资本，并在一旦破产时承担有限责任。

期货市场（Futures market/forward market） 指现在按固定价格买卖商品或证券，而在将来的某个特定日期交货的一种市场。美国的期货交易市场目前有：美国证券交易所，芝加哥商会，芝加哥商会期权交易所，芝加哥商业交易所，芝加哥稻米和棉花交易所，商品交易所（纽约），堪萨斯城商会，美国中部商品交易所（芝加哥），明尼阿波利斯谷物交易所，纽约咖啡、食糖和可可交易所（包括柑橘等），纽约棉花交易所，纽约期货交易所，太平洋证券交易所（洛杉矶和旧金山），以及费城证券交易所。

绿票讹诈（Greenmail） 从“敲诈”（Blackmail）一词衍生而来，它是指一种股市交易行为。讹诈者从股市上购买一家厂商或一个贸易公司的足够数量的股票，然后威胁要收购这家厂商或公司，从而迫使该厂商或公司的所有者为保持其控制权而以高价回购这些股票。

内幕知情人交易（Insider trading） 在股市上以未公开的情报为基础所进行的秘密交易。这种交易在美国和许多国家中均属违法，对从事此种交易的公司或个人可判处罚款或监禁。近年来，美国对此种交易行为的罚款数额越来越大。80年代经营垃圾债券市场的美国投资银行德雷克塞尔—伯纳姆—兰伯特公司，曾因违反包括内幕知情人交易在内的6项证券交易法规定而被判罚6.5亿美元，其垃圾债券经营主管迈克尔·米尔肯（Michael Milken）也被判10年监禁；投资商伊凡·博伊斯基（Ivan Boesky）则因在此案中从事内幕知情人交易而被判1亿美元罚款并遭监禁。

垃圾债券（Junk bond） 指信用等级低、投资风险大，但投资收益高的债券。因此有时又被称做高收益债券（High – yield bond）。垃圾债券据说是得名于80年代美国的“垃圾债券大王”、曾为这类债券在二级证券市场上公开交易进行担保的投资银行家迈克尔·米尔肯。他在审查一家公司发行的低等级债券时，被其信用的糟糕程度所震惊而叫道：“这些债券都是些垃圾！”这类债券的投资信用等级通常等于或低于穆迪信用等级的“Ba”或标准—普尔信用等级的“BB”，甚至根本就没有任何信用等级。垃圾债券的发行者通常是受到限制无法从银行贷款，但又急需为企业发展筹集资本的小公司。整个80年代，美国垃圾债券市场有了突飞猛进的发展，到80年代末，由于这类债券的未偿拖欠率猛增以及它的主要经营者德雷克塞尔—伯纳姆—兰伯特公司倒闭，导致垃圾债券市场崩溃。

杠杆收购（Leveraged buyout） 60年代出现、80年代兴盛的一种企业资产购置形式，因而也是并购的一种形式。在这类资产购置中，企业用于购置的资金大部分来源于以该企业部分资产为担保的借贷，因而企业也就承担了以未来的利润或出售企业部分资产偿还债务的义务。典型的杠杆收购是由包括企业高级经理人员在内的一小撮股东(有时也包括数目更多的股东)，为抵制竞争者的敌意收购或达到其他目的，而用从银行等金融机构得到的贷款来购置本企业。

共同基金（Mutual fund） 20年代诞生、80年代兴盛于美国的一种集合经营的投资基金。在这种基金组织中，投资者将自己的资金集合在一起形成规模较大的金融资产，由专业投资人员负责经营和管理，用其买卖各种证券、黄金或其他资产，以获取投资收益。相对于个人投资者而言，共同基金由于资金量大，可以投资于多种证券和金融资产而形成有优势的投资组合，加之有专业人员的运作，因此可以降低投资风险，增加投资收益。

期权（Option） 指在一定时期内以固定价格买卖商品或证券的特权，或确认这种特权的合同。对于股票来说，这种时期--般为3个月。卖出的特权或合同称为“出售期权”(put option)，买进的特权或合同称为“买进期权”（call option)，既可以卖出又可以买进的期权称为“双重期权”(double option)。由于市场交易价格因上涨或下落而可能高于或低于期权合同所规定的价格，因此，购买了或拥有期权的人便可从中获利。正因为如此，期权也可以作为期货合同在市场上进行交易。

场外交易股票（Over - the - counter stock） 指没有在交易所上市而在个人之间进行交易的股票。这个词起源于18世纪的商人不通过经纪人或拍卖商、在自己店铺的柜台上直接将股票出售给投资者的做法。

信用评级（Rating） 对债务凭证或公司债务的质量进行的评估。美国主要的两个信用评级机构是标准—普尔公司和穆迪投资服务公司。信用评级衡量的是债券的利息和本金支付的安全度。从最安全到最不安全债券，标准—普尔评估的信用等级分为：AAA级，AA级，A级，BBB级，BB级，B级，CCC级，CC级，C级，D级；穆迪评估的信用等级分为：Aaa级，Aa级，A级，Baa级，Ba级，B级，Caa级，Ca级，

C级。

金融衍生工具（Derivatives） 指诸如期权之类的金融合同，其价值来源于或衍生于一种基础金融资产的价格或如股票、利息这类金融资产表示物的价格。

金降落伞（Golden parachute） 指某些高级企业管理人员的雇用合同中的那些保证他们在公司被兼并后失去其职务时有权获得数量可观的退职福利金的条款。

对冲基金（Hedge fund） 由少数大投资者（通常其最低投资额在100万美元以上）以有限合伙人身份建立的一种弹性投资基金。对冲基金可以使用多种投资方式（包括共同基金被禁止使用的一些方式，如卖空、巨额借贷投资等）进行投资活动。因此，这种投资基金对股市、汇市的冲击极大。

程序交易（Program trading） 通常与计算机程序一起使用的、涉及大量或大宗股票的交易方式。这类交易方式包括可以使交易者从基于股票指数的股票合同与期货合同之间的差价获取利润的指数套利（index arbitrage），以及用股指期货合同来保护股票投资者在股市下跌时免遭大的损失的投资组合保险（portfolio insurance）等。

零息票债券（Zero coupon bond） 公司或政府发行的一种不带息票的债券。此种债券以低于票面价值的较大折扣发行，到期前不付利息，到期时按票面价值偿付。

美国教育统计资料

美国各类学校数量

（1998）

学校	总数	公立	私立
小学	80197	63574	16623
中学	24590	22103	2487
中小学合校	12062	3770	8292
其他学校	NA	1615	NA
中小学校总数	118464	91062	27402
4年制大学	2343	613	1730
2年制大学	1727	1075	652
大学总数	4070	1688	2382

NA表示未获得统计数字。

公立中小学收入*

学年	总额（亿美元）	联邦（%）	州（%）	地方（%）
1970	403	8	39.9	52.1
1980	969	9.8	46.8	43.4
1985	1373	6.6	48.9	44.4
1990	2085	6.1	47.3	46.6
1991	2233	6.2	47.2	46.7
1992	2346	6.6	46.4	47.0
1993	2476	7	45.8	47.2

续表

学年	总额（亿美元）	联邦（%）	州（%）	地方（%）
1994	2601	7	45.5	47.8
1995	2731	6.8	46.8	46.4
1996	2877	6.6	47.5	45.9
1997	3050	6.6	48.0	45.4
1998	3260	6.8	48.4	44.8

* 这些收入包括来自联邦、州、县和地方政府总资金中的财政拨款；为教育目的而征收的税款；来自学校永久基金的收入和捐款；学校地产出租的收入以及其他杂项收入（包括银行存款利息、学费、礼品、学校午餐费等）。

教育经费支出

（单位：亿美元）

学年	总额	占 GDP 比例%	公立中小学	每学生平均①	私立中小学	公立大学	私立大学
1969—1970	684.6	7.0	406.8	3736	25	162.3	90.4
1979—1980	1656.3	6.5	959.6	4770	72	414.3	210.3
1989—1990	3815.3	7.0	2127.7	6591	182	963.9	541.7
1990—1991	4126.5	7.2	2294.3	6626	195	1044.3	592.9
1991—1992	4329.9	7.3	2410.5	6587	202	1086.6	630.7
1992—1993	4560.7	7.3	2529.4	6587	214	1151.7	665.7
1993—1994	4772.4	7.3	2653.1	6633	222	1195.7	701.6
1994—1995	5039.3	7.1	2790.0	6988	234	1275.9	739.3
1995—1996	5295.9	7.2	2936.5	7060	246	1327.5	785.9
1996—1997	5622.5	7.2	3131.5	7206	258	1396.0	836
1997—1998②	5962.0	7.2	3343.2	7475	271	1467.0	881
1998—1999②	6232	7.1	3492	7608	277	1524	939
1999—2000③	6468	7.0	3606	7597	284	1597981	

注：①指公立中小学秋季入学每个学生的平均数，单位为以消费价格指数为基础的 1999—2000 年度不变价格的美元。②初步统计数字。③估计数字。

获捐赠资产最多的20所美国高校情况

（截止到2000年6月30日）

学校（地址）	捐赠资产（亿美元）	创办年代	学费（美元）	食宿费（美元）	学生人数	教工人数
1. 哈佛大学（麻省剑桥）	188.44	1636	25128	7982	17850	2336
2. 耶鲁大学（康涅狄格州纽黑文）	100.85	1701	25220	7660	11032	NA
3. 得克萨斯大学[①]（得克萨斯州）	100.13	1883	3575	5113	49996	2580
4. 斯坦福大学（加州斯坦福）	86.49	1891	24441	8030	18549	1671
5. 普林斯顿大学（新泽西州普林斯顿）	83.98	1746	25430	7206	6547	914
6. 麻省理工学院（麻省剑桥）	64.76	1861	26050	7175	10090	1763
7. 加利福尼亚大学[②]（加利福尼亚州）	56.40	1868	4047	8670	31347	1773
8. 埃默里大学（佐治亚州亚特兰大）	50.33	1836	24532	7868	11294	NA
9. 哥伦比亚大学[③]（纽约市）	42.64	1754	25922	7939	3913	NA
10. 华盛顿大学（密苏里州圣路易斯）	42.35	1853	24745	7724	12118	1192
11. 得克萨斯农业机械大学[④]（得克萨斯州）	42.06	1876	3374	5164	44026	2123
12. 芝加哥大学（伊利诺伊州芝加哥）	38.29	1891	25239	8070	12531	1860
13. 密歇根大学[⑤]（密歇根州）	34.68	1817	6513	5780	37595	2633
14. 康奈尔大学（纽约州伊萨卡）	34.37	1865	10922	8086	18995	1753
15. 莱斯大学（得克萨斯州休斯敦）	33.72	1912	16400	6850	4171	NA

续表

学校（地址）	捐赠资产（亿美元）	创办年代	学 费（美元）	食宿费（美元）	学生人数	教工人数
16. 西北大学（伊利诺伊州埃文斯顿）	33.68	1851	24648	7471	15663	2528
17. 宾夕法尼亚大学（宾夕法尼亚州费城）	32.00	1740	25170	7826	18145	1761
18. 圣母大学（印第安纳州圣母村）	30.89	1842	23357	5920	10800	NA
19. 杜克大学（北卡罗来纳州达勒姆）	26.64	1838	25630	7387	12192	2179
20. 达特茅斯学院（新罕布什尔州汉诺威）	24.90	1769	25653	6723	5386	647

①得克萨斯大学校园分散于得州奥斯汀、达拉斯、埃尔帕索、圣安东尼奥、休斯敦等8个城市。表中除捐赠资产外，其他数字均为位于奥斯汀的得州大学情况。

②加利福尼亚大学校园分散于加州戴维斯、洛杉矶、伯克利、圣迭戈、圣巴巴拉等6个城市，位于洛杉矶的校园最大。表中除捐赠资产外，其他数字为位于伯克利的加州大学情况。

③哥伦比亚大学由数个学院组成。表中除捐赠资产外，其他数字为纽约哥伦比亚学院情况。

④得克萨斯农业机械大学校园分布于得州6个城镇。表中除捐赠资产外，其他数字为位于科利奇站的得州农机大学情况。

⑤密歇根大学校园分布于密歇根州3个城镇。表中除捐赠资产外的其他数字为位于安阿伯的密歇根大学情况。

美国公立学校计算机拥有量

（按平均多少学生拥有一台计算机的方式计算）

年代	每台计算机的使用学生数量	年代	每台计算机的使用学生数量
1983—1984	125	1992—1993	16
1984—1985	75	1993—1994	14
1985—1986	50	1994—1995	10.5
1986—1987	37	1995—1996	10
1987—1988	32	1996—1997	7.8
1988—1989	25	1997—1998	6.1
1989—1990	22	1998—1999	5.7
1990—1991	20	1999—2000	5.4
1991—1992	18		

美国高校收费情况*

（单位:美元）

年代	学费		伙食费		住宿费	
	2年制	4年制	2年制	4年制	2年制	4年制
公立学校						
1990—1991	824	2159	1594	1767	1050	1658
1991—1992	937	2410	1612	1852	1074	1789
1992—1993	1025	2349	1668	1854	1106	1816
1993—1994	1125	2537	1681	1895	1190	1934
1994—1995	1192	2681	1712	1967	1232	2023
1995—1996	1239	2848	1681	2045	1297	2121
1996—1997	1276	2987	1789	2133	1339	2214
1997—1998	1314	3110	1795	2263	1401	2301
1998—1999	1327	3229	1828	2389	1450	2409
1999—2000	1338	3349	1834	2406	1549	2519
2000—2001	1359	3506	1900	2498	1603	2651
私立学校						
1990—1991	5570	11379	1989	2470	1744	2654
1991—1992	5752	12192	2090	2727	1789	2860
1992—1993	6059	10294	1875	2354	1970	2368
1993—1994	6370	10952	1970	2445	2067	2506
1994—1995	6914	11481	2023	2520	2233	2601
1995—1996	7094	12243	2098	2617	2371	2751
1996—1997	7236	12881	2181	2672	2537	2889
1997—1998	7464	13344	2785	2761	2672	2964
1998—1999	7854	13973	2884	2865	2581	2865
1999—2000	8235	14588	2922	2881	2808	2882
2000—2001	8961	15531	2962	2989	2768	2989

*表中费用为全日制学生的平均费用。

美国最大的20家公共图书馆
（名次按2000财政年度的服务人次排定）

馆名及馆址	分馆数	藏书量（册）	借阅量（册）	年度采购支出（美元）	服务人次
洛杉矶公共图书馆（加利福尼亚州）	67	6066546	12986003	8600000	3781500
县属洛杉矶公共图书馆（加州）	84	7743803	14761515	8088851	3506500
纽约公共图书馆分馆（纽约州）	80	10258570	12842278	12596813	3070302
芝加哥公共图书馆（伊利诺伊州）	77	14374608	6825882	11000000	2896016
布鲁克林公共图书馆（纽约州）	59	6970900	10916696	10662253	2300664
昆斯区公共图书馆（纽约州）	62	9143990	17239736	11869373	1951598
休斯敦公共图书馆（得克萨斯州）	37	4476593	6234526	6447265	1919390
迈阿密—达德公共图书馆系统（佛罗里达州）	31	3550332	4579086	5349224	1790391
费城自由图书馆（宾夕法尼亚州）	53	9216869	6341612	7584298	1585577
布劳沃德县图书馆系统（佛罗里达州）	36	2582010	7387149	8365997	1490289
圣安东尼奥公共图书馆（得克萨斯州）	18	1859921	4322695	3482578	1432700
匹兹堡卡内基图书馆（宾夕法尼亚州）	19	6188697	2609348	3105861	1336449
圣迭戈公共图书馆（加利福尼亚州）	33	3000653	6381062	3300000	1285100
夏威夷州公共图书馆系统（夏威夷州）	50	3211213	6912342	1965636	1193000

续表

馆名及馆址	分馆数	藏书量（册）	借阅量（册）	年度采购支出（美元）	服务人次
哈里斯县公共图书馆（得克萨斯州）	25	2025196	5062798	1915689	1178553
拉斯韦加斯—克拉克县地区图书馆（内华达州）	24	2298170	5225780	4740572	1088839
金县图书馆系统（华盛顿州）	41	4436931	12914177	6195461	1084233
达拉斯公共图书馆（得克萨斯州）	22	5345887	3738051	3289532	1068800
圣贝纳迪诺县图书馆（加利福尼亚州）	28	1155140	2793457	1406920	1041000
底特律公共图书馆（密歇根州）	23	2961367	1228169	2221474	1027974

1990年以来美国科学家和学者获诺贝尔奖情况

物理学

年代	获奖者
2001	埃里克·康奈尔 Eric A. Cornell 卡尔·威曼 Carl E. Wieman (另有一名德国人)
2000	杰克·基尔比 Jack S. Kilby (另有一名俄国人，一名德国人)
1998	罗伯特·劳克林 Robert B. Laughlin 崔琦(华裔) Daniel C. Tsui 霍斯特·斯托梅尔(德裔) Horst L. Stormer
1997	朱棣文(华裔) Steven Chu 威廉·菲利普斯 William D. Phillips (另一人为法国人)
1996	戴维·李 David M. Lee 道格拉斯·奥谢罗夫 Douglas D. Osheroff 罗伯特·理查森 Robert C. Richardson
1995	马丁·珀尔 Martin Perl 弗雷德里克·里尼斯 Frederick Reines
1994	克利福德·沙尔 Clifford G. Shull (另一人为加拿大人)
1993	约瑟夫·泰勒 Joseph H. Taylor 拉塞尔·赫尔斯 Russell A. Hulse
1990	杰罗姆·弗里德曼 Jerome I. Friedman 亨利·肯德尔 Henry W. Kendall

化学

年代	获奖者
2001	威廉·诺尔斯 William S. Knowles K. 巴里·沙普尔斯 K. Barry Sharpless (另有一名日本人)
2000	艾伦·希格 Alan J. Heeger (另有一名日本人，一名新西兰人)

1999	艾哈麦德·泽韦尔(埃及裔) Ahmed H. Zewail
1998	沃尔特·科恩(奥地利裔) Walter Kohn (另一人为英国人)
1997	保罗·博耶 Paul D. Boyer (另有一名英国人,一名丹麦人)
1996	小罗伯特·柯尔 Robert F. Curl Jr. 理查德·斯莫利 Richard E. Smalley
1995	马里奥·莫利纳(美、墨双重国籍) Mario Molina 舍伍德·罗兰 Shewood Rowland
1994	乔治·奥拉 George A. Olah
1993	凯利·马里斯 Kary B. Mullis (另有一名英、加籍人)
1992	鲁道夫·马库斯(加、美双重国籍) Rudolph A. Marcus
1990	伊莱亚斯·科里 Elias J. Corey

生理学或医学

年代	获奖者
2001	利兰·哈特韦尔 Leland H. Hartwell (另有两名英国人)
2000	保罗·格林加德 Paul Greengard (另有一名瑞典人,一名奥地利人)
1999	甘特·布洛贝尔(德裔) Gunter Blobel
1998	罗伯特·弗奇戈特 Robert F. Furchgott 路易斯·伊格纳罗 Louis J. Ignarro 费利德·穆拉德 Ferid Murad
1997	斯坦利·普鲁希纳 Stanley B. Prusiner
1995	爱德华·刘易斯 Edward B. Lewis 埃里克·威绍斯 Eric F. Wieschaus (另有一名德国人)
1994	艾尔弗雷德·吉尔曼 Alfred G. Gilman 马丁·罗德贝尔 Martin Rodbell
1993	菲利普·夏普 Phillip A. Sharp (另有一名英国人)
1992	埃德蒙·费希尔 Edmond H. Fisher 埃德温·克雷布斯 Edwin G. Krebs
1990	约瑟夫·默里 Joseph E. Murray E. 唐纳尔·托马斯 E. Donnall Thomas

经济学

年代 获奖者

2001 乔治·阿克洛夫
George A. Akerlof
A. 迈克尔·斯彭斯
A. Michael Spence
约瑟夫·斯蒂格利茨
Joseph E. Stiglitz

2000 詹姆斯·赫克曼
James J. Heckman
丹尼尔·麦克法登
Daniel L. McFadden

1999 罗伯特·芒德尔(加拿大裔)
Robert A. Mundell

1997 罗伯特·默顿
Robert C. Merton
迈伦·斯科尔斯(加、美双重国籍) Myron S. Scholes

1996 威廉·维克利(加、美双重国籍) William Vickrey

1995 小罗伯特·卢卡斯
Robert E. Lucas Jr.

1994 约翰·哈萨尼
John C. Harsanyi
约翰·纳什
John F. Nash
(另有一名德国人)

1993 罗伯特·福格尔
Robert W. Fogel
道格拉斯·诺思
Douglass C. North

1992 加里·贝克尔
Gary S. Becker

1991 罗纳德·科斯(英、美双重国籍) Ronald H. Coase

1990 哈里·马科威兹
Harry M. Markowitz
威廉·夏普
William F. Sharpe
默顿·米勒
Merton H. Miller

文学

年代 获奖者

1993 托尼·莫里森
Toni Morrison

2000年夏季奥运会(悉尼)
美国获金牌的项目

(本届奥运会,美国共获97块奖牌,其中金牌40块、银牌24块、铜牌33块)

项目	金牌获得者	成绩	奥运会记录
男子田径:			
100米跑	莫里斯·格林	9.87秒	9.84秒
400米跑	迈克尔·约翰逊	43.84秒	43.49秒
4×100米接力	美国队	37.61秒	37.40秒
4×400米接力	美国队	2分56.35秒	2分55.74秒
撑杆跳高	尼克·希松	5.9米	5.92米
女子田径:			
100米跑	马里恩·琼斯	10.75秒	10.54秒
200米跑	马里恩·琼斯	21.84秒	21.34秒
4×400米接力	美国队	3分22.62秒	3分15.18秒
撑杆跳高	斯塔西·德雷奇拉	4.60米	4.60米
男子游泳和跳水:			
50米自由泳	小加里·霍尔	21.98秒	21.91秒
	安东尼·欧文	21.98秒	
100米仰泳	伦尼·克雷泽尔伯格	53.72秒	53.72秒
200米仰泳	伦尼·克雷泽尔伯格	1分56.76秒	1分56.76秒
200米蝶泳	汤姆·马尔乔	1分55.35秒	1分55.35秒
400米个人混合	汤姆·多兰	4分11.76秒	4分11.76秒
400米混合泳接力	美国队	3分33.73秒	3分33.73秒
女子游泳和跳水:			
400米自由泳	布鲁克·贝内特	4分05.80秒	4分03.85秒
800米自由泳	布鲁克·贝内特	8分19.67秒	8分19.67秒
100米蛙泳	梅根·夸恩	1分07.05秒	1分07.05秒

200 米蝶泳	米斯蒂·海曼	2 分 05.88 秒	2 分 05.88 秒
4×100 米自由泳接力	美国队	3 分 36.61 秒	3 分 36.61 秒
4×200 米自由泳接力	美国队	7 分 57.80 秒	7 分 57.80 秒
4×100 米混合泳接力	美国队	3 分 58.30 秒	3 分 58.30 秒
跳台跳水	劳拉·威尔金森	543.75 分	

美国获金牌的其他项目

篮球：

男子	美国队
女子	美国队

自行车：

男子短距离	马蒂·诺斯坦

马术：

个人三日赛	戴维·奥康纳 卡斯托姆·梅德

射击：

女子气步枪	南希·约翰逊

垒球：

女子	美国队

跆拳道：

男子 68 公斤级	史蒂文·洛佩斯

网球：

女子单打	维纳斯·威廉姆斯
女子双打	维纳斯·威廉姆斯 塞雷娜·威廉姆斯

沙滩排球：

男子	丹·布兰顿 埃里克·福诺伊莫瓦纳

举重：

女子 48 公斤级	塔拉·诺特

古典式摔跤：

130 公斤级	鲁伦·加德纳

美国发展报告

执政一年评布什

王缉思

2001年1月20日乔治·W.布什步入白宫走马上任的时候，没有几个观察家看好这位得克萨斯州前州长的政治前途。他不是靠着多数票当选，而是凭借有争议的最高法院裁决“偶然”当上的总统。布什刚刚上任时，人们普遍对他的执政能力表示怀疑。更有人嘲笑他粗鲁、笨拙、不善交际，只能在父亲及其前朝老臣的卵翼下执掌白宫大权。布什接手的美国经济，临近衰退边缘；上任伊始，他就为维护国内能源集团的利益而拒绝关于环保的京都协议；新政府初建时在外交上一意孤行的单边主义，在国内外饱受指责。

当初谁也不曾料想到，一年之后，这位看上去反应迟钝、听起来言语木讷、靠政治血缘背景起家的总统，竟然在美国所有主要的民意调查中，占有80%以上的支持率。在2001年年底《今日美国》、美国有线新闻网（CNN）和盖洛普公司联合进行的一次民意调查中，布什荣膺1948年以来最受美国人崇拜的男人的称号。

这正是所谓“时势造英雄”。美国政治传统之一，是国难当头时公民普遍支持总统和政府。国际恐怖主义组织制造“9·11”惨案之后，美国在震惊、悲伤之中，上下团结，一致对外，布什因祸得福，国内支持率直线上升。

然而正如一些西方舆论所指出的，布什的高支持率应该打一个很大的折扣，也是很难持久的。在“9·11”以后的危难时期，问人们“是否拥护布什总统”，相当于要他们在美国领导人和本·

拉登之间做一个抉择，答案是不言而喻的。与其说美国人都信任美国政府及其政策，都拥戴布什，不如说他们在国家受到外部威胁时，本能地站在本国政府一边。

平心而论，把布什一年来的政绩归因于他“有造化”，是不尽公平的。其实，他能够在众多党内竞争者中脱颖而出，成为共和党总统候选人，最后又在民主党执政 8 年之后战胜其总统候选人、在职副总统戈尔，已经证明“小布什”不是侥幸取胜的等闲之辈。“新官上任三把火”，布什在执政的第一年中，主要烧了三把大火。第一把火是减税，刺激经济；第二把火是稳定国内治安；第三把火是发动对塔利班的战争。这三把火，比较充分地显示了布什的国内政治经济纲领、国际战略和执政能力。

刺激经济的措施

布什上台时，美国经济增长乏力的现象已经十分严重。共和党的传统经济思想是减少政府干预，鼓励私人投资，促进消费和经济增长。布什政府一改 20 世纪 90 年代克林顿政府实施的旨在实现经济稳定、平衡预算的财政政策，提出减少税收，扩大财政支出。同时美联储几次降低利率。2001 年夏季，美国国会批准了布什政府提出的 1.35 万亿美元的减税计划和教育改革措施。

到了 2001 年第三季度，经济增长仍旧迅速下降，“9·11”事件更是雪上加霜。布什政府于是正式选择了旨在刺激经济增长、扩大联邦预算的扩张性财政政策。美国国会批准了 600 亿美元的新增财政部拨款，其中 400 亿美元用于处理危机，175 亿美元用于改善全国上万个机场的安全措施，扶植和帮助航空业及保险业。另外，又增加了 184 亿美元军费开支，83 亿美元的导弹防御体系研究开发经费。这一整套扩张性的财政政策，支出总额估计将接近 1000 亿美元，旨在 2002 年下半年实现经济复苏。

从大思路来讲，布什的减税增支计划符合经济规律，但也受到不少质疑和挑战。有的经济学家担心这套方案会造成财政赤字，继而引起中长期利率上升，妨碍经济复苏。在第二次世界大战后初期“婴儿潮”中出生的人，已经濒临退休年龄，他们在人口中占有的比例很大，退休后会对政府造成巨大的社会保障压力。国防、教育、社会保障等方面的庞大预算，会使已经捉襟见肘的国库更加入不敷出。因此，布什的经济方案从短期来看势在必行，但从中长期来看就有相当大的风险。

当前对布什国内政策更大的挑战来自国会。民主党占上风的国会参议院2001年年底以前否决了布什的一揽子复苏方案，攻击布什减税计划是照顾企业和富人。这对布什的经济政策打击很大。但是在布什执政刚刚满一年时，他提出的教育改革方案在国会获得通过。国会也同意授予布什快速处理对外贸易协定问题的权力，这一权力是前任总统克林顿未能从国会获得的。

正是因为国会对布什经济方案的阻挠和“9·11”的打击，多数美国人并没有把经济滑坡、失业率上升归咎于布什的经济政策。2001年年底的民意调查显示，只有少数美国公众把经济濒临衰退的账算到布什头上，而多数人认为这是克林顿执政后期遗留下来的问题，或者是美国国会的责任。美国人虽然普遍感受到经济衰退和失业的威胁，但总体来讲对美国经济抱有信心，认为复苏是早晚的事，圣诞节的消费市场仍然比较兴旺。

最近发表的2002年《总统经济报告》认为“新经济依然健在”。所谓“新经济”，以格林斯潘为代表的一派经济学家认为，其主要标志是：以信息技术为核心的技术革命及其广泛应用导致了美国劳动生产率增长速度的加快，从而提高了美国可持续的潜在经济增长率。这份报告分析了美国劳动生产率增长状况，指出：尽管2001年3月以来，美国经济陷入了衰退，但当年后三个季度，按年率计算，美国劳动生产率却增长了2.3%，其中第四季度达到3.5%。经济衰退，劳动生产率却增长，这在战后美国经济史上还是第一次。此外，报告确认20世纪90年代后半期以来美国劳动生产率增长速度的加快，完全是由技术进步等结构性因素所致。最新统计和研究表明：1973—1995年，美国劳动生产率年均增幅为1.4%，而1995年以来，结构性因素使年均增幅提高了1.7个百分点，周期性因素使之降低了0.48个百分点，实际提高了1.21个百分点，使年均增长达到2.6%。总统经济顾问委员会主席格伦·哈伯德认为，90年代后半期劳动生产率增幅的提高，其中大部分是永久性的，主要应归功于新技术，但更好、更有效的经营方法也做出了贡献。

同日本经济的长期低迷状态相比，同亚洲金融危机对一些国家和地区的冲击相比，美国经济显然尚未受到伤筋动骨的挫折，其国际竞争力仍旧名列前茅。欧元的发行也取代不了美元的国际地位。

"9·11"后的国内治安

布什烧的第二把火是稳定"9·11"以后的美国国内秩序。空前的大惨案发生后，美国曾经出现过短暂的惊愕和局部混乱，国家各个安全部门的协调也有问题。但是，美国对付重大危机是早有预案的。在布什指挥下，迅速成立了全面负责国内治安、预防恐怖活动再次发生的"国土安全局"，级别同国家安全委员会相当，由布什的好友、原宾夕法尼亚州州长里奇出任局长。里奇和以保守、强硬著称的司法部长阿什克罗夫特，成了布什在国内安全方面的左右手。司法部和联邦调查局都进行了战时重组。布什还任命了打击恐怖主义的国家主任和国家安全委员会副助理韦恩·唐尼将军（陆军退休将军），以协调国内安全和国际安全。尽管出现了炭疽病菌传播和其他大大小小的事故、虚惊，布什政府处理危机、预防新的恐怖活动的能力给人以深刻印象，其后没有再出现重大的安全漏洞。

但强化治安的举动已经付出了相当大的社会代价。“9·11”以后，美国司法部逮捕或关押了近千名涉嫌恐怖活动的外国人，他们的法律地位和处境如何，司法部一概封锁消息。10月26日，布什总统签署了参众两院以压倒性多数迅速通过的反恐怖主义法案。该法案扩大了执法机关缉捕恐怖分子的权限，必要时可以超越法律程序监听电话、搜索住宅、追踪电子邮件，并规定司法部有权羁押非美国公民的疑犯6个月甚至更长。一些民权团体和宗教组织认为这项法案是对公民权利的践踏，并导致对移民的歧视，但是他们的呼声得不到回应。作为政治原则，布什仍然声称“不会用肤色、族裔背景和宗教信仰来评判美国同胞”，但少数族裔、非主流宗教和新移民已经感受到明显的社会政治压力。

10月29日，布什下令加强对外国留学生的监管，将不按照签证要求把在校就读的人员驱逐出境。美国学校当局将同政府部门合作，提供外籍学生的个人资料，了解他们的行踪。美国的移民政策大幅度收缩，布什政府给800万非法移民以合法身份的考虑和辩论，已无限期推迟。给外国人发放的入境签证将会收紧，种类可能减少。发放全国统一的公民身份证件正在考虑之中。在新出台的所有这些措施中，非美国公民（包括持“绿卡”的居民）受到的影响最大，其次是新移民和少数族裔。这对美国未来的发展方向是意味深长的。

在金融领域，布什政府首先冻结了“基地”组织和塔利班及其资助者的账户。美国财政部长奥尼尔宣布，截止到12月，美国冻结的塔利班和“基地”组织在全世界的资产共6100万美元。12月4日，布什宣布确认了另外22个全球性恐怖主义组织，包括被布什称为“当今世界上最具破坏性的恐怖主义组织之一”的“哈马斯”，冻结了同它有联系的三个组织的金融资产。

除了处理“9·11”的后遗症、全面加强国内治安以外，布什政府还充分利用反恐斗争中美国国内高涨的爱国主义情绪，加强了自己的执政地位。“9·11”事件后，美国媒体和舆论界的政治倾向性发生了微妙而明显的变化。过去以独立于政府、敢于批评国家政策为荣的媒体和舆论界，现在“温顺”了许多。局外人很难分清哪种情况是新闻媒体的自我约束，哪种情况是顺应民意的变化，哪种情况是受政府的操纵和影响。大量电视节目和新闻报道，都在颂扬政府官员、公务员、警察、军人的克己奉公和爱国情操。一些主流刊物为“9·11”而出版的专辑，从头到尾，简直就是一本爱国主义的宣传材料。在“新战争”的国内外两条战线上，美国舆论几乎都是“一边倒”，同政府对立的观点很少见。政府对舆论导向更为关注，对军事消息的封锁更加严密。至于国内治安方面的新闻发布，政府和媒体也相当谨慎。“公民知情权”显然受到越来越多的限制。如果是在过去的美国，政府操纵媒体搞一言堂、大树总统“领袖形象”的行为，不但不会奏效，还会引起公众耻笑。但是在举国悲愤、恶敌当头的背景下，这种做法似乎得到不少公众的认可。封锁新闻、压制反战意见、以安全为借口损害公民权利的许多行动，使政府控制社会的能力大大强化。

同其他主要资本主义国家相比，美国人对政府作用的怀疑一贯是最深的，并且常常以“小政府、大社会”为自豪（虽然美国政府对社会的控制能力其实一直相当强）。“9·11”事件对美国人的这种观念是一个很大的冲击。当前，在国家同社会、行政部门同立法和司法部门、政府机构同非政府组织、主流社会同少数族群、社会控制同个人权利、舆论操纵同新闻自由、排外倾向同开放心态、宗教保守思想和自由思想这若干对关系或矛盾中，前者都处在上风和主动地位，后者则处于守势和消极状态。这种失衡倾向，目前总的来说有利于布什继续执政。

布什的语言粗鄙，用词简单，还经常犯语法错误，一副得克萨斯州的牛仔派头。同喜欢附庸风雅、字斟句酌、标榜自己高学历的克林顿在个人风格上大异其趣。布什的个人风格，恰好适合“9·11”后美国社会对外部威胁的反弹。布什公开声称“不论是死是活，一定要抓住奥萨马（本·拉登）”后，《纽约时报》嘲笑这像是个黑社会头子讲的话。当记者质问审判恐怖活动疑犯的美国特别军事法庭的合法性时，布什竟说：“反正我们的法庭比奥萨马的法庭要公平，我们不会不分青红皂白地把几千平民都杀死。”如果在过去，公众会指责这种言论是目无法制的表现；而在同仇敌忾的今天，一般美国人会很自然地接受这种观念。

美国许多知识分子和自由派人士私下对布什的文化水平、领导能力和他的内外政策冷嘲热讽，甚至有人称今日美国为“警察国家”，布什政府是“专制政权”。但在“9·11”以后的公开场合，他们却必须“自律”，以免得罪多数，被人视为“对国家不够忠诚”。在知识界，包括一些名牌大学，据称已经有右翼分子列出“黑名单”，对敢于对美国某些政策和在反恐斗争中的某些做法提出异议的人士进行恶意攻击，学术机构当局则对这些持有异议的人士提出警告，要他们管住自己的笔和嘴巴。

布什国内声望的提高，在很大程度上是“9·11”的特殊背景造成的。预计当美国人的危机感下降时，布什的声望也会随之下降。传统的两党争斗、行政当局与国会的争斗，在“9·11”之后的几周内曾暂时偃旗息鼓，以后又逐渐恢复常态。

反恐战争和外交调整

布什执政头一年的“第三把火”是结成反对恐怖主义的国际统一阵线，发动推翻阿富汗塔利班政权、剿灭本·拉登“基地”组织的战争。2001年上半年，布什政府在环保、贸易等问题上同西方盟国发生争执，因中美军机相撞事件而同中国交恶，在反导条约问题上同俄罗斯龃龉不断，在联合国人权委员会上落选，美国外交处于孤立境地，国防部长拉姆斯菲尔德等鹰派人物也备受指责，几乎遭到撤换。然而“9·11”事件给美国外交、国防和全球地位带来了天赐良机。通过反恐斗争，布什摇身一变，从外交生手变成了国际活动家。有的观察家指出，在短短一年的时间里，布什就同世界所有主要国家的领导人建立了良好的工作关系，这在美国总统的执政历史上是绝无仅有的。

这场战争从过程到结果，都比原先一般国际舆论估计的顺利、成功。虽然本·拉登和主要塔利班领导人仍然在逃，但在美国先进的军事手段和外交围堵下，塔利班四面楚歌，不但没有还手之力，连招架之功都谈不上。作战得手，几乎是美国独家的胜利，布什特意不要其他国家染指。他需要的是外交、情报和国际道义上的支持，而世界上绝大多数国家的政府都对美国的反恐斗争给予了不同程度的认可，美国得以借机巩固其“世界警察”的战略地位和在中亚地区的地缘政治优势。

“9·11”事件本来应当引起美国人深入反思其国际政策（特别是对伊斯兰世界和中东的政策）和傲慢的超级大国心态。然而迄今为止，布什政府却是从反面来吸取这一教训的，即认为美国之所以遭受攻击，是过去的国内防范措施不力、上届政府对国际恐怖组织手软所致；世界上之所以有人如此仇恨美国，是因为它高举民主和人权大旗，触动了专制者和一小撮恶棍流氓的利益；还有的国家是嫉妒美国的富强和稳定。这种霸权心理和宣传基调，在布什本人及美国其他官员“9·11”以后的讲话中表达得非常清楚。布什9月20日在国会发表的讲话中，是这样解释“他们为何仇恨我们”的：

因为他们仇恨我们这间大厦里的一切——我们是一个经

过民主选举的政府，而他们的领导人则是指定的。他们还仇恨我们的自由——我们的宗教自由、言论自由、选举自由、集会自由、拥有反对意见的自由等。

这些恐怖分子企图推翻许多穆斯林国家的现有政府……这些恐怖分子肆意屠杀不仅仅是为了结束生命，而是想打乱和终止一种生活方式。他们之所以一次次地制造暴行，就是希望使美国成为一个弥漫着恐惧的国家，从世界舞台上退却下来，并抛弃自己的朋友。他们打击美国，只是因为我们挡住了他们的道路。

布什身上所体现的共和党传统政治理念，同世界多极化、多元化是格格不入的。因此，虽然美国在国际反恐斗争中采用了多边合作的形式，开始较为重视发挥联合国的作用，布什领导下的美国外交，实质上还是企图建立美国治下的单极世界。在近年来对外军事干预频频得手之后，美国对外政策比过去更为强硬，更敢于冒险。

于是，布什在 2001 年 12 月中旬宣布单方面退出反导条约，执意要花费巨资建立导弹防御系统，就不足为奇了。本届共和党政府同实力强大的美国军事工业集团有着千丝万缕的联系，而“9·11”美国遭受攻击的事实又使美国人确信外部世界对美国的威胁是实实在在的。只要经济条件许可，布什政府增加国防开支，提高军备质量，看来势在必行。

对华关系

竞选期间，布什曾声称中国是美国的“战略竞争对手”，不是克林顿所期望的“战略伙伴”。入主白宫后，他又将熟悉中国事务的中国问题专家们抛在一边，组建了对中国怀有强烈戒心和疑虑的国家安全班子。这一时期，美国政府不仅在对华言论上日益强硬，而且明确宣称无意与中国“照常接触”，刻意减少了与中国的交往。国防部长拉姆斯菲尔德甚至中断了中美间一切双边军事交流活动，国防部其他主管官员则不断提醒公众和舆论，注意中国加强军备的举动。

与此形成鲜明对照的是，美国政府加强了与台湾的联系，无论是在言论还是在行动上，都表现得比过去更加支持台湾。2001年3月，布什政府不顾中国方面的抗议，批准了大规模对台军售，虽然其中未包括台湾力求得到的“宙斯盾”驱逐舰，但却有大批以前美国一直不愿卖给台湾的武器，特别是进攻性的柴油动力潜艇。布什本人则在电视采访中公然宣称：他的政府将“尽其所能”保卫台湾。美国政府还打破惯例，允许台湾领导人“过境”美国主要城市。

撞机事件发生后，布什似乎才感到了自己在对华外交上的无知和鲁莽。由于中国政府在处理这一事件中有理、有利、有节的态度和措施，布什在美军机组人员获释后，在白宫玫瑰园发表的讲话中没有再重复“战略竞争对手”的说法，而是使用了与中国建立“建设性”和“富有成效的”关系等字眼儿。国务卿鲍威尔2001年7月的访华使两国关系得到明显改善。“9·11”以后，美国国家安全战略的转变（“中国威胁论”没了市场）和中国政府坚定的反恐立场及有关情报共享、协助重建阿富汗等政策措施，使布什政府真正认识到了中国在国际反恐及地区安全上的不可忽视的重要作用。布什本人2001年10月出席上海APEC会议，使他看到了一个在二十几年内发生了翻天覆地的变化的、生机勃勃的国家。对一个曾在上个世纪70年代中期到过中国的人来说，他已经认不出眼前的这个国家了。他不可能不感受到改革开放后中国所散射的魅力、威力和潜力，也不可能不认真思索未来的美国对华政策和中美关系。由于急于协调下一步的国际反恐战略和大国关系，在时隔4个月后，他再次来到了中国。新总统对华认识期和因新总统上任而产生的中美关系的“磨合期”就此结束。在布什任内，中美关系应该可能走上正常轨道了。

当然，中美双方在亚太安全战略、台湾问题、军控、防扩散等许多具体问题上的分歧不会因此而消除。

决策班子和行政风格

布什执政的一个特点是比较知人善任。由于2000年总统选举结果揭晓比历次美国大选晚了一个多月，布什组阁时相当匆忙。但一年来他的内政和外交班子都已配备整齐，成熟老练，而且同一些其他国家出现重大危机后就要改组内阁的情况不同，布什在“9·11”后没有进行大的人事调整，保持了政策的连续性。

在布什的国家安全和外交决策班子里，副总统切尼、国务卿鲍威尔、国防部长拉姆斯菲尔德、总统国家安全事务顾问赖斯全部是过去共和党政府的“重臣”，除了赖斯比较年轻（但也很老练）以外，其他人物都有着丰富的国家安全和外交工作经验，都能独当一面。舆论普遍认为，处理“9·11”这样的国家安全危机，目前这个班子是最合适的搭配；如果是民主党的戈尔当选了总统，他本人和他所选择的班子恐怕不会如此顺利地渡过危机。

不过，“强强搭配”很可能出现问题，即互不服气，政出多门。如果总统缺乏威信，就更难协调政策。过去，共和党总统福特时期，国务卿基辛格和国防部长施莱辛格闹得不可开交；民主党总统卡特时期，国家安全事务助理布热津斯基同国务卿万斯几乎势不两立。福特和卡特的权威，都因为这种矛盾而受到损害。

由于现任国务卿鲍威尔的外交政策主张比较温和，而国防部长拉姆斯菲尔德素以“鹰派”立场著称，新闻界从布什任命他们开始就推测这两位强人之间政见不同，难免一搏。从对外发表的言论看，国务卿和国防部长在对华政策、阿富汗战争、导弹防御系统等问题上确有表态不合拍的地方。有报道说，切尼因过去是拉姆斯菲尔德的下属，在派系和政见方面都接近后者；赖斯的观点则常常介乎于鲍威尔和拉姆斯菲尔德之间，稍稍偏向后者，但赖斯视鲍威尔为长辈，又同是黑人，所以关系相当密切。因此，现任主要决策人物之间的关系错综复杂。

但是，在布什的领导之下，美国决策班子的内部矛盾一直没有公开化，而是维护了团结起来一致对外的形象。据美国《新闻周刊》记者的采访和报道，布什决策班子的主要成员一致将“战时内阁”内部的和谐局面归功于总统本人的决断力和协调能力。据说布什立过规矩：在内阁里可以相互调侃，但不许嘀嘀咕咕，不许当“事后诸葛亮”，更不许将内部分歧泄露出去。赖斯还说，布什总统尤其不能容忍以个人为中心的行事风格。布什的顾问透露，他不惧怕内部意见不一致，而是希望歧异充分暴露，最后由他本人拍板。一旦做出决定，布什是不喜欢不断重新评估的。据布什的一位高级顾问透露，2001 年 10 月下旬，在“战时内阁”的一次会议上，一些人指出轰炸塔利班的效果不明显，暗示应当考虑大规模派遣地面部队以加速战争进程。布什在会上却说：“你们当时不是都同意过这个战略方案吗?”他劝告其他人对原定计划保持信心和耐心。事态发展的结果，证明布什的判断是正确的。

布什的国家安全与外交决策班子中的一位关键人物，是中央情报局局长乔治·特尼特。据说特尼特是除了赖斯之外同布什见面最多的高级官员。“9·11”之后，美国公众很自然地把未能发现和制止这场蓄谋已久的大屠杀的责任，归咎于中央情报局。但是，布什却将特尼特保了下来，继续委以重任，因为火线上换指挥官往往是动摇军心的不智之举。直至现在，布什政府也没有将清查“9·11”内部责任的结果公之于众。

前路艰辛

就履行自己的总统职权而言，布什在过去一年里是基本成功的。他点的三把火，哪一把都没有烧完。不过，在阿富汗的战火已经接近熄灭。尽管美国政府和国会里的鹰派在不断制造新的战争舆论，但如把矛头转而指向伊拉克或别的国家，不仅师出无名，而且会进一步激化美国同穆斯林世界的矛盾，布什须三思而后行。防止中东形势进一步恶化，维持中亚和南亚的稳定，改善同其他大国的关系，都是布什政府在2002年的外交重头戏。

巩固国内安全这把火，布什政府是不敢熄灭的。一旦恐怖分子再度得逞，布什的努力就会前功尽弃。因此布什在2001年12月底宣布，2002年的首要大事将是继续追踪并打击恐怖主义。

其实，从美国国内政治发展的角度看，2002年布什政府的重中之重是调整好改善国内治安同刺激经济的关系，实现已经提出的恢复经济景气的方案，以便实施教育改革、社会保障、医疗保险等项计划。在此过程中，争取国会的支持是举足轻重的。如果到2002年秋季美国中期选举之前，布什还不能及时转移工作重心，共和党在国内政治中现有的优势就可能丧失。布什的智囊团已经提醒他记住前车之鉴：他的父亲就是在海湾战争取得全胜之后没有紧紧抓住经济而失去总统宝座的。在人身安全有了基本保障之后，老百姓最关心的，还是自己手里的钱袋子。

毕竟此届总统的任期才过了1/4，对布什的一切评估，包括民意调查，都只能说明过去，而不能预定未来。

美国经济陷入衰退

王荣军

从2000年下半年开始，美国经济增长速度急剧下降，投资、消费不振，工业生产实际陷入衰退。进入2001年，许多经济学家和分析人士曾期望情况能在当年下半年好转，美联储也前所未有地在一年内11次降低短期利率来刺激增长，但经济增速仍继续下滑，第三季度出现了1.3%的负增长，全年实际国内生产总值增长率仅为1.2%。11月，权威的非官方研究机构国民经济研究局商业周期委员会宣布，美国经济从2001年3月开始进入衰退期，持续整整10年的经济繁荣就此结束。

一　2001年美国经济的基本状况

1. 企业投资和公司利润大幅度下滑。

企业的固定投资是20世纪90年代美国经济增长的重要支柱，美国公司将大量资金投入新技术领域是过去几年中美国经济繁荣的重要动力。而美国经济这一轮衰退最显著的标志之一就是私人投资和企业利润的急剧下降。如果说2000年私人投资的总趋势是增长速度不断放慢的话，那么2001年它就彻底进入了下滑轨道。在2001年的四个季度里，美国私人国内总投资都呈大幅度下滑态势，其中非住宅固定投资下降更为显著，与1995—2000年的投资热潮形成了鲜明对照。2001年一季度，非住宅固定投资折算成年率下降了0.2%，这是9年来第一次下降。第二季度下降了

14.6%，三、四季度的降幅分别达到 8.5%和 13.8%。设备和软件投资下降幅度最大，与 2000 年相比，设备和软件投资减少了约 830 亿美元。据美国学者计算，从 2000 年四季度到 2001 年四季度，设备和软件业使 GDP 增长下降了 0.8 个百分点。

投资的下降与企业利润的下降相伴而行。经过 90 年代的经济繁荣期，不少美国企业已习惯于两位数的利润增长。但到 2000 年第四季度，企业利润就已经开始转为负增长，这种趋势在 2001 年继续恶化。美国商务部称，2001 年美国公司的税后利润下降了 15.9%，是自第二次世界大战以来利润降幅最大的年度之一。即使将存货估值和资本折旧调整因素考虑进去，仍下降了 12.5%。2001 年四季度企业利润总额为 7671 亿美元，而上年同期这一数字为 8476 亿美元。美林公司最新公布的资料则显示，2001 年美国公司税后利润下降了 12.9%，降为 4999 亿美元；标准—普尔 500 家大公司的经营利润减少了 30%，股价减至平均每股 39 美元。标准—普尔 500 指数成分股中大多是大公司，这些公司的利润下滑尤其严重。2001 年它们的税后收入减少了 2080 亿美元，将近 50%，降至 2250 亿美元。由于要对繁荣期过多购买的设备以及预期工厂关闭和裁员费用等大笔成本进行冲销，利润下降的幅度进一步加剧。

2. 以制造业为代表的大多数产业出现不景气甚至衰退。

制造业生产自 2000 年 7 月以来一直在萎缩，到 2001 年结束时依然没有太大起色。经过长达 1 年半的衰退，制造业生产与其最高水平相比已下降了约 8%。2001 年 1 月全国制造业采购经理协会指数（NAPM）从 2000 年 12 月的 44.3 跌至 41.2，这是该指数首次跌至足以说明该产业处于衰退的低位。2001 年 12 月时，制造业的开工率为 74.4%，为 1983 年 4 月以来的最低水平。2001 年全年，制造业企业的开工率下降了 5.8 个百分点。制造业的衰退导致了 150 万人失业，行业失业率近 10%。这一次衰退主要集中于耐用品生产，工业机械、电气设备、材料和金属、飞机制造商等都大幅度裁员。而非耐用品制造业十多年来一直在稳步下降。非耐用品制造业的就业水平目前只相当于1949年的水平，平均每小时工资收入水平14.47美元，也比制造业的平均水平15.69美元低得多。服务业的情况比制造业好些，但增长速度也显著下降。服务业消费在头三个季度的增速仅1.9%，相形之下，1998—2000年其平均增长率则达4%。

不过，其中也有两个部门表现出令人惊奇的增长势头，这就是传统上随经济周期的起伏而波动的房地产和汽车销售。20世纪90年代以来，美国拥有住房的家庭比例不断上升，从64%增至68%，涉及近500万户家庭。住房价格因而不断上升，这使新房开工率一直保持较高的水平。而很低的抵押贷款利率及实际收入的上升也是使住宅投资一直保持增长的重要因素。2001年年底美国的新房销售创造了新的历史纪录。2000年的汽车销售在90年代繁荣的基础上保持了一定的增长，2001年这一增长仍然得到继续，并一度出现销售猛涨的局面。近几年汽车的销售量按年率折算平均为1600万辆左右，而2001年年底这一数字曾急升至2100万辆。汽车销售的这种旺盛势头，与汽车销售商借低利率之机提供无息贷款等促销手段有密切关系。

3. 个人消费增长速度总体趋缓，但仍保持了一定的增长。

消费者支出仍在增长，但速度放慢。2001年全年个人实际消费增长3.1%，低于2000年4.8%的水平。前三个季度增速仅2.4%，只有前3年年均速度4.8%的一半。所有各类消费的增长速度都出现放慢的态势。非耐用品消费增速在第三个季度下降至1.1%，而1998—2000年是4.5%。其中衣服、鞋类与食品消费的增长大大放慢，与近年来的趋势大为不同。据商务部经济分析局计算，2001年头三个季度的食品消费减少了0.4%，而前三年的平均增长率为3.8%。耐用品消费也放慢，但表现相对而言要好得多，2001 年前三个季度增长 6.1%。大多数情况下，经济衰退期间耐用品消费的下降幅度都会比非耐用品大，主要因为汽车和住房这两项耐用品消费表现出色，耐用品消费才出现了相对迅速的增长。与这两个部门的强劲增长相应，家具和家用设备以及汽车零部件消费增长也保持了强势。

消费支出的这些特点是美国经济中几种力量交织在一起相互作用的结果。从引起负面影响的因素来看，近年来股票市场价格暴跌使消费者持有的金融资产大大缩水，减少了消费者的财富；同时，2001 年劳动力市场情况的不断恶化也打击了消费者的信心。有研究认为，股票市值每减少一美元，消费支出就会减少 3—4 美分。因此，股票市场总额达 4.5 万亿美元以上的损失，就可能使消费减少 1350 亿美元至 1800 亿美元，大致相当于美国 GDP 的1%—2%。不过，也有不少因素对消费支出起着支撑作用。2001 年，美国家庭实际收入保持了总体上升的势头，实际个人可支配收入增长 3.6%，高于 2000 年的 3.5%，比以往衰退时期的增长率高得多。而美联储削减利率的努力使整个利率水平下降，抵押贷款利率降至 30 年来的最低点。这促发了前所未有的再融资浪潮，使住宅资产变成更具流动性的财富。据估算，再融资使当年住宅资产增加了约 800 亿美元。

此外，房地产市场兴旺带来的房产升值在一定程度上弥补了股票价格下跌带来的财富损失。2001 年第一季度美国家庭拥有的房地产价值攀升至 11.3 万亿美元，超过了所拥有股票及共同基金股份的价值（截至第一季度末后者的价值略低于 9 万亿美元）。美联储最近发布的资金账户流动状况报告显示，2001 年，房地产财富价值增长幅度按年率计算约为 8%。根据美联储的经济计量模型（这也是用来为美国联邦公开市场委员会有关经济预期讨论准备资料的模型），房地产财富所带来的边际消费倾向是金融财富所产生的边际消费倾向的两倍。即每当房地产财富增加 1 美元，消费者会用掉6美分。

4. 贸易逆差有所下降。

长期以来，美国贸易逆差和经常账户逆差不断扩大，成为美国经济增长中的一个消极因素。美国经常账户逆差在GDP中所占比例2000年时已达4.4%。与2000年相比，2001年美国的对外出口情况继续恶化，但净出口对整个经济增长的拖累有所减轻。这是因为货物贸易逆差出现了较大幅度的下降，虽然全年进出口总额都大大下降，但进口下降得更多。与2000年相比，2001年货物和服务贸易进出口额下降了4.5%，同期的进口下降2.7%，全年货物与服务贸易逆差总额为3478.1亿美元，比2000年减少279.3亿美元。总体而言，净出口使实际GDP增长率下降约1.2个百分点。资本品出口下降尤其是高技术产品的下降是出口下降的主要原因，这显然与全球主要经济体增长同步放慢有关。而进口下降的主要原因则是资本品和消费品需求的同时减少，尤其是资本品类的半导体、计算机附件、民用飞机、电信设备、电子设备发动机和设备以及工业设施等。这表明当前经济增长放慢对资本品尤其是电信和计算机设备的进出口影响最大。由于日、欧、南美、东南亚的经济都受美国经济放慢的影响而有所收缩，短期内希望通过扩大出口来改善经济状况的可能性是微小的。

5. 政府支出增长强劲，财政盈余迅速减少。

美国政府预算从1998年起实现盈余，2000年盈余额已达2186亿美元。2001财政年度，联邦政府收入20282亿美元，支出19092亿美元，盈余1190亿美元，比上一财政年度减少了近一半。其中收入减少了186亿美元。财政收入的减少，首先是由于经济增长速度的放慢，其次是因为小布什政府提出并经国会通过的总额达1.35万亿美元的减税计划。与此同时，2001年的政府开支迅速增长。1995—2000年，美国联邦政府的支出平均增长率只有0.1%，2000年甚至下降了1.4%。而2001年的增长率则达

3.6%。其中主要是国防和安全开支的增长，头三个季度增长了4.4%，非国防开支同期只增长了0.2%。这当然与“9·11”事件后美国政府加强国内安全、海外军事行动和提供救济、保障等措施有关。其中许多措施都耗资巨大，如，2001年紧急补充拨款法案耗资总额400亿美元，用于废墟清理、搜救、受害者救助，以及加强机场安全的措施、联邦调查局的调查费用等。航空运输安全和系统稳定法案耗资50亿美元，以帮助航空业渡过难关。

美国政府的这些支出对经济增长起到了一定的刺激作用。如，2001年第四季度，政府开支猛增10.2%，加上近400亿美元的税收抵扣，政府对GDP增长率的直接贡献达2.2个百分点左右。这比一般季度的平均额高6倍左右。实际上，如果没有政府开支的刺激，美国经济第四季度很可能还会出现负增长。

6. 失业率呈上升趋势，但通货膨胀的威胁不大。

长期的低失业率被认为是美国“新经济”的重要特征之一，2000年12月时，美国的失业率仅为4%。随着经济不景气程度的加深，失业率也开始不断上升。2001年1月时失业率为4.2%，到6月，已升至4.5%。“9·11”之后，失业率上升速度加快，10月，升至5.4%，到12月已上升到5.8%。不仅久陷衰退的制造业继续大量裁员，本来相对稳定的服务业就业也出现较大幅度的下降，裁员浪潮波及范围很广，涉及除政府部门以外的几乎所有行业。就业情况的恶化，正是全国经济研究局断定美国经济已步入衰退期的重要依据之一。

跟以前的经济衰退相比，这次衰退的最大区别是几乎不存在通货膨胀的威胁。以前的经济衰退都伴随着通货膨胀，经济衰退一般都是由美联储提高利率、抑制通货膨胀引起的。而这一次，通货膨胀的危险短期内几乎不存在。2001年全年通货膨胀率都稳定保持在较低的水平。1—12月，消费价格指数只上升了1.6%。由于原油和天然气价格的下降，燃油、电力、天然气和汽油价格全年降幅高达13%。食品价格上涨2.8%，涨幅与上年持平。企业生产成本没有出现大的上涨压力也是消费物价上涨幅度不大的原因之一。2001年1—12月，制成品生产价格指数下降了1.8%。该指数在年初曾因能源价格的上涨而迅速上升，但很快便转入下降轨道。

2001年美国宏观经济基本状况

如未特别说明，表中数字均为经季节调整、按年率折算的百分比变化数；加*号的为实际数。

	2000	2001	2000		2001			
			3季度	4季度	1季度	2季度	3季度	4季度
国内生产总值*	4.1	1.2	1.3	1.9	1.3	0.3	-1.3	1.7
个人消费支出*	4.8	3.1	4.3	3.1	3.0	2.5	1.0	6.1
非住宅固定投资*	9.9	-3.2	7.1	1.0	-0.2	-14.6	-8.5	-13.8
住宅投资*	0.8	1.5	-10.4	-1.1	8.5	5.9	2.4	-4.6
货物与服务出口*	9.5	-4.5	10.6	-4.0	-1.2	-11.9	-18.8	-10.9
货物与服务进口*	13.4	-2.7	13.0	-0.5	-5.0	-8.4	-13.0	-7.5
政府消费支出和总投资支出*	2.7	3.6	-1.8	3.3	5.3	5.0	0.3	10.2
实际个人可支配收入*	3.5	3.6	2.6	4.2	2.7	2.4	12.3	-8.1
个人储蓄率水平（不是指变化）	1.0	1.6	0.8	1.0	1.1	1.1	3.8	0.4

续表

	2000	2001	2000		2001			
			3季度	4季度	1季度	2季度	3季度	4季度
联邦政府预算盈亏（10亿美元）	218.6	119	229.9	222.5	205.3	186.7	-13.6	97.4
州和地方政府预算盈亏（10亿美元）	32.8	17.6	34.8	28.6	22.3	21.3	1.9	24.8
库存变化（10亿美元）*	50.6	-61.7	51.7	42.8	-27.1	-38.3	-61.9	-119.3
库存销售比*	…	…	2.28	2.29	2.25	2.24	2.22	2.16
经常项目平衡（百万美元，经季节调整）	-444667	-417429	-115305	-116324	-112129	-107932	-98531	-98835

资料来源：美国商务部经济分析局。

二 衰退的主要原因

1. 本轮衰退以私人投资的急剧下降为主要特征，而以信息产业为代表的高技术产品部门的不景气是引发投资下降的重要原因。

1990—1999年，美国出现了对信息产业的投资热潮。信息技术方面的私人投资年均增长率为19%，1995—1999年期间，年均增长率高达28%。到2000年，仅计算机设备投资一项就占非住宅固定投资的8%以上。如果把软件、通讯设备和其他信息处理设备投资都包括进来，那么与信息和通讯技术有关的投资在企业总投资中所占比例高达40%，已超过传统大项即工业设备与交通运输设备投资。这种高速增长是一些特殊因素的共同作用促成的。首先，世纪之交带来了计算机的“千年虫”（Y2K）问题，大量企业出于对这一问题的担忧而对自己的软硬件系统进行更换或升级，导致对计算机设备和软件集中的大规模需求。其次，1996年电信法放松对电信业的管制，进入门槛降低，加之互联网技术的发展，大量新兴企业涌现，原有大企业也积极涉足互联网业务，导致对计算机设备和软件的又一股需求。第三，随着互联网的发展，网站数量激增，风险资本大举进入，带来购买相关设备的软件的第三股需求潮。从1998年开始，许多大公司更新原有的软件和硬件设备，这类更新一直持续到2000年年初。这扭曲了软硬件市场的需求信息，直接促成相关生产企业盲目扩大规模。

投资过度的另一个重要原因是由于太容易获得投资，而这又是由以下几个因素造成的：(1) 到2000年3月止，以技术股为主的纳斯达克指数4年里上升了近五倍，许多股票的市盈率超过100:1，企业获得了大量资金。(2) 风险投资公司拥有大量可用于投资的资本，它们将这些资金注入了那些没有完善经营计划的新创公司。(3) 许多公司在根本没有赢利时就上市发行股票，而按照传统标准这些公司本不具备上市资格。(4) 银行的信贷标准也变得过于宽松，即使有所收紧，也被经济繁荣时期借贷者信用的上升所抵消。(5) 垃圾债券市场再度繁荣，尽管未达到1989年以前的水平，但仍为“新经济”公司尤其是电讯公司提供了大量资金。(6) 即使在金融市场不能获得足够的资金，也可以从设备供应商处得到补充。在技术部门领域，所谓“供应商融资”成为普遍采用的促销工具。许多供应商为设备购买者提供相当于所售设备价值若干倍数的融资。此外，不少大公司为消耗过剩的现金流，也对许多投机性公司进行所谓战略投资。这些因素使“新经济”公司获得资本过于容易，扩张过度。

信息服务业资本支出的高涨造成了大量过剩的基础设施，大大小小的公司在债务重压下不得不迅速紧缩投资，导致通讯设备需求的急剧下降，使设备制造商库存严重积压，进而波及相关零部件厂商，使整个信息技术产业生产陷于低迷，利润骤减。这种不景气由于网络股泡沫的破灭而加重。从2000年3月最高值到2001年10月止，纳斯达克综合指数下跌了67%。高技术股票价格的急剧下挫不仅使公司和个人财富大幅度减少，更导致了投资者对这类公司赢利前景和投资风险的全面重新评估。不管是已确立一定市场地位的公司还是初创公司，信息和通讯技术公司获得投资的难度都大大增加。其后果不仅是这一部门生产活动的萧条，也使曾带来90年代经济繁荣的投资热潮迅速消退。

上面种种对投资产生不利影响的情况都始于90年代末期，但其影响直到2001年依然存在。股市的下跌和利率的提高增加了新投资的外部筹资成本，而高涨的能源价格使本来就因经济增长的放慢而减少的公司现金流进一步减少。结果，资本支出与公司内部资金之间的缺口不断扩大，升至历史最高点。由于高技术资本品的更新期约为3—5年，2000年开始的投资下降在2001年仍然继续，估计短期内也难以恢复原有势头。

2．“9·11”事件的打击使经济最终陷入衰退。

“9·11”恐怖袭击事件对美国经济产生了巨大的负面影响。据美国学者估算，其直接物质和财产损失加上产出的损失总值在600亿美元以上，间接损失则难以计算。这次袭击对美国的航空业、证券业、旅游业、餐饮业、通讯业等产业都造成了严重打击，使始于制造业的不景气迅速扩大并加深，非制造业经济活动指数从2001年6月的52.4急剧下降至10月的约40，裁员范围也急剧扩大。而且，这次袭击也沉重打击了消费和投资信心。可以说，在美国经济徘徊在衰退边缘时，这次袭击事件最终将它送入了衰退期。正如美国全国经济研究局在宣布衰退来临的声明中所指出的："在袭击发生前，经济增长下降的程度可能过于轻微，难以称为一次衰退。袭击显然加剧了经济收缩，也许正是使情况恶化为衰退的重要因素。"

"9·11"袭击事件前后部分经济指标

	"9·11"之前	最低点及日期
GDP 增长率（%）	0.31	-1.33（2001 年 3 季度）
劳动生产率（%）	2.05	1.02（2001 年 3 季度）
失业率（%）	4.9	5.8（2001 年 12 月）
消费者价格指数变化（%）	2.72	1.14（2002 年 1 月）
联邦基金利率（%）	3.75	1.75（2001 年 12 月）
30 年期抵押贷款利率（%）	6.89	6.45（2001 年 9 月）
标准普尔 500 种股票指数	1092	966（2001 年 9 月 21 日）

资料来源：美国商务部经济分析局、劳工统计局及美联储数据。

自从第二次世界大战以来，美国经济衰退的平均长度为 11 个月。如果按这种长度推算，美国经济将在 2002 年 1—7 月之间开始复苏。实际上，2001 年年底已出现了某些复苏的迹象。四季度美国劳动生产率增长出人意料地强劲，增速高达 5.2%。四季度的 GDP 增长速度也超出人们的预期。另外，有人指出，高技术部门依然颇具活力。到 2001 年 9 月，美国有 54%的人在使用互联网，年增长率高达 26%；2001 年电子商务总销售量达到 326 亿美元，比上年增长 19.3%。即使在高技术投资疲软的情况下，2001 年第四季度美国电脑设备和软件销售，也达到了 4080 亿美元，尽管与 2000 年同比下降了 16%，但仍处于历史高水平上。因此，这一次衰退持续时间可能很短，程度也可能很轻。有些美国媒体甚至开始质疑全国经济研究局有关衰退的判断是否下得过于仓促。

不过，按全国经济研究局的定义，2001 年，美国的经济活动确实出现了普遍的收缩，工业生产、就业、批发和零售都出现了明显的实质性的下滑，并持续了相当长的一段时间，其表现与近来历次衰退的平均水平已不相上下。即使美国经济在 2002 年年初或年中就开始复苏，2001 年经济衰退的判断也还是可以成立的。

“9·11”事件与美国国内政治

倪 峰

发生在纽约和华盛顿的“超级恐怖袭击”，可以说是自冷战结束以来最具震撼力的突发性事件，它对几乎每一个美国人的生活和生存状态都产生了重大的影响。在以往，由于天然的地理位置，有许多人将美国称为“和平的孤岛”，而此次发生在其政治和经济中心的袭击事件，破天荒地使所有的美国人第一次集体地感受到，他们突然失去了那种几乎是与生俱来的安全感。总之，恐怖主义的这次超大规模突袭以及由此造成的对美国人心理的冲击，正在使美国的政治生态发生许多重要而又微妙的嬗变。在这里，本文就“9·11”事件对美国国内政治的影响谈几点看法。

一 总统及行政部门权力扩张

我们知道，美国政治体制的主要特征是三权分立，政府的权力为行政、立法、司法三个部门分享。但权力的分布经常处于一种动态过程中。通常情况下，美国面对各种危机的时候，总统的权力达到顶峰，这时总统也会在三大部门之间进行一些协商，但重大决定大多由总统及主要幕僚单独做出。这主要是因为，在危机时刻，总统的职位和权力在处理此类问题时享有天然的制度优势。同时，这时美国国民普遍认为，维护国家利益的最好方式是有强有力的行政领导。关于这一点，我们可以从布什总统在袭击发生后获得前所未有的93%的支持率中略见一斑。另外，从总统的主要制衡机构——国会的角度来看，当美国利益受到严重威胁时，公众通常坚定地支持总统，这时与总统唱反调，容易招致选民的不满，不利于连选。因此，这时国会也愿意服从总统的领导。“9·11”事件发生之后，也出现了这种权力向总统和行政部门集中的现象。

由于这次恐怖袭击造成的危机可以说是空前的，因此，各种政治权力向总统方面集中的程度，也超过了冷战结束以来的历次危机。例如，在1991年海湾战争前夕，国会有相当多的议员对动用武力表示反对或者疑虑；在1995年的波黑战争中，有相当多的议员认为，当时他们之所以支持美军在波黑的行动是受到了总统和行政部门的哄骗，为此，在维和行动开始之后，国会采取了许多措施限制总统和行政部门的海外行动；而在1999年的科索沃战争中，许多议员并没有因为战争而放松对克林顿的性丑闻的攻击和指责。

而在此次危机中，总统的权力可以说达到了冷战结束以来的顶峰。首先，袭击发生后不久，参众两院分别以98票对零票和420票对1票通过议案，授权布什总统“可以使用所有必要和适当的武力，对付他判定曾策划、授意、从事或协助‘9·11’恐怖攻击的国家、组织或个人，或是庇护那些组织和个人的国家、组织或个人”。国会给予总统如此巨大、宽泛的授权，而且如此顺利地通过，这在美国历史上也是少见的。众议院反对党领袖戈普哈特甚至在议案讨论中建议，进一步增加对总统的授权。

其次，国会对总统的拨款要求几乎是一路绿灯。我们知道，在美国的政治体制中，国会最主要的实权是“钱袋权”，没有国会的拨款，总统和行政部门可以说是寸步难行，这也是国会能够制衡总统的力量所在。“9·11”事件之后，国会几乎自动放弃自己在这方面的制衡权。2001年9月中旬，参众两院以压倒性多数同意拨出400亿美元的紧急拨款用来对抗恐怖主义；之后，又通过了布什总统建议的150亿美元航空业援助法案；2001年9月下旬，又以压倒性票数批准了一项总额高达3430亿美元国防拨款法案。如此众多并数额庞大的拨款，在如此短的时间内，以如此快的速度获得通过，这在美国政治中可以说是奇观了。

第三，与立法部门的放权相对应，行政部门的权力迅速扩张。从行政部门的机构设置的角度看，布什政府在应对恐怖主义的行动中，迅速成立了“战争内阁”，这在第二次世界大战结束以来还是第一次；另外，布什政府还强化了情报部门的职能和权力，不仅大幅增加了对中央情报局、联邦调查局等情治部门的拨款，而且赋予其绕过正常的法律程序，进行电话监听、搜查，以及没收资产和拘捕嫌犯的权力。2001年9月21日，布什宣布成立内阁级别的国土安全办公室（Office of Homeland Security），并在2001年10月8日，任命宾夕法尼亚州州长、共和党人里德为该机构的负责人，协调包括国防部、司法部、运输部、能源部、联邦调查局、中央情报局、公共卫生系统在内的几十个部门的国内治安工作，里奇被媒体称为“反恐怖沙皇”。有许多人预测，该机构有可能成为像美国国防部那样的超级强力部门。2001年10月9日，布什又任命了两名反恐怖总统特别顾问。2001年11月19日，布什签署航空安全法案，依据该法案，美国将改变现行机场行李和旅客安检由私人保安公司负责的做法。机场安全将由运输部新成立的运输安全局负责，所有机场安检人员将由联邦政府的雇员担当，这些安检人员必须是美国公民，并接受犯罪背景调查。该法案还规定，运输部可以授权飞行员在驾驶舱携带武器。由联邦政府直接负责机场安全，这在美国历史上还是第一次。总之，总统及行政权力的迅速扩张、国家机器的强化以及它们对社会控制能力的加强，已成为“9·11”事件之后美国国内政治变化中一个十分引人注目的现象。

二 党派斗争受到抑制

冷战结束之后，美国的党派斗争呈现出进一步加剧的倾向。1995年行政部门的两度关门和1998年的克林顿性丑闻弹劾案，可以说是这种党派斗争加剧最具代表性的体现。而2000年一场有争议的总统选举，又使民主、共和两党之间的裂痕进一步扩大。造成这种现象的原因是多方面的，其中一个重要原因就是冷战的结束以及美国在国际社会所获得的优越地位，为这种党派斗争的发酵提供了适宜的外部环境。一些美国人也试图寻找或制造一些外部威胁来增强美国的凝聚力，如“日本威胁论”、“中国威胁论”、“流氓国家威胁论”，以及“导弹威胁论”等等。然而，这些所谓的“威胁”，或不够直接具体，或不够强大，或自身提法上就有问题，不足以在美国国内形成广泛共识。而此次从天而降的惨祸使美国遭受了巨大的人员、财产损失，每一个百姓都感受到了切实的威胁，从而对党派斗争的扩展产生了强大的抑制力。

从近期观察来看，民主、共和两党表现出前所未有的团结和高度一致，参议院多数党领袖民主党人达施勒表示：“面对恐怖行动，我们必须团结一致，确保类似恶性事件不会再在美国发生。”众议院少数党领袖戈普哈特表示，在此关键时刻，民主党将全力支持总统，布什无论提出什么样的要求都会有求必应，只多不少。而民主党参议员利伯曼和里克则坚决支持布什将反恐战争扩大到阿富汗以外的地区。这种情景在“9·11”事件发生之前可以说是不可想象的。而在事发的第二天，两党就协商一致地表示，将努力排除在有关国家导弹防御系统问题上的歧见。而“9·11”事件之后，国会通过的所有有关国内和对外政策的大多数议案都是以压倒性多数高票通过。总之，从某种程度上说，突如其来的恐怖袭击至少使两党高层跨越了因2000年总统选举所造成的巨大裂痕，两党暂时将党派斗争放在了一边。这种情景是否能够持续值得我们做进一步的观察。

三 政治文化出现反转

越战后期，由于政治和军事上的惨败，美国开始比较全面地对越战进行反思，提出了国家安全与民主的关系这样一个命题，并展开了广泛和深入的讨论。得出的基本结论是：不能以国家安全的名义压制个人自由，必须对行政权力进行更强有力的制衡和监督。于是，出现了国会权力的复兴、战争权力法案、新闻媒体等社会组织对行政部门监督作用的加强、党派斗争的日益活跃、强调弱势群体和少数族裔的权利，以及“水门事件”和“伊朗门事件”的披露和调查等，社会的自由度在不断增加，公民的个人权利得到更多保障，政府的权力受到更大的制约。其中尽管有反复，但这已成为自 20 世纪 70 年代以来美国政治文化的主流。

而“9·11”事件之后，美国的政治文化出现了一些新的动向。美国一些著名政治人物提出了一些引人注目的主张，如，包括许多自由派人士在内的国会议员主张并积极支持联邦行政部门扩权。总统安全事务助理赖斯告诫美国人，今后的美国不能再像现在这样生活下去了。众议院议长哈斯特德称，为了反恐怖主义，美国人应考虑牺牲一部分自由。参议员麦凯恩和贝赫则提出议案，要求扩大美国的国民服务队，以便让更多的成年公民参与国家防御。

政府部门则采取了许多非常措施。在袭击事件发生后不久，布什便命令各州州长让国民警卫队进驻机场、港口、政府办公地点，以及重要的设施等。之后，行政部门向国会提交了反恐怖法案，其中包括这样一些条款：司法部有权拘留涉嫌从事恐怖活动的外国人 6 个月甚至更长的时间（这与第二次世界大战期间对日裔美国人实施长期关押有许多相似之处)；给予执法机构更大的权力进行电话窃听、搜查、没收财产；取消须在5年内对恐怖主义犯罪提出起诉的限制令；正式把窝藏恐怖分子列为犯罪等。该法案在经过几处不大的改动之后，在参众两院以压倒性多数迅速通过，并经2001年10月26日布什总统签署之后正式生效。美国国防部长拉姆斯菲尔德还做出了这样的宣示，美军的中层指挥官已获得授权，如果有飞机威胁美国城市的安全，可不经批准下令将其击落。布什政府的一些官员多次表示，考虑恢复70年代福特政府废止的暗杀令。

同时，美国政府对新闻媒体进行更加严密的看管，在反恐战争开始后不久，白宫便宣布，有关战争进展向国会的吹风会，将严格限制人数，只包括共和、民主两党在参众两院的领袖及情报委员会的负责人，共8名议员，并称“这是一种整体性的关注，我们有义务保护军事行动的安全、情报来源的方法，以及敏感的执法调查”。布什在向全国发表讲话时也称：“我们采取的一些行动、赢得的一些胜利将不为公众所知。”国会也发出命令，禁止采访任何“支持恐怖主义国家的官员和任何恐怖组织的成员”，以防止恐怖分子趁机煽动暴乱。白宫、国务院、国防部和司法部等部门举行的新闻发布会，都严格地统一报道口径。同时，政府还施加各种影响限制不同声音，例如，美国政府召集几大主流媒体集团开会，试图说服他们不再播放拉登的录像。而平时一贯与政府“对着干”的美国媒体，此次也纷纷走起了爱国路线，许多媒体在新闻画面上加上了美国国旗，许多主持人出镜时戴上带有美国国旗图案的胸针。同时，他们还纷纷表示愿意放弃一些很有新闻价值的录像。例如，CNN表示就算拉登接受他们的专访也不一定播出，该机构还发了内部通知给记者编辑，要求他们在报道阿富汗平民伤亡的时候不忘提到“塔利班是窝藏了杀死5000美国人元凶的恐怖组织”，以示美国军人是为了正义而战。总之，新闻舆论出现了少有的一致：支持政府，矛头直指拉登及塔利班，在战事报道和国内治安等敏感问题上出言谨慎。“公民知情权”及“言论自由”受到了越来越多的限制。据《纽约时报》最近的披露，自“9·11”之后，已有多名媒体从业人员因批评布什总统或发表不同意见而遭到白宫或国务院的批评，有的甚至因此而丢掉了饭碗。

在美国各地，各级地方政府也都采取了“必要的安全措施”。以纽约为例，市政府启动了“强化欧米迦”警戒方案，对通往纽约市的所有桥梁加强警戒，进出车辆必须接受严格的安全检查；关闭主要观光景点；国民警卫队进驻曼哈顿各重要地点并加强在街面的巡逻等。市长朱利安尼这样告诫纽约市民：“在今后一段时间，纽约市民可能要面临更多的不便，但必须更加小心，接受它成为一种生活方式。”而布什本人及主要官员也反复强调，反对恐怖主义是一场长期的战争，整个美国都应该学着适应这种“新的正常状态”。

而在美国社会中也出现了一些值得关注的现象。这集中体现在两个方面：（1）整个社会环境和社会舆论正变得日益趋同。例如，对于上述政治人物的主张和政府采取的行动，大多数美国人持一种支持的立场，很少有人提出异议，甚至出现了许多对不同声音的排异现象，致使许多对政府做法有不同看法者不能或不愿表达自己的观点。(2) 整个社会的包容性出现了下滑的趋势。在种族关系方面，“9·11”事件之后，美国各地出现了许多针对阿拉伯裔美国人及穆斯林的袭击事件，据美国—伊斯兰关系协会的统计，有关这方面的案件已达600多起，一些清真寺遭到袭击，穆斯林或阿拉伯裔开设的商店被砸，一些人受到人身攻击，其中已造成3人死亡。在对待外国留学生方面，参议员范恩斯坦、吉尔在国会提出了留学生法案，要求有关签证上必须带有本人指纹；考虑取消伊朗、伊拉克、叙利亚、古巴、朝鲜等7个国家的学生进入美国；移民局重新审查美国学校接受外国学生的资格；尽快建立外国留学生跟踪管理系统；将所有学生的签证发放延期6个月，直到跟踪管理系统投入使用为止。据报道，目前，美国政府已经向200多所大学提出要求，提交有关持有F-1或J-1签证的外国留学生的个人资料，包括出勤记录、财政状况等。按照美国有关法律的规定，这些资料需要得到本人同意方可出示。但在这种非常情况下，这种有侵犯隐私权嫌疑的做法已被视为是一种“新的正常状态”了。在移民政策方面，目前联邦移民局已停止办理美国境内外籍人提出的要求归化、永久居留绿卡和其他签证申请的申请。这一冻结有可能影响到海外移民签证的申请、延期和签证种类变更等项事务的办理速度。美国政府最近还透露，他们正在考虑将6个欧洲和拉美国家从免签证入境待遇的国家名单中划掉。另外，布什政府有关给800万非法移民以合法身份的考虑也被无限期推迟了，接受难民的数额也作了大幅度下调。总之，美国的移民政策全面收紧。

所有这些，可能意味着美国的政治文化出现某种倒退。需要指出的是，在冷战时期，敌友分明，威胁主要来自边界外部，这使美国社会内部仍能保持相当大自由。然而，恐怖主义的威胁是隐性的、多种多样、随时随地、无处不在，且内外界限模糊，如何应对这样的威胁，这对美国的政治文化提出了巨大挑战。

总之，21世纪初年发生在美国的这场超级恐怖事件，对包括美国国内政治在内的各方面的影响和震撼是巨大的，其中有些已经显现，有些正在显现，有些还没有显现。它所导致的各种变化，有些可能是短期的，也有些可能是长远的，所有这些都值得我们密切关注。

中美关系：柳暗花明的一年

袁　征

2001年是布什政府上台执政的第一年。在这短短的一年中，布什政府对华政策经历了由对华强硬到寻求中方合作的调整。经过共同努力，中美关系在经历波折震荡之后，终于开始步入正轨。从这个意义上，2001年可谓是中美关系柳暗花明的一年。

一

布什上台之后，承袭共和党政府的一贯传统，推崇实力原则，漠视国际合作义务，单边主义色彩浓厚。在对华关系上，上台伊始的布什政府推行了有别于克林顿政府时期的强硬政策。

在人权问题上，布什政府继续对华施加压力。3月，为了显示对华强硬姿态，美国政府再次在联合国日内瓦人权会议上提出反华议案。尽管布什政府知道反华提案难以通过，但出于国内政治的考虑还是做出了这一姿态。如同往年一样，这项议案最终被搁置。

在台湾问题上，布什政府不再提及克林顿政府做出的“三不”承诺，力图改变“战略模糊”政策，而将其明晰化，公开扬言将协防台湾。布什本人就曾向媒体明确表示：“如果中国大陆进攻台湾，美国将竭尽所能，采取必要的行动来保卫台湾。”此外，还不顾中方的反对，允许李登辉再次访美，并提升台湾领导人陈水扁过境的礼遇。

4月24日，在年度审议对台武器出售后，布什政府不顾中国政府的反对，向台湾出售大批先进武器。其中包括4艘“基德”级驱逐舰、12架P-3C反潜水艇飞机和保证协助台湾购买8艘柴油动力潜水艇。这次军售是自1992年美国政府决定对台出售150架F-16战斗机以来规模最大的一次对台出售武器。尽管布什政府考虑到中国政府的反应，没有向台湾出售“宙斯盾”级导弹驱逐舰，但还是严重违背了中美《八一七公报》的精神。对此，中方表示了强烈的抗议。

布什政府上台后的言行，使中美关系蒙上了一层阴影。鉴于历来美国政府更替都会给中美关系带来不同程度震荡的历史经验，所以中方从两国关系的大局着想，采取了克制的态度。但是，中美军机相撞事件使得气氛骤紧，几乎将中美关系推到了对抗的边缘。4月1日，美国一架EP-3侦察机在中国南海上空对中方进行侦察活动时同中国战机相撞。中国战机机毁人亡，美国侦察机则在未经中方允许的情况下降落在中国海南岛陵水军用机场。由于布什政府采取了蛮横不讲理、进退失据的强硬立场，一度使这一问题陷入了僵局。为此，中美双方就美方人员探访、遣返和飞机归还以及费用补偿等一系列问题展开了针锋相对的较量。双方国内民众的民族主义情绪都有所抬头，也对两国政府构成了一定程度的牵制。中方认为，美国政府一直未放弃对华的监测和防范，而布什政府则认定中国对于美国构成了潜在的威胁，因而更有必要加强对华防范。可以说，这次撞机事件加深了中美双方的不信任，恶化了中美关系的整个氛围。

二

经过一番你来我往的交锋，中美最终就军机相撞事件达成了协议。在获取中方同意后，美方7月份将侦察机拆解通过大型货运飞机从海南岛陵水机场运回，中美军机相撞事件告一段落。

从2001年6月开始，中美关系开始趋向缓和。而在美国国内，一些主张发展对华关系的人士也对于布什的对华政策表示担忧。6月10日，《纽约时报》发表社论，公开指责布什政府对华政策不应由对华强硬派来主导，认为中国并不对美国构成威胁。鉴于对华政策的重要性，布什政府开始采取措施来修补中美关系。

尽管美国国会在2000年春天曾经通过议案，同意在中国加入世界贸易组织后给予中国永久正常贸易关系地位，但由于中国未能在2001年上半年加入世界贸易组织，所以美国国会还要依据以往的程序继续审议对华贸易问题。美国当地时间6月1日，布什致函国会，正式要求将中国的"正常贸易关系地位"延长一年，并阐述了发展对华贸易关系的重要性。

在中国加入世界贸易组织问题上，布什政府表达了积极支持中国加入世贸的立场。2001年6月9日，中美顺利达成中国入世协议，解决了在保险、农业补贴等领域的争议，加快了中国入世的步伐。

7月，国际奥林匹克委员会在莫斯科开会决定2008年奥运会举办城市，布什政府最终采取了模糊态度，表示美国既不支持也不反对中国申办奥运会的中立立场。这是美国出于多种考虑而做出的决定。最为重要的是美国意识到此次申奥形势已经和1993年有了很大的不同，北京获胜的几率很大。即使美国阻拦，也未必能够成功。一旦中国在美国反对的情况下胜出，美国就有可能失去许多重要的商业机会，得不偿失。况且，中国压倒多伦多而胜出，则有利于美国申办下一届奥运会。尽管美国主要是从自己的利益出发，但其采取的中立立场有利于中美关系氛围的改善。

在此前后，布什总统和江泽民主席首次通过电话，进行了沟通，相互表达了推进中美关系发展的愿望。尽管中美关系出现了波折，但美方在不同场合表达了布什将如期访华的愿望。中方则本着“韬光养晦”的策略，表达了重视和发展中美关系的诚意，并为此采取了一些具体的行动，诸如淡化间谍案问题和恢复允许美国军舰停靠香港等等。

2001年7月28—29日，为了缓和中美关系和为布什访华做准备，美国国务卿鲍威尔到访北京。经过双方商谈，中美之间达成了四项协议：第一，中美两国于当年9月召开第14次中美经济委员会会议，并在年内适当时候举行中美商业贸易联合委员会会议；第二，双方原则上同意在当年8月举行海上军事安全磋商机制专门会议；第三，双方原则上同意恢复自1999年中断的中美政府间人权对话；第四，中美双方原则上同意就核不扩散问题举行专家磋商。中美高层的往来增进了相互的了解，缓和了紧张的中美关系，使其朝着积极的方向发展。

9月初，中国国家主席江泽民在香港表示，中国高度重视发展中美关系，主张从战略高度和长远角度看待中美关系，妥善处理分歧，在中美三个联合公报原则和国际关系准则的基础上，保持和发展一个健康、稳定的双边关系。

这样，中美关系在经过了春季的震荡之后，经过中美双方的共同努力，双边关系逐渐朝着正常的方向发展。

三

2001年9月11日，美国遭受了震惊全世界的恐怖袭击事件，人员财产蒙受重大损失。在震惊之余，布什政府认识到恐怖主义对于美国的重大威胁，反恐成为美国的首要任务，而这需要包括中国在内的国际社会的合作。由此，“9·11”恐怖袭击事件的发生，为中美关系的改善提供了良好的契机。

在美国遭受恐怖袭击之后不久，江泽民主席就和布什总统通了电话，表明了中国反对一切形式恐怖主义的立场，美方则感谢中方的支持，表示布什将如期出席即将在中国上海举行的APEC会议。此后，中美双方开始就分享有关反恐怖主义情报、切断恐怖主义的经费来源等方面进行了卓有成效的合作。

2001年10月，亚太经合组织会议在中国上海举办。尽管美国已经开始了对阿富汗的轰炸，但为了赢得国际社会对美国反恐战争的支持，布什总统还是如期参加了这次会议。APEC会议在中国的召开，为中美首脑会晤提供了契机。10月19日，布什总统和江泽民主席举行了具有建设性意义的会晤，相互就反恐合作、推动中美关系发展和维护世界和平与稳定等重大问题交换了意见。中方对于美国反恐斗争给予了原则上的支持，而美方对于中国的支持与合作表示感谢。中美双方决定正式建立反恐双边磋商机制，加强反恐合作。尽管双方在一些问题上仍然有分歧，但都表示在求同存异的基础上推进中美关系的发展。在会晤中，布什首次明确表示美国寻求同中国建立起“一种坦诚、有建设性和合作性的关系”。这一新定位是布什上台以来最为积极的表态。中美首脑的会晤，有助于增进相互的理解，为中美关系的稳定与发展奠定了一个良好的开端。

2001年12月27日，布什总统签署命令，正式宣布给予中国永久正常贸易关系地位，从而结束了多年来美国国会根据《杰克逊—瓦尼克法案》对给予中国正常贸易关系地位进行年度审议的历史。目前，美国已经成为中国的第二大贸易伙伴，同时也是中国最大的出口市场。而中国则是美国的第四大贸易伙伴。2001年，中美双边贸易又上了一个新台阶。根据中国海关总署的统计，2001年中美之间的双边贸易总额达到805亿美元，是1979年中美建交时的32.8倍。而中国加入世界贸易组织，美国给与中国永久正常贸易地位，将会进一步加深中美两国经济依赖的程度。中美经贸关系合作的日益密切，已经成为中美关系发展的一个重要基石。

四

从上面的论述中，可以发现中美关系在短短的一年时间内经过了三个阶段，即对抗、缓和和改善。由于美国遭受恐怖袭击事件，相对前任克林顿上台初期，布什政府对华政策的调整加快了步伐，对华政策的基本轮廓已经显现出来。

布什政府对华政策的调整，可以从其对中国定位的变化上反映出来。在2000年的总统大选中，布什和他的竞选班子将中国称做“战略竞争者”，指责克林顿政府对华政策过于软弱。这种定位在当时引起了人们的极大关注。在上台之初，布什政府表示不再寻求同中国建立“战略合作伙伴关系”，而是将中国视为“战略竞争者”，认为中国是美国在亚洲的主要挑战；主张强化美国同亚洲地区盟国的关系，将日本作为其亚洲政策的基点。从这一思想出发，布什政府在人权、台湾、西藏等问题上采取了强硬的立场。其后，布什班子开始出现了一些松动，提法趋向缓和，表示“一个作为战略伙伴的中国并不存在，但中国也不是我们不可避免和不可饶恕的敌人”；中国在一些问题上是一个伙伴，而在另外一些问题上则是一个竞争者；“中国是一个竞争者和潜在的地区对手，但也是一个愿意在像朝鲜问题这样的我们的战略利益相同的问题上予以合作的贸易伙伴”。到了当年的7月份，国务卿鲍威尔和国家安全顾问赖斯等都在不同场合不再使用“战略竞争者”这种描述，而是认为中美关系是非常复杂的，既有竞争的层面，也有许多共同利益，况且还受到许多不同因素的影响，不是简单的一个术语所能够涵括的。鲍威尔在访华期间，首次提出要同中方建立“建设性合作关系”。到了10月份上海亚太经合组织会议期间，布什总统也公开表示，“美国希望与中国保持一种建设性关系”。

纵观整个2001年，尽管中美关系出现了较大的波折，但总体来看，布什上台后的对华政策有着相当的连贯性。由于中国战略地位的重要性，布什政府很难从根本上改变对华接触政策，只是政策的两面性更加明显。相对克林顿政府时期的对华政策，布什政府秉承了共和党的风格，更加侧重现实主义原则，强调实力求和平，在安全问题上对华采取更加强硬的立场。在与中国接触的同时，对华防范的一面正在加强。美国力图牵制中国的发展，压缩中国的战略空间，提高控制亚太局势的能力，防止中国“出轨”，以免危及美国的霸主地位。

不仅如此，从一年的发展来看，布什政府的对华政策正在朝着一种多层面性的方向发展，即在能够合作的问题上寻求合作，而在存在分歧的问题上采取更为强硬的立场。其中的一个方面，就是鉴于中美经济联系日益密切的现状，力图将安全和贸易问题分开。布什政府希望通过这种接触将中国融入西方所主导的国际体系之中。

五

由于反恐任务的艰巨性，所以在一个较长的时期里，打击恐怖主义将是美国维护自身安全的首要目标。反恐为中美关系开拓了一个全新的合作领域，这将会缓解美国对于中国的挤压，从而使中美关系有可能得到相对平稳发展的时间。事实上，与布什上台之初相比，“9·11”恐怖袭击事件之后，美国国内保守势力的“中国威胁论”的噪音有所减弱，对华舆论环境有所变化。应当说，打击恐怖主义是中美关系在下半年得到改善的一个重要原因。

在充分肯定反恐给中美关系改善带来契机的同时，我们必须看到，反恐合作还不足以使中美关系发生根本性的变化。

首先，目前中美在反恐问题上的合作还远不能同冷战时期共同对付苏联的需要相提并论，双方的合作基础并不稳固。中国对于美国所能提供的帮助有限，而阿富汗战争出乎意料的顺利，更使美国决策层认定中国所能发挥的作用有限，霸权主义倾向更趋明显。况且，中美对恐怖主义的界定、反恐的目的及方式等问题上都有明显的分歧。中方对于美国反恐的支持是有条件的和有限度的，反对美国无限度地扩大反恐战争，特别是借反恐之名来铲除异己、谋求霸权的做法；而布什政府则坚持不认同中方关于新疆分裂分子是恐怖主义势力的立场。中国试图通过反恐来推进中美关系的发展，而美国则是期望通过暂时缓和中美关系来赢得中国对其反恐的支持。不难看出，双方的着眼点发生了一定程度的错位。归结起来，那就是，反恐并不能像冷战时期苏联因素那样成为支配中美关系发展的决定性因素。

其次，美国对华的两面性不仅没有发生任何的变化，而且对华防范的一面还在加强。尽管目前美国需要中国在反恐斗争中的合作，但这并未改变美国对于中国长期以来的不信任。这一点可以从 2001 年 9 月底美国国防部发布的四年一度的“防务评估报告”中看出来。在该报告中，关于东亚地区安全局势，认为“一个有着令人畏惧的资源基础的军事竞争对手在这个地区（东亚和东亚沿海地区）出现的可能性是存在的”。尽管这份报告发布在“9·11”恐怖袭击事件之后，措词也尽量模糊，但人们还是一眼看出美国对于中国崛起的疑惧和防范之心。在具体步骤上，针对新的国际形势，美国加快了战略部署的调整，已经着手将战略重心从欧洲转向亚洲，增强在亚太地区的军事部署。不仅如此，布什政府力图组建亚太安全体系，有意在该地区建立一个美国所主导的同盟体系，将美日、美澳和美韩三边的安保条约联系起来。尽管美国一再表示不针对任何具体国家，但这个体系潜在的目标就是应对中国的崛起。

第三，中美之间固有的矛盾和分歧依旧存在，甚至根本就无法得到解决。布什政府上台之后，继续在影响中美关系发展的台湾、人权、宗教和不扩散等问题上向中国施加压力。即使在“9·11”恐怖袭击事件之后，尽管美国寻求中国在反恐问题上的合作，但布什政府并没有放弃利用这些问题来对中国施加压力，干预中国内政。包括布什本人在内的美国政府领导人在多种场合强调美国不会因为反恐合作而放松对于人权问题的关注。在台湾问题上，美高层人士多次表态，中美合作打击恐怖主义决不会牺牲台湾的利益。美国执意要履行向台湾出售柴油潜艇的计划，并支持台湾加入世界卫生组织。所有这些，必然会对中美关系的正常发展产生负面影响。

第四，在决策层面上，一些对华不太友好的保守派人士占据了重要的职位，主张对华采取强硬的政策。布什政府内部诸如国务院、国防部和国家安全委员会等机构中一些身居要职的人物，冷战思维浓厚，力求维护美国独霸地位。其中，国防部长拉姆斯菲尔德、国防部副部长沃尔福威茨、副国务卿阿米蒂奇、负责军控和国际安全的国务卿博尔顿，以及出任副总统切尼办公室主任兼国家安全顾问的莱比等都对华抱有成见，主张不必顾及中国的反对，大力推进导弹防御体系的部署，并将日本作为美国对亚洲政策的基石，力图贬低中国的战略重要性。他们还将中国描绘成对美国的潜在威胁，要求强化对中国的防范，更为严格地限制对华技术出口。不仅如此，在他们当中，不乏主张对华强硬、加强对台湾支持的人物。这些人的思想必然会对于布什政府的对华政策产生不容忽视的影响。事实上，在反恐战争展开后，布什政府内部“鹰派”的影响力有所上升。他们的存在，必然会为中美关系的进一步改善增加阻力。

放眼未来，考虑到中美双边利益关系的错综复杂，未来中美关系的基本模式还是在斗争中求合作。在相当长的一个时期，中美关系仍将处于在波折中求发展的状态。

布什政府的军控政策：调整与变革

樊 吉 社

布什总统执政一年来，美国的军控和裁军政策经历了重大的调整与变革，此次调整的核心内容是发展导弹防御系统，并由此牵动美国在其他军控问题上的转变。《核政策审议报告》（*Nuclear Posture Review*）的出台和美国宣布退出《反导条约》标志着美国军控政策调整臻于完成，布什政府主张的“新安全框架”浮出水面，以条约和协议为主要内容的国际军控和裁军机制遭到重创。

一 布什政府的导弹防御政策

冷战结束后的十年中，无论是在美国国内还是在国际社会中，导弹防御一直是一个备受争议的问题。克林顿总统的八年任期内一直同积极主张发展导弹防御系统的共和党议员周旋，直至卸任前夕才宣布推迟做出部署国家导弹防御系统（NMD）的决定。无论是在竞选期间还是在就任总统后，布什一改前任在导弹防御问题上的政策，大力推进导弹防御系统的研发和部署准备工作。

（一）大力推进导弹防御系统

在竞选总统期间，布什就明确宣示了他的导弹防御政策主张。他认为，美国应该尽快从可供选择的方案中选择一个有效的导弹防御系统进行部署，这样的一个导弹防御系统不仅要保护美国的50个州，还要保护美国的海外驻军和盟友，部署将不局限于一个地点，部署形式将不单单包括陆基导弹防御系统，还可能包括海基和空基导弹防御系统。至于美国同盟国和俄罗斯在导弹防御系统问题上的分歧，他主张同盟国进行磋商，并向俄罗斯提出修改《反导条约》的附加条款，以便部署导弹防御系统不违背条约；如果俄拒绝接受，美国将根据条约的规定立即通知俄罗斯，美国将退出条约。

就任总统后，布什在导弹防御问题上的政策基本上秉持了他在竞选期间的承诺。消解各国对导弹防御系统的反对并导致美国部署这样一套系统是他坚定不移的目标，为此他和他的内阁班子做出了不懈的外交努力，争取盟国和其他国家的理解和支持：（1）2001年2月3日至4日，国防部长拉姆斯菲尔德参加了第37届慕尼黑安全政策会议，向与会的美洲、欧洲、亚洲的三十多个国家的政府官员和专家推销NMD。（2）4月30日，布什总统分别打电话给英国、法国、德国和加拿大的领导人以及北约秘书长，与他们讨论美国建立导弹防御系统的计划。（3）5月1日，布什总统在美国防大学发表演讲，称必须摆脱已经签署了30年的《反导条约》的限制，因为该条约既不能反映现实，也不能指明未来，为突破《反导条约》进行舆论准备。（4）5月初，为了说服其他国家接受美国研发并部署导弹防御系统，美国派出了庞大的游说团赴欧洲、俄罗斯、加拿大、中国和其他亚洲国家进行游说。除了印度和澳大利亚做出了积极回应，其他国家反应冷淡。（5）5月，在北约理事会举行的外长和国防部长会议上，国务卿鲍威尔和国防部长拉姆斯菲尔德力劝欧洲盟国支持NMD，但和者甚寡。（6）6月中旬，布什总统踏访欧洲，试图修补美欧关系裂痕，同时兜售导弹防御计划。（7）美俄之间关于导弹防御和《反导条约》的磋商从未中止，但双方并没有达成任何共识。（8）自7月中旬开始，美国政府官员陆续放风，表示美国可能单方面按照自己的时间表退出《反导条约》。

在做出这些外交努力的同时，美国对导弹防御的研发仍在积极进行，并分别在2001年的7月和12月进行了两次导弹拦截试验，均获得成功。此前，美国还进行过二次NMD拦截试验，1999年10月2日的试验获得成功，2000年1月18日和7月8日的拦截实验均遭失败。

（二）退出《反导条约》

尽管美国对俄罗斯“诱”、“压”相逼、“胡萝卜”与“大棒”并用，但俄罗斯拒绝在《反导条约》问题上做出妥协，美俄之间的有关磋商迟迟不能取得任何进展，而布什政府急于展开建立导弹防御系统的准备工作。2001年12月13日，布什总统发表声明，宣布退出条约。这意味着美俄多年来就此问题的谈判磋商宣告终结，如果不出什么意外，6个月后美国就可以不受条约的约束，放手发展导弹防御系统。

美国宣布退约之时，在阿富汗的反恐怖战争尚未结束，美国仍然需要俄罗斯的合作；俄罗斯已经表示美国进行反导试验并不违背《反导条约》；美国目前还没有一套成型的反导系统可供部署，这时候退约似乎显得突兀。但是，细致考察一下布什总统在导弹防御问题上的政策立场，退约的举动显然“顺理成章”。

首先，布什总统决意要加速导弹防御系统的研发、试验和部署进程，其他问题均需服从发展多层导弹防御系统的要求。在这点上，布什总统的立场迥异于其前任。克林顿总统力主综合考虑导弹威胁程度、系统的费用、技术可行性和对国际军控的影响，希望同俄罗斯谈判修改条约；布什则认为《反导条约》是“过时的、冷战的遗物”，美国需要“超越”条约的限制。布什总统并不在意国际社会的反对，而且希望“一揽子”解决发展反导系统受到的限制，排除法律上的障碍。

其次，由于“9·11”事件的出现，两党对布什总统外交政策的一致支持缔造了对布什退约有利的国内氛围。事件之前，美国国内反对发展导弹防御系统的人不赞成布什政府“急躁冒进”。事件之后，布什总统的“鹰派”班子和国会中的多数共和党议员大肆宣扬建立导弹防御系统的迫切性，公众对布什政府保卫美国安全的政策更倾向于表示支持。

其二，反恐怖战争的爆发使得美国获得了国际社会的支持，美国预期退约不会遭致俄罗斯的过度反应。“9·11”事件为美俄关系的改善带来了新的契机，普京总统毫不犹豫地抓住了这个机会，“大踏步”向美国靠拢，美俄关系迅速得到改善。普京总统11月访美，两国在削减战略核武器问题上取得进展，俄深度削减战略武器的要求得到了满足，美国预料到俄不会对美国退出条约做出过激反应。美国宣布退约后俄罗斯发表的声明也证实了这一点。

美国宣布退出《反导条约》，标志着美国国内就此问题展开的争论以鹰派的胜利而宣告结束，阻碍美国大力推进导弹防御系统的最后一道法律屏障消失了。

二 布什政府在其他军控问题上的政策

在积极推进导弹防御系统的同时，布什政府还主张大幅度削减战略武器，这是布什政府军控政策的惟一亮点。除此之外，布什政府的其他军控政策几乎都不同程度上对当前的国际军控和裁军机制产生了消极影响。

（一）削减战略武器

美苏经历了长达9年的谈判后，终于在1991年7月前苏联解体前夕达成了第一个削减战略武器条约，这就是《第一阶段削减战略武器条约》。老布什总统在卸任前夕同俄罗斯达成了《第二阶段削减战略武器条约》。此后，有关削减战略武器和切实执行削减战略武器条约成了美俄军控和裁军谈判中的焦点问题，尽管美俄都曾表达过深度削减战略武器的愿望，但由于导弹防御系统问题的介入，双方就削减战略武器条约展开的谈判始终没有结果。两国的主要分歧在于是否遵守《反导条约》，禁止发展具有全国防御能力的反导系统，以及第三个削减战略武器条约应将各自战略武器削减到什么样的水平。

布什总统就任之初就明确表示，要深度削减战略武器。他认为美国面临的国际环境已经发生了很大变化，当前的威胁已经不是冷战时期苏联的核武器进攻，而是大规模杀伤性武器的扩散、恐怖主义、核武器的安全问题。美国应该重新思考新的安全环境下核威慑的需求，可根据核态势评估决定核武库的数量，寻求满足战略需求的最低核武库数量。美国能够深度削减核武库并降低战略武器的战备状态，没必要进行漫长的谈判，可以采取带头作用。布什在削减战略武器问题上的政策显然不同于克林顿，他不再主张双边对等削减，这为美俄就深度削减战略武器达成共识奠定了基础。

2001年7月，美俄首脑在热那亚八国首脑峰会后进行了会晤，双方同意将导弹防御系统与削减战略武器联系起来，以便达成新的战略协定。这种“共识”既说明两国在《反导条约》修改或存废问题上迈出了实质性的一步，又意味着两国具备了消除战略武器削减数目分歧的可能。普京总统2001年11月访美期间，两国首脑各自表示要将战略核武器削减2/3，美国希望削减到1700—2200枚，这与俄罗斯期望达到的削减水平已经相去不远。首脑会晤期间的声明只是政策意向，并非一个具有法律约束力的条约或协定。俄罗斯希望将这种共识落实为一个条约，削减数目进一步降低到1500—2200枚，可以核查并且彻底销毁核弹头。美国并不赞成花太多时间谈判一个像《第二阶段削减战略武器条约》那样一个核查机制比较完备的条约，而且主张将处于值勤状态的核弹头拆除并储存起来，而不是销毁。

2002年1月9日，美国国防部负责国际安全政策的助理国务卿J.D.克劳奇在新闻发布会上公布了《核政策审议报告》的非机密内容。根据这个报告，美国计划大幅度改变核安全态势，不再高度依赖进攻性核武器，建立“能力导向型”而不是“威胁导向型”战略核力量，更重视常规和精确制导武器及导弹防御系统的部署。由洲际导弹、战略轰炸机和潜射导弹组成的三位一体的战略核力量将逐步被经过削减的、相对较小的核能力和非核能力取代，非核能力包括先进的常规武器和导弹防御系统。该报告还要求近4000枚多余的弹头不被销毁，而是被储存起来，以便需要时重新投入使用。布什总统还不赞成通过谈判达成军控目标。根据美俄首脑会晤时双方的声明和《核政策审议报告》的内容，可以得出这样的结论：布什总统着重发展导弹防御能力和通过谈判或者单方面深度削减战略武器的政策基本上能够得到贯彻，但这种削减由于持续时间较长、有可能不是通过签署条约削减，而且仍有相当数量的弹头削减不是彻底销毁，而是转为储存状态，战略武器削减存在逆转的可能。

（二）无限期推迟《全面禁止核试验条约》审批

美参院在1999年10月否决了批准《全面禁止核试验条约》(CTBT)的决议案，引起了国际社会的忧虑和严重关注。布什在竞选期间曾经表示《全面禁止核试验条约》无法制止扩散，不是强制性的，不能核查，还可能影响美国确保其核武器的安全性和可靠性，因此不会敦促国会批准该条约。布什就任总统后，国际社会仍然期望美国能够批准条约，从而推动陷于停滞的国际军控和裁军进程。但布什并没有采取任何能够推进这个条约获得批准的行动，反而在2001年7月要求参议院“无限期推迟”审批《全面禁止核试验条约》，条约从此被打入冷宫。

2001年11月11日，联合国召开促进《全面禁止核试验条约》生效大会，主要目的是讨论尽快批准条约，促进条约尽快生效。

拥有核武器最多、进行核试验最多的美国对此次大会予以抵制，没有派出会议代表，并再次重申不支持此条约。

不仅《全面禁止核试验条约》在美国参议院获得批准的可能性微乎其微，美国还有可能恢复核试验。自布什总统的父亲老布什在1992年下令暂停核试验和1996年克林顿总统延长暂停核试验措施以来，美国一直没有进行地下核试验。尽管《核政策审议报告》建议继续维持暂停核试验的禁令，但有报道称布什要求国会拨款以加快必要时恢复核试验的速度。国防部长拉姆斯菲尔德也声称美国保留恢复进行地下核试验的可能性。如果美国深度削减战略武器，为了保证核武器的安全性和可靠性，对于一个偏爱单边主义行动的政府来说，恢复核试验并不是不可能的事情。一旦美国恢复了核试验，《全面禁止核试验条约》存在的基础将随之丧失。

（三）抵制《禁止生物武器公约》核查议定书与阻挠《行动纲领》

《禁止生物武器公约》核查议定书的谈判历经7年，在2001年上半年基本拟就。在谈判的最后关头，美国对议定书由支持转向反对。2001年7月25日，美国宣布拒绝签署该议定书草案后，11月在《禁止生物武器公约》第五次审议大会上再次重申其反对立场，从而使国际社会近期达成议定书的希望彻底落空。

在《禁止生物武器公约》第五次审议大会期间，美国国务院负责军备控制和国际安全事务的副国务卿约翰·R.博尔顿在日内瓦发表讲话说，已被美国拒绝的议定书草案无法解决违约问题。博尔顿指责公约的议定书在三个方面存在缺陷：（1）将威胁生物战争防御计划的有效性，因为其武器核查条款可使有攻击性生物武器计划的国家能够了解全国性防御计划，从而设计出击败这些防御计划的先进的反措施；（2）将削弱美国和其他西方国家的出口控制计划；（3）将对经营性商业情报构成威胁。

除了对《禁止生物武器公约》核查议定书进行抵制之外，美国在2001年7月初联合国关于小型与轻型武器违禁贸易及所有相关问题的会议上也进行阻挠。美国反对安理会在此问题上发挥更具体的作用，不接受在《行动纲领》中加入有关处理民间拥有枪支和禁止向非国家群体出售武器的条文。

另外，“9·11”事件发生后，布什总统于2001年9月22日解除了1998年针对印度和巴基斯坦进行核试验而对这两个国家实施的制裁，这更进一步表明美国在国际军控和裁军问题上的功利主义色彩。

三 美国军控政策的调整与变革：新安全框架

冷战结束之初，国际军控和裁军曾经进入一个“黄金时期”：美俄达成了《第二阶段削减战略武器条约》、《核不扩散条约》得到无限期延长，各国达成了《全面禁止核试验条约》，以及出现了东南亚和非洲两个无核区。国际军控和裁军领域至此形成了较为完善的核军控机制，它包括美俄系列《削减战略武器条约》、《反导条约》、《全面禁止核试验条约》和《核不扩散条约》。克林顿总统虽然更强调防止大规模杀伤性武器及其运载工具的扩散，但他在任期间，美国采取了多边机制来解决分歧，因此获得了较大成功。

随着共和党右翼势力积极推动国家导弹防御系统的研发部署，孤立主义思潮甚嚣尘上。美国国内就军控、裁军和不扩散问题展开了激烈的讨论。美国国内对此类问题的看法分为两类：一类观点认为国家间的合作至关重要，有效的合作可以在大规模杀伤性武器扩散出现之前就予以制止；即使出现了扩散，美国也可以利用其可信的战略威慑能力慑止这些武器的使用；另一类观点则从根本上怀疑军控机制的有效性，认为大规模杀伤性武器及其运载攻击的扩散不可避免，传统的不扩散机制无法有效防止扩散，无论是采取政治、经济还是外交手段，都无法慑止那些决心获得这类武器的国家。这些悲观主义者热心支持研发并部署国家导弹防御系统（NMD）、立即废除《反导条约》，认为冷战时期“相互确保摧毁”的威慑战略并不能慑止这些国家获取大规模杀伤性武器的努力；传统的军控和裁军政策并不能解决美国当前可能面临的威胁，美国已经具备了放弃“相互确保摧毁”战略的经济、技术条件，有必要保持“进攻性威慑”（Offensive Deterrence）的同时发展“防御性威慑”（Defensive Deterrence），即建立攻防兼备的安全战略，确保美国的绝对安全。

布什在竞选期间成了这些悲观主义者的代言人。就任总统后，他对美国的军控政策做出的大幅度调整和变革似乎表明，美国的军控政策正进入一个新的时代，即“后后冷战时代”。这个时代的特点是美国绝对安全利益为主导、单方面政策宣示为行为方式，建立攻防兼备的“能力导向型”而不是“威胁导向型”战略力量，对美国有利是考虑问题的出发点，必要时可以撕毁任何有碍美国行动的军控和裁军条约，保卫美国绝对安全为终极目标。美国将据此倡导建立一个新的安全框架，这个安全框架奠基于告别冷战时代的认识之上。既然俄罗斯已经不再是美国的敌人，美国就没有必要维持一个庞大的核武库，深度裁减战略武器——如果有可能，还要降低战略武器的预警状态。这种裁减可以通过签署条约进行，也可以单方面裁减。裁减的弹头不一定全部销毁，可以将其转入储存状态，需要时重新投入使用；为了维持储存弹头的安全性和可靠性，必要时可以恢复核试验。针对大规模杀伤性武器及其运载工具扩散构成的威胁，美国不仅要防止此类武器的扩散，还要采取措施应对此类武器一旦扩散后的威胁，那就是消除这些威胁，可以主动攻击，也可以积极防御。为此，美国既要利用对美国有利的不扩散机制，发展先进的常规和精确制导武器，又要建立导弹防御系统。

不扩散、反扩散、导弹防御、削减战略武器是布什总统倡导建立的新安全框架的四个组成部分。布什总统能否建立这样的安全框架？这样的安全框架能否确保美国绝对安全？历史会给出准确的答案。

2001年美国防务战略与QDR

徐　辉

2001年9月30日，应国会的要求，美国国防部发表了新版《四年防务审查报告》（*Quadrennial Defense Review*，以下简称《报告》）。该《报告》从酝酿到正式出台历时近一年，受到美国总统布什及其防务班子的高度关注，并经历了国防部审查小组和军方将领以及有关国会议员之间的反复辩论和“9·11”事件的巨大冲击。反观过去一年来的美国防务战略实践，可以认为，该报告反映了小布什政府防务决策部门特别是五角大楼，对安全环境的认识和扩大美军优势的长远战略构想。现就《报告》内容及其过去一年的战略实践和制约因素予以简要介绍和分析。

一

《报告》分为八个部分，从不同侧面阐述了美国21世纪的防务战略构想。与以往的报告相比，它突出强调安全环境的“不确定性”，提出了“基于能力”制定战略的新理念，要加强“本土防御”与“前沿威慑”，使美军有能力对付“全频谱军事挑战”，并誓言要为应付未来挑战实现“军队转型”。

安全环境的“不确定性”与“基于能力”制定战略　冷战结束后，安全环境的“不确定性”一直是困扰美国防务决策的一个难题。但以往的各类防务报告基本能够从中明确几项主要威胁，如地区冲突、武器扩散、跨国威胁、人道主义灾难等等。在新的

《报告》里，国防部长拉姆斯菲尔德在前言中先是承认“9·11”恐怖袭击是“给美国人带来极大恐惧的战争”，而后笔锋一转，接连使用了四个“不”来强调他对美国当前所处安全环境的看法：“我们今天要进行的战争不是美国选择的”；“我们不能也不会准确得知美国的利益会在何时何地受到威胁”；“我们能够看清种种趋势，但不能知道具体事件何时发生；我们能够识别种种威胁，但不可能得知美国及其朋友何时何地会受到攻击”；“我们要力争获得更好的情报，但也一定要记住我们的情报不可能尽善尽美”。随后，《报告》提出了几个认为相对明确的地缘政治和军事技术发展趋势。

关于地缘政治发展趋势，《报告》再次强调，与冷战时期相比，现在的国际体系变得更加易变和不可预测。其中特别指出：“从中东到东北亚有一个广阔的弧形不稳定地区，这里既有正在崛起的，也有日渐衰败的地区大国。”与克林顿时期担心前社会主义国家民主改革进程失败相反，该《报告》把亚、非、拉地区有些国家国力衰竭或政府管理失败视为重大安全威胁，认为这是恐怖主义和其他跨国犯罪行为得以滋生或发展的温床。军事技术发展趋势主要是指在科技进步与全球化的共同作用下，CBRNE武器（即化学、生物、放射、核和增强高爆炸药武器）以及弹道导弹、信息网络和空间技术的发展和扩散速度都迅速提高，“夺取空间控制权”和网络信息战将成为军事竞争的新领域。

基于这一环境判断，《报告》认为，由于美国难以准确预知威胁来自何时、何地、何方，只能判明那些对美国怀有敌意的国家和非国家行为体可能拥有的能力和手段，因此，美国必须把制定防务计划的基础由以往一直占主导地位的“基于威胁”（threat-based）模式转变为面向未来的“基于能力”（capabilities-based）模式。这种模式更关注敌人可能如何作战，而不是敌人可能是谁或战争可能在哪里爆发的问题。换句话说，仅仅筹划在遥远的地区进行大规模战争是不够的，“为威慑和打败那些试图依靠突袭、欺骗和不对称战争达到目的的敌人，美国必须认清自己需要何种能力”。为此，“美国在关键领域保持现有军事优势的同时，还要开发新的优势领域，并剥夺敌人采取不对称行动方面的优势”。

本土防御与前沿威慑　《报告》指出，保卫美国本土不受攻击是防务战略的基点。由于本土安全责任由联邦、州、地方的许多机构分担，为了增强各机构之间的合作和协调，美国专门成立了“国土安全局”，各州和地方政府也成立了相应的协调机构。为了使美军能够承担本土防御任务，国防部成立了由国民警卫队和海军陆战队联合组成的对付大规模杀伤武器支援部队。国防部还将继续审查现役及预备役部队的作用和责任，保证其组织、训练、装备和战备状态都符合有效保卫美国的要求，并把它作为军队转型的一项重要内容。

“前沿威慑”由四个部分构成。第一，要根据地缘政治发展趋势的需求，加强在世界关键地区的基地网络建设和军事存在，重新部署部队和装备，提高前沿驻军的联合作战与威慑能力，并向其提供全球情报、打击和信息资源支持，使其在只需少量战区外增援的情况下，拥有对敌领土全纵深实施精确打击的能力，从而慑止侵略和胁迫行为。第二，加强与地区盟友和伙伴的安全合作，获取关键地区准入和设施使用权，实施联合训练和演习，保持关键地区力量对比优势，增强潜在对手进行军事竞争的代价。为了增强美军承诺的可信度，《报告》还把“让盟国和友邦放心”作为四大防务战略目标之一。第三，提高美军的全球力量投送能力，保证在前沿威慑一旦失败的情况下，增强威慑或决定性地战胜任何敌人。第四，国防部将发展导弹防御、信息战和反恐作战等新的威慑手段。毫无疑问，核威慑能力也是该战略的重要组成部分。

改变部队规划模式与应付“全频谱军事挑战”　《报告》认

为，随着时间的推移和安全环境的变化，以往那种专注于在东北亚和西南亚两大地区同时打赢两场战区战争为要求的部队规划模式，既缺乏依据，也无法适应新的安全现实。因此，计划从地区和功能两个方面着眼，逐步改变这种部队规划模式，使美军具备保卫美国、在关键地区前沿慑止侵略和胁迫、在同时发生的地区战争中迅速取胜、实施数量有限的小规模应急作战等“全频谱军事挑战”（across the spectrum of military challenges）的能力。

《报告》指出，新的部队规划模式的提出，并不意味着美国将放弃在东北亚和西南亚的义务，而是为了转变观念，使部队结构和规模更加灵活、多能，适应对手能力不断增强、安全环境充满“不确定性”的现实和发展趋势，符合“基于能力”制定战略的需要，减少美军可能面临的风险。美军“要保持在两个战场上展开大规模作战的能力，强力推行美国意志，消除未来可能的威胁，并能在两个战场中的一个彻底击败对手。这还包括有能力占领敌方领土或为改变政权创造条件”。为此，美军在改变部队规划模式的同时，对全球部署态势进行调整。除保持在西欧和东北亚的基地和驻军外，陆军将组建前沿驻守的“中型战斗旅”（IBCTs），并寻求在阿拉伯湾地区部署更多的地面部队；海军将加强航母战斗群在西太平洋地区的存在，并在该地区增派3—4艘水面舰艇及多艘巡航导弹潜艇；空军将加强在太平洋、印度洋和阿拉伯湾的应急基地建设；海军陆战队将拟定把部分海上预置装备从地中海调配到印度洋和阿拉伯湾地区的方案，并探索在西太平洋地区进行近海作战训练的可能性；国防部将根据新的战略重点地区调整特种部队及其装备的全球部署。

“军队转型”与“劝阻竞争” 《报告》提出，要达成防务战略的目标，就必须实现美国武装力量的转型（transformation）。即通过对新的作战理论和能力的研究、新老技术的开发利用以及新编制体制的探索，使美军更加有效地利用机遇，应对近期或未来的新的战略战役挑战。“转型既可能带来战争方式和规模的根本变化，也可能导致新的战争形态的出现，进而使从前的战争方法变得过时或居于从属地位，使美军的优势持久地保持下去。”目前的转型重点及其要达成的关键作战目标包括：保护本土和海外作战基地并挫败 CBRNE 武器及其运载工具的威胁；确保信息系统面临攻击时的安全并实施有效的信息作战；在远方“抗拒进入”或“区域阻隔”的环境中投送和维持美军行动；通过持续监视、跟踪以及快速的精确打击使敌军无处藏身；增强航天系统性能和生存力；运用信息技术和新概念技术发展相互适应的作战与侦察联合系统 C^4ISR 系统（包括指挥、控制、通讯、计算机、情报、监视、侦察等功能）。

《报告》认为，鉴于军队转型涉及知识、社会和技术等诸多方面，将导致战争观、组织体制以及战争行为发生根本变革，具有很大的路径依赖性，它将以循序渐进的方式展开。但是，由于先期实现转型的小规模部队将拥有关键性的尖端技术手段，会产生巨大的军事、政治及战略影响。为了减少转型进程带来的各种风险，国防部成立了“风险评估”办公室，以保证近期能力与未来需要之间、军事能力与战略需求之间、各部门和利益集团之间的平衡。

为了保证转型成功，探索对付未来挑战的新的能力，就要进行大量的“转型试验”。它包括各种新式武器、新的作战理论、编制体制以及作战方案的试验和演习。如弹道导弹拦截试验，争夺太空控制权和信息战演习，向“抗拒进入”和“区域阻隔”地区投送美军力量的演习等等，都是“转型试验”的重要内容。《报告》指出，除获得新的军事能力之外，这种“转型试验”还将使未来的对手面临极端复杂的选择。为了应付美军的优势，他们要么对美军的大部分或者全部能力做出反应，从而使他们有限的资源捉襟见肘；要么集中对付一种或几种能力，但在其他能力面前将变得十分脆弱。当面对这种两难境地时，潜在的对手可能首先变得不愿进行军事竞争，从而达到“劝阻竞争”（Dissuading-Competition）、扩大并长期保持美军优势的目的。

二

众所周知，在克林顿民主党政府执政的八年间，共和党保守势力几乎从未停止对其防务战略的攻击。从上述《报告》内容和小布什共和党政府执政一年来的实际情况看，在维护美国世界领导地位、扩大美国利益和影响的总体战略目标上，与克林顿政府的“预防性防务”战略并没有差别。但是，在防务战略的具体内容上发生了很大变化，其中最根本的变化是，安全观念向保守的实力政策回归，强调依靠实力追求美国利益，维护美国领导地位。

“预防性防务”战略的前提假设是“民主和平论”。它认为在全球化的大背景下，通过美国在经济、政治和军事领域的全面参与，可以促进全球经济发展，扩大民主阵营，从而逐步消除冲突的根源，维护美国领导下的世界和平。在共和党鹰派人士（如国防部长拉姆斯菲尔德、副部长沃尔福威茨以及起草小组领导人马歇尔等）提交的2001年度《四年防务审查报告》中，虽然也提出“美国的领导地位有赖于尊重法治的国际体系”，但已经见不到“人道主义干预”的字眼，更没有民主和人权的地位。它所反映的是典型的现实主义强权政治思维，认定国际关系的基本逻辑仍是实力的竞争与较量，美国要想永远保持惟一超级大国的优势地位，只有依靠增强美国的实力来威慑对手，使之不敢挑战美国的利益，一旦威慑失败，则运用美军的优势一举击败之。

其实，新政府安全观念的保守化并不令人感到意外。与民主党相比，共和党从不掩饰通过实力追求美国利益的企图。早在

2000年1月的选举期间，现任总统国家安全顾问赖斯便在《外交》杂志上发表文章，一方面批评克林顿安全政策过于理想主义并损害了美国利益，一方面以获得冷战胜利为由，为传统现实主义的强权政治辩护，主张共和党将继续坚持这一传统安全观念，把美国的战略建立在强大的实力基础之上。循此思路，看一个对手是否对美国构成威胁，将主要看它可能拥有的实力，美国应对挑战的关键也在于增强自身实力，扩大优势。《报告》中提出的“军队转型”、“前沿威慑”、“劝阻竞争”等概念与里根政府时期提出的“重建美军实力”、“多层次威慑”、“竞争战略”等主张如出一辙。克林顿政府的国家安全事务助理塞缪尔·伯杰卸任之前曾在《外交》杂志发表署名文章，劝告下届政府“要运用美国榜样的力量而非实力来维护美国的领导地位”。但布什政府却从克林顿时期关于“遏制”还是“接触”的辩论中走出来，选择了类似里根政府所走过的道路，试图依靠实力、威慑、竞争“三位一体”的战略，防止现实对手对美国的威胁和潜在对手对美国领导地位的挑战。

这一变化说明，美国新防务战略将改变克林顿政府时期在世界各地推广民主、进行人道主义干预及从事大量维和行动的做法，把注意力集中在那些对美国利益构成挑战的各种能力以及拥有这些能力的国家和非国家行为体身上。这将使美国防务战略所关注的问题、地区、对手相对集中和明确。《报告》对地缘政治、军事科技、军事实力的关注就是最好的说明。但出乎美国决策集团预料的是，“9·11”事件的发生迫使美国不得不把反恐作为当前的首要任务。但是，美国在“9·11”事件之后的防务战略实践表明，到目前为止，美国对恐怖袭击的反思和反恐需要都没有改变美国防务战略调整的方向。无论是军费的大幅度增加、全球战略部署的调整以及军备发展方向都没有因恐怖袭击的发生而改变。美国2001年防务战略的重点集中在下述三个方面。

保卫的重点是美国本土　战后五十多年来，美国一直通过海外驻军和干预的方式使外部威胁远离美国本土，从未认真准备过对本土的防御，甚至还曾经通过相关法律（如 The Commitatus Act）禁止美国军队在国内使用武力。据报道，在“9·11”事件发生时，只有约二十架战机担任整个美国大陆 48 个州的保卫和巡逻任务，而且值勤的重点区域也不是纽约和华盛顿。“9·11”事件的发生，给美国人心目中天然的安全感画上了句号。它表明：美国不再能够指望未来战争只会涉及海外地区，美国的领土已经成为对手打击的目标。五角大楼还认为，CBNRE 武器及其运载工具很可能成为下一次打击美国本土及其海外存在的主要手段。为此，美国采取了本土防御和“前沿威慑”双管齐下的战略，并把重点放在“保卫美国、保卫其陆地、空中和太空通道”上。在直接加强本土防卫的同时，《报告》还提出了多层次的“前沿威慑”战略。因为这一战略不仅有利于维护美国在海外的利益，还有助于“慑止对美国本土的威胁”，在需要时可从远距离上破坏、阻止或摧毁敌对行为体。

打击的重点是恐怖主义　“9·11”恐怖袭击确实把美国打了个措手不及，迫使其不得不把反恐作为当前的首要任务。冷战结束后一度失去重心的防务战略似乎又有了新的目标，外交政策也开始围绕反恐轴心而旋转。为了建立国际反恐联盟，美国的单边主义有所收敛。在“9·11”之后，布什主动与盟国和世界主要大国首脑紧急通话；美国国会立刻答应支付长期拖欠的联合国会费；主要决策部门领导人也展开了穿梭式访问，建立国际反恐联盟；就连中国加入 WTO 的最后障碍，也在一夜之间予以解决；美国还主动要求同欧洲盟国恢复谈判强化《禁止生物武器公约》的议定书，而几个月之前，布什政府一直拒绝这样做。但是，在国家导弹防御系统等事关美国根本利益的问题上，美国并没有改变其原有立场，不仅最终撤出了反导条约，而且要扩大国家导弹防御系统的功能和防御范围。即使在反恐问题上，也不时表现出单边主义的强硬态度。“要么站在我们一边，要么站在恐怖主义一边”的布什主义，与冷战时期非敌即友的思维模式没什么两样，而且，仅仅表态还不够，还必须以实际行动支持美国反恐行动。

在对“9.11”事件的反思方面，国际社会普遍认为，事件的症结在于美国到处干涉、树敌过多。但美国主流社会，特别是保守势力的反思却刚好相反，认为遭受打击的原因恰恰在于美国对世界安全事务管理不够，现在是该“严加管教”的时候了。国际反恐联盟的迅速建立以及阿富汗战争初战告捷，进一步坚定了他们对实力政策的信念，在国际舞台上变得更加咄咄逼人，要利用反恐之机，对一切可能拥有大规模杀伤性武器的反美势力予以打击。布什在总统咨文中提出的“邪恶轴心论”的目的亦在于强化这一进程。在美国强大实力的震慑下，的确有许多被怀疑与恐怖袭击有关的国家都开始打击本国的恐怖势力，惟恐成为美军的下一个打击目标。但布什的“邪恶轴心论”亦遭到了许多盟国在内的国际社会的普遍反对，在是否打击伊拉克问题上，盟国之间也出现了明显的分歧，这无疑对维持国际反恐联盟的有效性和持久性构成了挑战。

战备的重点是亚太地区　从布什上台到《报告》出台之前，美国便加强了对亚太地区的战略关注和军事投入，如加紧研制战区导弹防御系统，提升对台军售档次，强化美国与日本、澳大利亚以及韩国的军事同盟关系，试图组建亚太地区“小北约”，呼吁让日本发挥类似英国在欧洲安全中的特殊作用等。《报告》本身也强调，欧洲地区除巴尔干之外基本处于和平状态，与俄罗斯也存在着合作的机会。但是，“从孟加拉湾到日本海的东亚滨海地区是一个特具挑战性的地区”。因为“在这一地区存在着出现一个有丰富资源的军事对手的可能性”。而“美国在这一地区的基地和途中设施的密度低于其他重要地区，在这一地区获得设施使用权的把握也较低”。因此，“维护亚洲的稳定的平衡是一项复杂的任务”，必须加强在该地区的军事存在，增强向该地区投送美军力量的能力。在进行反恐战争的同时，美军的力量很快以前所未有的速度进入了中亚、南亚以及东南亚地区。美国的盟国日本也在向外派兵问题上向前迈出了一大步，为美日两国今后落实防卫合作指针扫除了部分障碍。当然，这到底是出于反恐战争的需要还是基于长远的地缘政治考虑还有待进一步证实。但无论是出于何种原因，美军在上述地区的出现与《报告》所提出的地缘政治目标并不矛盾。国防部长拉姆斯菲尔德在2001年年底举行的一次记者招待会上明确表示，战时联盟肯定会对战后的安全格局产生深远影响，美军不会在近期内撤出乌兹别克斯坦等中亚地区。

其实，美国对亚太地区的关注并非始于布什政府。早在克林顿执政后期，美军便开始加强同位于关键地缘政治地区的亚太国家（如印度、越南、菲律宾等）的安全合作关系，增强驻日美军的战斗力，与很多东盟国家签署了地区准入和设施使用权协议，军事侦察和联合演习也在不断增加。但是，由于小布什政府更倾向于运用美军的实力，通过威慑和竞争迫使可能的对手让步，或者拖垮对手，甚至提出增强强行进入的能力。因此，引起本地区乃至更大范围的军备竞赛或军事摩擦的可能性大大提高。中美南海“撞机事件”就是其先兆之一。

虽然《报告》本身只字未提中国，但是把中国当作主要对手的思想已经跃然纸上。有专家指出，美国国防部完全是出于反恐战争的需要，才没有在正式报告中直接提到中国，但关于在亚太地区“存在着出现一个有丰富资源的军事对手的可能性”及其相关描述显然是指中国。《报告》中关于“抗拒进入”和“区域阻隔”威胁，“弹道导弹和巡航导弹的饱和式攻击可能阻止美军进入海外基地、机场或港口，先进的防空系统可以阻止美军用飞机进入敌对空域，反舰巡航导弹、先进的柴油潜艇和先进的水雷可以威胁美国海军和两栖作战部队在沿海地区作战”等等一系列描述，加之小布什政府鹰派人士的一贯反华立场和“保卫台湾”的言论，很容易使人联想到中国以及台湾问题。就连有的美国学者也认为，这里指的就是中国，说得再具体一些，就是台湾问题。据2002年3月9日的《华盛顿邮报》报道说，根据国防部刚刚制定的一项政策，一旦中国以武力解决台湾问题，美国可以考虑使用核武器。

反恐战争和布什访华的确给缓和中美关系提供了契机，经过高层接触之后，双方的了解进一步增加，并提出建立“建设性合作关系”。但到目前为止，并没能解决中美之间在一系列问题上的根本分歧，也没有改变反华保守势力的立场。就在布什访问北京前夕，美国中央情报局局长特尼特仍在向国会散布“中国威胁论”。他说，“9·11”事件改变了中国同美国打交道的背景，但是根本性的东西没有改变。中国经济竞争力日益增强，而且在建设现代化的军队，其最终目标就是要使自己成为东亚强国，这将对美国在亚洲的战略地位构成挑战。显而易见，“9·11”事件并没有改变美国保守势力的安全观念和政策主张。

三

当然，《四年防务审查报告》还只是一个战略性文件，它所提出的只是一个长远战略构想，还需要具体的国家安全战略、军事战略以及实施细则等予以支持。一般而言，随着内外安全环境的发展变化，美国的防务战略还可能进行调整。但是，从布什政府防务班子的构成、他们的安全观念以及过去一年来的表现看，只要反恐战争不出现大的挫折，上述的防务战略及其重点发生根本性变化的可能性并不大。当然，这并不是说《报告》提出的战略构想就一定能够得以顺利实施。随着时间的推移，它将面临的各种不确定因素和内在矛盾也会日益显现。其中能否处理好下述几对关系，将是制约美国今后防务战略走向的关键。

第一，传统安全与非传统安全的关系。毫无疑问，反恐战争是近期美国安全的头等大事。但值得注意的是，《报告》本身并没有把打击恐怖主义作为主要内容，在长达80页、由八个部分组成的《报告》中，并没有专门的一章论述反恐问题。以往防务报告中大量出现的维持和平、走私贩毒、跨国犯罪、环境安全等一系列非传统安全问题也都没有涉及。《报告》最关注的是可能出现的地缘政治挑战。这显然不大符合当今时代安全环境的基本特征，也不利于消除恐怖主义产生的根源。小布什政府上台以来在许多非传统安全问题上的单边主义行为，已经引起了盟国和国际社会的强烈不满，并不断遭到国内自由派人士的批评。

第二，保卫本土安全与维护美国价值观念的关系。目前来看，美国在“9·11”之后采取的一系列本土防御措施已经起到了一定作用，美国公众为避免再次发生恐怖袭击和维护国内安定也做出了巨大的贡献和牺牲。但与此同时，国内治安的加强也给美国的传统价值观念带来了前所未有的另类挑战，这显然与保卫美国自由的目标相互矛盾。此外，随着时间的推移，因国难当头而暂时得到缓解的国内政治斗争，包括在防务战略上的分歧，也会逐渐浮出水面。据说，《报告》之所以未能按原计划在2001年5月出台，就是因为内部存在严重分歧。

第三，“军队转型”与现实需要的关系。《报告》中出现频率最高的就是“军队转型”四个字，对该问题的论述约占全文的1/4,足以说明五角大楼对其重视程度和紧迫感。实际上，自冷战和海湾战争结束以来，美国就一直在谈论转型问题，可以说是个老大难问题。其基本假设是：未来的战争不可能是上一次战争的重演，美军必须为未来可能出现的新的威胁和战争样式做好准备。然而，由于缺乏外部威胁的牵引和明确的转型目标以及涉及大量的利益分配问题，军队转型工作进展十分缓慢。美国国会要求国防部提交《四年防务审查报告》的重要目的之一正是为了加速转型进程。“9·11”事件无疑将对美国防务战略和军队结构的转型起到催化剂的作用。但是，从《报告》所提出的转型内容和目标来看，其核心在于提高美军应付来自强大的地缘政治对手、大规模杀伤性武器以及来自太空和信息网络的威胁的能力，与目前进行的反恐战争关系不大，而且需要大幅度提高军费开支。尽管《报告》提出转型将分步实施，但如何处理好转型与现实需要之间的关系，仍将是制约美国今后战略走向的重要因素。

美国对外关系的调整

李晓岗　　肖　蓉　　刘得手

2001年，受程序性的政府换届和突发性的"9·11"恐怖袭击事件影响，美国对外关系出现诸多变化。上半年，布什新政府上台后，推行与克林顿时期明显不同的外交政策；下半年，"9·11"事件和反恐战争促使美国在对外关系方面进行重大调整。

一　与亚太国家的关系

布什政府重视与亚太地区传统盟国日本、澳大利亚和韩国的关系。刚一上台布什就表示，美日联盟是美国亚洲政策的基石，美国要改变前任政府忽视日本的做法，进一步加强美日安全联盟。2001年2月，美国海军"格林维尔"号核潜艇在夏威夷附近海域进行演习时将日本"爱媛"号渔业实习船撞沉，造成9人失踪。这一事件在日本国民中一度引起很大反响，但由于美日都采取了冷静态度处理此事，布什主动表示道歉，两国关系没有因此受到明显损害。2001年3月，布什与到访的日本首相森喜朗举行会晤，重申两国的同盟关系，并表示在朝鲜半岛等有关安全问题上密切协调。2001年6月，布什在戴维营与日本首相小泉纯一郎举行会晤，这是自里根政府以来日本首相首次被邀请到戴维营。美日领导人在经济问题上取得了一致意见，强调两国将致力于促进经济增长；但在有关全球气候变暖和导弹防御问题上，双方仍然存在分歧。日本对美国寻求以新的方式减少威胁的努力表示理解，但没有明确支持国家导弹防御计划。“9·11”事件后，日本积极与美国协调政策，日本国会先后通过“反恐怖特别措施法案”、“自卫队法修正案”等法案，突破限制向国外派遣军事力量的限制，派遣驱逐舰和补给舰驶往印度洋，为美国在阿富汗的军事行动运送武器和补给。

美澳关系进一步密切。澳大利亚积极支持美国发展导弹防御计划。5月，澳外长唐纳表示，澳松树峡口的卫星中继站可以被纳入美国的导弹防御计划，“如果美国想要能够击落或破坏敌对的导弹，它需要知道导弹是否发射以及它的位置，澳大利亚不会切断对美国的这一信息传输”。2001年7月，在澳美部长级会谈中，鲍威尔和唐纳讨论了美国和亚洲主要盟国之间安全合作的新方式。唐纳主张建立澳美日三国非正式对话机制，美国国务卿鲍威尔表示支持。2001年9月，澳大利亚总理霍华德访问美国，与布什举行会晤。双方重申两国军事联盟的重要性，并就东帝汶、印尼局势和中东局势等问题交换意见。双方还就两国海军合作问题签署一项“原则声明”，两国同意在潜艇的研究开发及战术训练等方面进一步加强合作，以提高双方海军潜艇的作战能力。根据这项声明，美国海军可以使用澳方的柴油动力潜艇进行浅水区作战演习，其核动力舰只还可以使用澳方有关的训练场地和基地。双方还同意联手建立与防卫技术有关的实验室，互相向对方开放自己的研究、工程和试验设施，并准备在改进潜艇声学作战系统和软件方面进行合作。“9·11”事件后，澳大利亚根据《美澳新安全条约》，派出四艘军舰及由1550名士兵组成的部队参加美国打击阿富汗的军事行动。

韩国是美国在东北亚地区的重要盟友，但美朝关系的倒退影响了美韩关系的发展。布什上台后，韩国多次表示希望美国能够延续前任政府的政策，进一步改善朝鲜半岛局势。但布什表示要重新审议克林顿的对朝政策，中止了与朝方的接触。朝鲜政府则表示有可能重新考虑其在导弹问题和核问题上的态度，并准备根据美国对朝政策的走向采取相应的对策。美朝关系出现倒退。2001年3月，韩国总统金大中访问美国，对朝政策问题是美韩领导人会谈的核心，两国在这一问题上存在明显分歧。2001年6月，布什称美国政府已经完成对朝鲜政策的审议工作，宣布恢复美朝对话；但同时又为谈判附加了一些条件，提出双方谈判议程不仅包括朝鲜的核技术与导弹开发和出口计划，而且包括朝鲜常规部队的部署问题。“9·11”事件后，美国又要求检查朝鲜是否研制大规模杀伤性武器。美朝关系进一步恶化。

美印关系在克林顿政府后期日渐密切。布什政府上台后，美国重视印度、轻视巴基斯坦的态势更加明显。2001年2月，美国宣布放松对印度的制裁，允许印度购买美国制造的军用直升机零配件。2001年4月，印度外交部长兼国防部长辛格访问美国，受到美方高规格接待。2001年5月，在美国的盟国均不赞成美国发展国家导弹防御计划的情况下，印度表示“发展导弹防御计划是不可避免的战略和技术政策”，成为“全世界少数赞同布什计划的国家之一”。2001年7月下旬，美军参谋长联席会议主席谢尔顿访问印度，这是自1998年以来访印的最高级别的美国军官。谢尔顿同印方就战略合作、联合执行军事任务和分享武器科技等问题进行了讨论，谢尔顿宣布美印将于2001年12月恢复中断了三年的“防务政策小组”会谈。

“9·11”事件之后，巴基斯坦的地缘战略意义凸显，美国对阿富汗的军事打击行动需要倚重巴基斯坦，美巴关系迅速改善。美国取消了自1998年以来对印度、巴基斯坦两国实施的制裁措施。美国对穆沙拉夫支持美国军事打击行动，向美国开放领空和军用机场、打击国内极端势力的做法表示满意。为帮助穆沙拉夫稳定国内政局，美国向巴提供紧急援助，延长巴债务偿还期，还积极支持国际货币基金组织、世界银行向巴提供贷款，缓解巴的经济困境。2001年10月，鲍威尔在出访南亚时，访问顺序也是先巴后印。美巴关系的升温，美国对印度试图将巴基斯坦定为恐怖主义国家的做法没有响应，使印度一度产生强烈的失落感。但不久，美印关系又重现发展势头。2001年11月，美国国防部长拉姆斯菲尔德和太平洋舰队司令布莱尔先后访印，与印军方商谈加强两国军事合作问题。2001年12月，美印举行"防务政策小组"会谈，美国同意接受印度提出的七项购买美制武器装备的要求，双方决定专门成立"安全合作小组"，处理防务供应关系问题，缩短防务供应的出口许可证审批和销售过程；两国代表还讨论了联合军事演习、共同培训人员以及转让和分享技术装备的前景。2001年12月，印度议会大楼发生恐怖袭击事件后，印巴关系日趋紧张。美国在两国间采取平衡政策，敦促双方设法缓解两国之间的紧张关系。美国一方面对印度进行安抚，另一方面敦促穆沙拉夫进一步"采取强有力的和果断的措施彻底清除极端分子"。

对于美国在阿富汗的军事行动，东南亚国家反应不一。与美关系较亲密的泰、菲明确支持美的行动。2001年11月，阿罗约总统在访美时表示愿意与美国加强军事合作，共同打击阿布沙耶夫武装，美国则同意在外交、技术和军事上向菲提供援助，其中包括为菲方提供军事顾问和装备。印尼总统梅加瓦蒂最初表示坚决支持美国的反恐怖行动，但后来由于国内穆斯林的压力而采取了模糊和中立的立场。马来西亚总理马哈蒂尔一方面称"9·11"事件是"对我们所有国家的袭击"，另一方面又公开表示反对美国在阿富汗采取军事行动。

二 与中东地区的关系

布什上台之时，正是以巴冲突日益激化之际。美国在中东奉行支持以色列、遏制伊拉克并同温和的阿拉伯国家保持联系的政策。2001年2月底，鲍威尔出访中东。在以色列，鲍威尔对沙龙表示，美以关系牢不可破。在巴勒斯坦，他则表示，美国在中东优先要解决的是伊拉克问题，而不是巴以问题。“9·11”事件后，美国的中东政策发生了变化。2001年9月14日，鲍威尔提出以“反恐怖”划线的对外政策新标准，希望在建立全球反恐怖联盟问题上得到阿拉伯国家的支持。为此，美国采取疏以亲巴的做法，对以巴冲突问题，布什政府一改常态，从“不强加和平”转为积极介入。在美国的推动下，以巴双方一度实现了暂时停火。美国还承诺支持巴勒斯坦建国，并压以色列与阿拉法特举行和谈。对此，以色列总理沙龙做出强烈反应，呼吁美国和西方不要为了在反恐怖主义行动中得到阿拉伯国家的支持而牺牲以色列的利益，并引用1938年欧洲决定牺牲捷克以安抚纳粹的例子。次日，布什政府的发言人阿里·弗莱舍说：“沙龙的言论是不能接受的。”这是“9·11”事件后美以之间的第一次公开争吵。

2001年10月17日，以色列旅游部长雷哈瓦姆·泽维被暗杀，出于报复，以军侵入巴勒斯坦控制区，中东局势骤然紧张。美国谴责杀害以色列旅游部长的行为，要求巴勒斯坦当局追查元凶，同时力劝沙龙给巴勒斯坦领导人一点时间。为了维护反恐联盟，美国不愿迁就以色列的报复性军事行动。2001年10月22日，布什政府对以色列做出了几个月以来最严厉的批评，要求其立即从巴勒斯坦控制区的6座约旦河西岸城市撤军，沙龙拒绝了这一要求。泽维被杀事件使美以紧张关系加剧。

2001年11月中旬，布什政府任命前海军陆战队将军安东尼·津尼为中东问题特使。鲍威尔还宣布，负责近东事务的助理国务卿威廉·伯恩斯也将返回中东，与有关各方展开磋商。显然，美国政府的这一外交行动是为了在阿富汗军事行动战争进入“危险”阶段时争取阿拉伯国家更多的支持。为了拉拢广大阿拉伯国家，布什政府除积极干预以巴冲突外，还注意与埃及、沙特等温和的阿拉伯国家继续保持密切的关系。与此同时，布什政府没有将真主党、哈马斯和伊斯兰圣战组织列入必须冻结其资金来源的恐怖组织的名单。尤为引人注目的是，它还向叙利亚、伊朗等被其称为支持恐怖主义的国家提出了进行合作的要求。但对伊拉克，布什政府则一直采取“大棒”政策，从阿富汗战争一开始就扬言要对它采取军事行动。

在反恐战争中，美国与沙特的关系十分微妙，这是由于制造“9·11”事件的19名疑犯中有9人有沙特国籍，而且沙特政府还迫于国内强烈的反美情绪的压力而拒绝了美国动用其军事基地的请求。但布什政府不愿破坏它与沙特的关系，否认两国之间存在裂痕。美国与伊朗关系的变化也十分地耐人寻味，由于阿富汗塔利班是它们的共同敌人，美伊在反恐战争中找到了共同点。为了争取伊朗的合作，华盛顿加强了与德黑兰的外交接触，伊朗表示同意解救在其领土上遇难的美国飞行员。对于美伊关系接近，伊朗国内的保守派和美国国内的强硬派均持谨慎态度。

2001年12月初，巴勒斯坦激进组织“哈马斯”采取了一系列针对以色列的自杀性爆炸行动，美国默认了以色列的报复行动，要求阿拉法特抓捕、惩处恐怖爆炸案的肇事者，还宣布冻结设在得克萨斯州的“圣地”基金会的资产和账户，因为该基金会被指控为“哈马斯”筹措资金。阿拉法特同时面临以色列的军事压力、美国的外交压力和巴内部好战分子抵抗拒捕的压力。12月15日，布什政府宣布召回驻中东特使津尼，结束了他为期三周的毫无成果的外交斡旋。显然，美国已经改变了2001年10月中旬泽维被杀事件后在以巴问题上的态度。究其原因，美国在阿富汗的大规模军事行动已接近尾声，对阿拉伯国家支持反恐战争的需要已不那么迫切。美国在中东问题上的立场又向支持以色列复归。

三 美欧关系

美欧关系在2001年经历了从分歧到团结一致再到分歧的曲折转变。布什上任不久，就在没有通知盟国的情况下单方面宣布退出克林顿政府签署的有关全球变暖问题的《京都议定书》，这一举动使欧洲国家的领导人和环境专家感到愤怒。法国环境部长多米尼克·瓦内说："布什的行为完全是一种挑衅和不负责任的表现。"英国环境事务大臣迈克尔·米彻说，"这不仅是环境问题，我们谈论的是一个美欧之间、甚至全球范围的外交政策问题"。布什在推行国家导弹防御计划问题上的强硬态度进一步引起了欧洲盟国的担心和不满。2001年5月，布什总统在美国国防大学的演说中明确表示，他将修改或者废除1972年美苏两国签署的《反弹道导弹条约》，并推动导弹防御系统的部署。西欧国家担心这一计划会引发新一轮军备竞赛，给欧洲的安全带来新的不稳定因素。此外，在禁止使用地雷和建立国际刑事法庭以及伊拉克等问题上，美欧之间也存在分歧。这些分歧使布什任期的最初几个月美欧关系颇为微妙，以至于美欧报纸上出现了这样的标题："美欧正在走向离异"、"霸道的布什"、"暴风云笼罩大西洋"等。

"9·11"事件迅即遮蔽了美欧之间日趋增多的分歧。事件发生后，布什政府呼吁建立全球反恐怖主义联盟，欧洲主要大国对此反应异常迅速、坚决。英国首相布莱尔宣布要与美国"齐心协力"，德国总理施罗德甚至表示与美国"无条件地"团结一致，法国总统希拉克也赴华盛顿会晤布什，表示法国的支持态度。尤为值得一提的是，北约还首次启动了《北大西洋公约》第五款，即"对一个或更多成员国的武装袭击……应被视为对所有成员国的袭击"。与此同时，欧盟领导人也召开了欧洲理事会特别会议，对"9·11"事件做出强烈反应。

为了协助布什政府组建全球反恐怖主义联盟，英国首相布莱尔穿梭般地访问了巴黎、柏林、华盛顿、莫斯科、伊斯兰堡、新德里，随后又飞往中东，与叙利亚、沙特、约旦、以色列、巴勒斯坦等国家和地区的领导人会晤。在军事上，为了支持美国在阿富汗的反恐军事行动，布莱尔成立了英国“战时内阁”，授权英国海空军、特种部队参加美军在阿富汗的军事打击行动。法国除参与情报收集工作外，海军在阿拉伯海执行保护任务，同时法国还部署了针对阿富汗战场的新的空中监测手段。德国也不甘落后，在施罗德总理的推动下，德国议会通过了派兵参加反恐战争的决议。

然而，2001 年 11 月下旬，随着塔利班政权的瓦解，美国在阿富汗战争中取得决定性的胜利，美欧之间出现分歧。这些分歧涉及在阿富汗的人道主义救援、维和、阿富汗临时政府组成、引渡恐怖主义疑犯，以及扩大反恐怖战争等。英法德等欧盟国家积极主张尽快实施对阿富汗难民的人道主义救援工作，并组建一支国际维和部队，以维护塔利班垮台后阿富汗的秩序。美国则将在阿富汗行动的重点转向摧毁塔利班残余势力和抓捕“基地”组织和塔利班的领导人本·拉登和奥马尔，美军也没有参与欧盟各国组建的国际维和部队。此外，对于美国欲将反恐战争扩大到伊拉克、也门、索马里等国的计划，欧洲各国也疑虑重重。

四 美俄关系

2001 年，美俄关系经历了由紧张转向缓和、进而密切合作的发展过程。布什上台后，批评克林顿政府“理想化”的对俄政策，在美俄关系上采取强硬姿态。美国政府大规模驱逐俄罗斯外交官，会晤车臣反政府武装领导人，批评普京总统打击车臣叛乱分子的政策，指责俄罗斯向伊朗和朝鲜输出武器和军事技术。美国还批评普京政府控制国内舆论、实行加强中央权力的政策，声称对俄有可能走向集权和独裁的倾向非常担忧。在美俄经济关系方面，美国也扬言要停止已经承诺的贷款和经济援助，并在俄罗斯加入世界贸易组织问题上重重设阻。美俄关系由此一度下降到冷战结束以来的最低点。

2001年5月，美国开始缓和其对俄政策。布什在美国国防大学作“美国新军事战略”演讲时，第一次公开宣称，俄罗斯已推进民主化进程，“不再是美国的敌人”。2001年6月，布什和普京在斯洛文尼亚举行首次会晤。双方表示要在更广泛的安全、双边经济合作等领域开展建设性对话，进而建立一种较为稳定的合作关系。2001年7月，在热那亚八国峰会期间，布什和普京举行双边会谈，达成将部署国家导弹防御体系与削减进攻性战略武器相挂钩的协议，为后来两国同意削减进攻性战略武器奠定了基础。美俄高层频繁接触显示出美俄关系趋于改善。

“9·11”事件极大地推动已处于良好发展势头的美俄关系朝着战略伙伴关系方向发展。事件发生后，普京是第一位给布什总统打电话的外国领导人。在美国打击阿富汗塔利班政权和本·拉登及其“基地”组织的军事行动中，普京在提供情报和后勤援助方面给予积极配合，并表示俄罗斯愿意为美军作战提供搜寻和救援行动。

2001年11月，普京第一次正式访问美国，美俄首脑在削减进攻性战略武器方面取得一致。美国同意在10年之内削减2/3的核弹头。即从目前的7000多枚削减到1700—2200枚；俄罗斯也将削减2/3的核弹头，双方还讨论了如何防止核武器、导弹等大规模杀伤性武器扩散的问题，并就两国新型关系、反恐、阿富汗战后重建、双边经济合作等问题发表了六项联合声明，双方同意分享打击生化恐怖主义的情报和研究成果，改善保护和统计核材料的方法，断绝恐怖分子获得核武器和生化武器的一切来源。双方在联合声明中强调，“以尊重民主的价值、自由市场和法制为基础，美俄两国解决了冷战后遗留的问题。双方不把对方视做对手或威胁”。虽然双方仍未能消除在《反弹道导弹条约》问题上的分歧，但极大消除了相互间的敌意。因此，这次访问可以说是美俄走出冷战阴影，建立新型伙伴关系的重要一步。2001 年 12 月 13 日，布什宣布美国单方面退出《反弹道导弹条约》。他将美国退出《反弹道导弹条约》与俄罗斯和美国的战略伙伴关系联系起来：“苏联已不复存在，俄罗斯已成为美国的战略伙伴”，“我们将推进导弹防御构想。为此，有必要脱下《反弹道导弹条约》这件旧衣服”。俄虽然对美国单方面退出条约表示遗憾，但却冷静地接受了美国的决定。美国如愿以偿地摆脱了《反弹道导弹条约》对其发展导弹防御体系的制约，剔除了这一长期引起美俄纷争的问题，为今后美俄新型战略伙伴关系的发展扫除了障碍。

2001 年美俄关系中还出现了一个新的因素，即美国借反恐战争之机进入中亚地区。“9·11”事件后，俄罗斯在与中亚国家协商后宣布俄罗斯及中亚国家支持美国在阿的军事行动，并准备为美国“实施反恐行动”运输人道物资的飞机提供“空中走廊”。俄的这一做法受到美国的高度评价，称美俄反恐合作是“全球反恐怖努力的核心因素”。美国与俄及中亚国家的关系急剧升温。2001 年 10 月，美国国防部长拉姆斯菲尔德访问乌兹别克斯坦、塔吉克斯坦。美塔达成加强在反恐行动中的军事合作的协议，塔吉克斯坦向美国提供三个用来对阿实施轰炸的军用机场。乌兹别克斯坦同意提供领空及一个军用机场，但表示不同意美军从乌境内向阿富汗发动空袭或地面战争。与此同时，美国陆军第十山地师的 1000 名官兵进驻乌兹别克斯坦的铁尔梅兹军用机场。这是“9·11”事件以来美国向中亚地区派遣的第一支地面部队。2001 年 11 月，美宣布将扩大与乌方的广泛合作关系，援助和支持乌加快实施其经济和社会改革计划，向乌提供价值 1 亿美元的一揽子援助。

2001年12月，国务卿鲍威尔先后对乌兹别克斯坦和哈萨克斯坦进行短暂工作访问。原定访问吉尔吉斯斯坦的计划由于大雪浓雾而被取消。鲍威尔此次访问的直接成果之一是乌同意开放位于乌阿边境地区阿姆河上的“友谊桥”，以扩大人道主义援助物资的过境能力。哈方表示愿提供领空支持和军事基地，并积极参与阿富汗战后重建。2001年12月6日，吉尔吉斯斯坦议会决定，向美国在阿富汗参加反恐行动的军用飞机提供比什凯克马纳斯民用机场。美国对该机场的使用期暂定为一年。

对于美国与中亚各国在反恐斗争中的密切合作，虽然普京声称，“如果俄罗斯与西方及美国在安全问题上的关系发生质的变化，那么俄罗斯就不会对中亚各国全面发展与西方以及美国的关系有任何担忧”。但实际上，由于俄在中亚地区拥有重要战略利益，它对美国势力进入这一地区仍然保持相当的警惕。

美国在国际战线上的反恐战争

张　帆

"9·11"事件后，以布什总统为首的美国政要利用各种公开场合反复强调，反恐战争是一场在国内、国际战线上同时展开的、牵涉众多领域的特殊战争。美国除在国内强化国家安全机构，采取一系列打击、防范恐怖主义的措施外，还迅速建立起一个广泛的国际联盟，展开国际战线上的反恐战争。

美国在争取国际支持的过程中，一再重申，反对恐怖主义"不仅仅是美国的斗争，危在旦夕的也不仅仅是美国的自由，这是整个世界的斗争，这是整个人类文明的斗争，这是所有相信进步和多元、相信宽容和自由的人们的斗争"。从实际需要看，反恐战争的特殊性使美国不得不依赖国际合作。恐怖分子的活动基地、行动范围和破坏对象都是国际性的，他们正是利用一个日益开放的国际环境使其活动不断升级，美国必须与其他国家合作才能有效打击恐怖主义。

美国在国际战线上的反恐战争主要包括建立国际联盟以实现情报共享和金融领域的合作，以及对阿富汗实施直接军事打击。

一　情报共享

虽然"9·11"事件在某种程度上被视为美国情报界的一大失败，但事后美国对国家安全的高度重视使情报机构的地位反而空前提高，情报工作被认为是打击恐怖主义最重要的手段之一。除在国内加强对恐怖主义的防范外，美国积极加强情报领域的国际合作，涉及国家之多、内容之广，是前所未有的。

在这次国际反恐战争中与美国进行情报合作的国家大致可以分为以下几类：

（一）历史上与美国已有较长时期的情报合作关系的那些国家，如北约盟国，特别是英国、日本、以色列等。美国在“9·11”事件后首先利用这种与盟国的情报合作关系展开国际反恐战争，美国呼吁和推动的情报共享巩固和加强了与这些国家已有的情报交流活动。2001 年 10 月底，美国向欧盟提出 47 项协助美国打击恐怖主义的方法，其中包括增加美欧两地的情报分享。

（二）俄罗斯和中国。冷战后，美国在评估俄、中实力及其对美国地缘战略的影响时，均在一定程度上把这两个国家视为潜在对手，这一事实突出了“9·11”事件后美国与这两个国家实现情报分享的意义。2001 年 10 月和 11 月在上海和华盛顿的美俄首脑会晤后举行的记者招待会上，布什总统对俄罗斯在“9·11”事件后提供的帮助给予了高度评价，尤其提到“俄罗斯正贡献关于恐怖主义组织的有价值的情报”。10 月 19 日，在上海举行的亚太经合组织首脑会议期间，中国国家主席江泽民与布什总统进行了会谈，在他们举行的记者招待会上，布什称“中国是全球反恐怖主义联盟的重要合作伙伴……中国政府坚定地承诺与我们加强情报方面的合作”。

（三）其他中小国家。2001 年 9 月 22 日，美国放弃根据《格伦法案》对巴基斯坦和印度实施的制裁，为美国与这两个国家在情报及其他领域的合作创造了条件。美国与诸如印、巴这样的国家进行情报分享主要基于这些国家特殊的地理位置或国内民族构成可以为美国掌握有关情报、有效打击恐怖分子提供便利。这类国家还包括其他一些小国。2001 年 10 月 20 日，一位美国政府高级官员在介绍布什总统和秘鲁、新加坡、文莱领导人的双边会晤时指出，布什总统对他们“集中谈到信息和情报分享的重要性……他们说他们愿意分享信息。而且，在某些事例中，已经分享了信息”。这位官员还提到布什总统赞扬了美国与马来西亚进行情报分享时双方“所持有的合作精神”。

“9·11”事件后，作为美国国际反恐战争的一部分而被加以大力推广的情报分享，不仅涉及众多国家，而且情报分享的内容也涉及众多领域，除传统的政治、军事情报外，还包括金融、移民、海关等方面的情报。

另外，同过去的对外情报交流活动比较，美国这次更强调情报的“分享”、“共有”，正如布什总统指出过的，“不仅我们会对你们拥有的任何信息感兴趣，而且，我可以向你们保证……如果我们得到任何会使你们感兴趣的信息，我们会确保把此信息提供给你们”。

美国所进行的情报共享的国际努力取得了一定效果，到2001年年底时，布什总统已经能够这样说，“由于反恐联盟的存在，我们正在分享更多的情报……新系统已经建立起来，以确保迅速获取和分析情报，防止新的恐怖袭击”。情报共享为美国在国际金融领域的反恐战争和对阿富汗的军事行动起到了重要的支持作用，而且在美国的带动下，其他国家为打击恐怖主义而进行的双边情报交流活动也开展起来。12月21日，俄罗斯和英国达成协议，双方同意建立一个分享情报的联合论坛。但情报部门特有的机构文化和官僚主义的竞争使机构之间，更不用说国际之间的情报共享受到制约，情报工作费用在国家之间的分摊也是难事。美国建立一个情报共享的多国机制的构想还难以实现。

二 国际金融领域的反恐战争

恐怖分子的活动以其雄厚的资金为后盾，本·拉登所创建的金融帝国的触角伸到了世界各大洲。美国要切断恐怖分子的资金来源，就必须与国际组织和其他国家的金融机构合作。“9·11”事件后美国把争取国际合作、在金融领域打击恐怖分子作为其国际反恐战争的重要内容之一。

10月初，美国政府公布了一份名单，宣称列入名单的27个机构和个人与恐怖主义组织有牵连，因而将冻结它们在美国和其他国家的资产。美国政府还宣布，他们已查明，以拉登为首的恐怖组织的资产分布在亚非欧美55个国家。

与其他领域的国际反恐战争一样，美国在呼吁金融领域的反恐国际合作时，常常诉诸这类言论：恐怖主义不仅针对美国，也是对整个人类文明社会的挑战；如果恐怖主义不受惩罚，其他国家的城市和民众就有可能是下一个目标。另一方面，美国也提请世界的银行和金融机构注意，“我们将会与它们的政府合作，请求它们冻结或限制恐怖分子获得在外国账户上的那些资金的能力。如果它们不在冻结账户方面帮助我们的话，财政部现在已得到授权去冻结它们的银行在美国的资产和交易”。

与此同时，布什总统下令在财政部成立了“恐怖分子外国资产追踪中心”，由来自情报部门、执法部门和制定金融规章部门的代表组成，其核心任务就是处理全球范围内有关恐怖主义组织金融资产的事务，其收到的信息将用于鉴别和阻断恐怖分子的财源，瓦解其财政基础。这样，按布什的话说，美国已在国际金融领域发展出一种相当于“要犯通缉”名单那样的东西，它提请金融界注意，如果你与恐怖分子做生意，如果你支持或资助他们，你就不能与美国做生意。

美国呼吁国际合作以切断恐怖分子财源的努力得到世界大多数国家的响应，巴基斯坦、哥伦比亚、哥斯达黎加、捷克和韩国等迅速采取配合措施，冻结了不少涉嫌与恐怖组织有瓜葛的账户和财产。“9·11”事件一个月后，美国与其他国家共冻结阿富汗塔利班政权、“基地”组织及拉登的资产达2400万美元。10月20日，四十多个欧洲国家在布鲁塞尔开会、筹组全球反恐联合阵线时，同意采取更广泛的行动来冻结与恐怖分子有关的资产。日本大藏省在10月19日发表的该国冻结与塔利班政权相关资产的进展情况表明，被冻结的相关银行账户共有31个，存款额达9000万日元。巴林财政部长则在10月13日表示，“海湾合作委员会”6个成员国已达成协议，同意根据美国公布的名单，冻结恐怖主义组织或个人在它们国家的资产。美国财政部长奥尼尔在11月18日宣布，到那时为止，全球已有至少120个国家加入美国发起的冻结恐怖主义组织资产的国际行动，阿富汗塔利班政权及“基地”组织在全球已有至少5600万美元的资产被冻结。

与情报分享比较，美国在从事国际金融领域的反恐战争时更注意发挥国际组织的作用，通过与联合国和欧盟的紧密合作，通过七国集团和八国集团这一机制，限制恐怖主义组织利用国际金融体系的能力。“9·11”事件后，美国行政当局除请求参议院迅速批准美国已经签署了的《关于禁止向恐怖主义提供资金的联合国公约》外，还积极在联合国推动该公约的落实。联合国安理会在“9·11”事件后，呼吁其成员国冻结恐怖嫌疑分子的资产，并在11月底下令在全球范围内冻结阿富汗塔利班政府官员的资产，进一步扩大了可加以资产冻结的个人或恐怖组织的名单。新名单包括152名塔利班官员，除奥马尔外，塔利班政权各部门首长也全都榜上有名。另外，美国还通过七国工业财长会议，呼吁各国尽快成立金融调查单位（FIUs），并推动由29个国家组成的金融行动特别小组（FATF）在10月下旬召开会议，强调加强国际合作，断绝恐怖分子的资金来源。

美国在国际金融领域的反恐战争得到大多数国家及有关国际组织的支持和响应，迅速取得一定成效，但复杂的国际形势和国际银行系统的特殊性，注定了在国际金融领域的反恐战争将是一

场艰苦的持久战。

三 在阿富汗的军事行动

英美部队于阿富汗当地时间2001年10月7日20点57分开始对阿富汗进行持续的军事打击，到年底时战事已经接近尾声，或者说已基本结束。美国在阿富汗的军事行动比许多人事前预计的更为顺利，并基本达到目的。

（一）战争目标基本实现

美国在阿富汗的军事行动是其国际反恐战争的重要组成部分，是“反恐战争的第一条战线”。布什在10月7日的总统声明中说，“美国军队已经开始攻击在阿富汗的‘基地’组织恐怖分子训练营地和塔利班政权的军事设施。对这些精心挑选过的目标的行动是为了不再使阿富汗被用做恐怖分子的活动基地，并打击塔利班政权的军事力量”。美国起初想消灭的是本·拉登及其“基地”组织，但由于拉登本人及“基地”总部在阿富汗，并得到塔利班政权的庇护，美国必须把两者捆在一起，当作同一目标进行打击。经过两个多月的空中打击和地面进攻，美国虽然没有抓住拉登和奥马尔，但摧毁塔利班武装和“基地”组织训练营的目标已经达到。

（二）战争进程顺利

总的来看，美国在阿富汗的战争进行得较为顺利。其标志是，美国达到了战争目标，而在战争过程中，几乎没有出现对战争胜负起决定作用的关键战役。在世界战争史上，那些实力相当的战争，通常都要经过一些关键战役或某次起决定作用的战役，才会结束。这次的阿富汗战争，只是在马扎里沙里夫、昆都士及坎大哈三次战斗中隐约出现过发生关键战役的可能，但终因实力对比及其他因素而没能给美国的军事行动增添过多麻烦。

（三）战争顺利的原因

首先，实力对比悬殊。这表现在美国能持续、有效地进行空中打击，而对手没有对抗这种战争方式的有效手段。美国的打击程序是，先消灭塔利班脆弱的防空力量，然后摧毁其具有战略价值的军事和经济目标，最后进行战术轰炸，打击前线的塔利班守军。对塔利班来说，其简易的野战工事无法抵挡美军的强大空中打击。在美军两个多月的轰炸中，有1万多名塔利班武装人员被炸死炸伤，塔利班的重型武器，特别是对空武器，在战争之初就已被美空军摧毁。

其次，在有可能给美军造成麻烦的几次关键战斗中，塔利班领导层意见不一，犹豫不决，如在马扎里沙里夫、昆都士和坎大哈的坚守或放弃问题上就是这样，致使指挥和战斗混乱，往往是战斗还未完全展开，就主动放弃了。

再次，塔利班没有以己之长去克敌之短。塔利班没有利用阿富汗境内群山遍布的地理特点，把部队化整为零，散布在大山中，与美军和反塔联盟周旋。相反，在战争初期就已失去重武器的情况下，塔利班武装仍然固守在阵地中，成为美军空袭的目标，加速了自己的溃败。

最后一点，也是最根本的，塔利班在国际上空前孤立。没有其他国家的支援，塔利班根本无法与美国周旋，更不用说取胜了。

相比之下，美国则在这几方面都表现出优势。它在战争中有明确的指导方针，充分发挥空中优势，运用高科技武器装备，最大限度地消灭敌人的有生力量；美国注意人道主义援助与打击塔利班武装相结合，不与阿富汗平民百姓为敌；它还利用阿富汗人打阿富汗人，全力支持北方联盟的地面攻势，以减少美军伤亡，特别是在夺取几个大城市时，美军与反塔联盟紧密配合，牢牢掌握了战争主动权。更为重要的是，与情报分享和国际金融领域的

反恐战争一样，美国把在阿富汗的军事行动描绘成替全世界消灭一个邪恶的敌人，在政治上赢得全世界大多数国家的同情和支持，特别是得到了联合国安理会的支持和盟国的军事合作，美国从来没有如此从容地打过这样一场战争。正如布什在10月7日的总统声明中所说，除英国与美国共同采取了这一行动外，其他盟国，包括加拿大、澳大利亚、德国和法国，都承诺随着行动的展开而投入军事力量。中东、非洲、欧洲和亚洲的四十多个国家给予美国飞越领空权和着陆权，“我们得到全世界共同意愿的支持”。

“9·11”事件后，美国意识到反恐战争的长期性和广泛性，布什曾向美国人民承诺，“我们将会指引我们控制下的每一种资源去赢得这场打击恐怖主义分子的战争：每一种外交方式，每一种情报手段，每一种执法工具，每一种金融影响”。美国在国内采取一系列措施捍卫国家安全的同时，展开了国际战线上的反恐战争。情报分享、争取国际金融界合作以及在阿富汗的军事行动是这场国际反恐战争的重要组成部分。在阿富汗的战争基本实现了目标，情报分享和国际金融领域的反恐战争也取得了很大成就，但由于反恐战争的复杂性、长期性，美国的反恐战争，包括国际战线上的反恐战争，还面临许多考验。

“9·11”后的美国移民政策及种族关系

姬　虹

“9·11”事件给美国社会带来的影响是无法估算的，其不可避免地影响到当前移民政策和种族关系的走向，而2001年美2国人口统计局公布的2000年人口普查报告，则从一个方面给我们提供了美国社会多元化的图像。

一

移民政策历来是美国政府和社会关注的一个重要问题，从1996年移民法颁布以后，一直变化不大。布什上台后，移民政策总的趋势是比较宽松，他于2001年7月10日在纽约埃利斯岛参加移民入籍仪式上发表讲话，认为移民不是美国一个亟待解决的问题，它是一个自信和成功国家的标志，同时宣布移民与归化局的目标是：将申请美国公民身份的手续从开始到办理结束缩短到6个月内。作为移民政策松动的标志之一，7月，布什在墨西哥总统福克斯的请求下，同意进行移民制度改革。布什承认移民对美国经济的发展做出了不可磨灭的贡献。在他的授意下，由国务卿鲍威尔及司法部长阿什克罗夫特牵头组成班子，推出新的移民草案，打算通过扩大临时工计划的方式，逐步、分段给予在美的300万墨西哥非法移民以永久居留权，直至最后使其归化成为美国公民。同时国会的民主党议员也呼吁进行移民政策改革，2001年9月8日来自亚利桑那州的众议员帕斯特在民主党每周广播演说中说，美国必须进行移民制度的改革，减少对在美国有亲人或者要到美国工作的外国移民的限制，尤其要完全取消对加拿大移民和墨西哥移民的限制。帕斯特认为，这样做有利于让分离多年的亲人团聚，并且减少非法移民的人数。他还说，美国移民政策的中心内容应该是促进美国经济文化的发展，而不是遏制。

但“9·11”事件使美国的移民政策发生了很大的变化，如何打击恐怖主义、加强安全防范措施、将恐怖分子拒之国门外，这些无疑是美国所面临的最迫切的问题。人们可能马上想到，严格审查进入美国境内的外国人是最有效的途径。这种变化首先是从政府到舆论界重新检讨移民政策，美国国内开始新一轮的移民政策大讨论，对移民持反对意见的人抨击政府的移民政策，认为到了非改不可的地步了，措施是减少每年的移民数量，减少特殊签证的数量，对持特殊签证进入美国的人进行登记和追踪。来自加州的参议员范恩斯坦还建议国会通过法律，暂停向外国学生发放签证6个月，以便移民局建立一个电脑系统，对进入美国的外籍学生进行严格的背景调查，并给予监视。反对派认为难以出台严格的移民政策的原因是，亲移民集团和工商业界的游说活动。主张保持移民政策的人士反对停发学生签证，他们认为，移民对美国是有贡献的，但建议对移民进行审查。在这种背景下，布什2001年10月29日发布移民政策令，旨在改进移民政策和措施，使恐怖分子难以进入或逗留美国，这是布什在反恐怖主义斗争中的措施之一。其内容之一是命令对学生签证政策进行彻底重新审议，命令国务卿、司法部长会同教育部长、国防部长、能源部长及科学和技术政策办公室主任制定更严格的控制措施，确保学生签证的签发合乎要求。这项计划的目的之一是禁止培养和训练那些利用所受培养来危害美国及其盟友的外国人。2001年11月16日，参议院以口头表决方式，通过加强机场和飞机安全的航空安全法案。根据这项法案，美国机场安全将由运输部新成立的运输安全局负责，所有机场安检人员将成为联邦政府雇员。这些机场安检人员必须是美国公民，并接受犯罪背景调查。而目前许多机场安检人员为移民，如在首都华盛顿附近的杜勒斯国际机场，有72%的安检人员不是美国公民，全国2.8万的安检人员中的1/4是由移民担任的，因为该项工作报酬低、工作强度大。此项举措不仅将使大批移民失去工作，而且也造成对外籍人士不信任的社会气氛。2001年12月19日，众议院通过签证安全法案，目的是取缔签证过期居留和伪造签证的外国人，加强对外籍学生的追踪。这项法案要求国务院必须在两年内，签发能够防止变造、可由扫描机器辨读、具有“生物特征”的签证。法案规定，入境美国的外国人所持护照上的照片，必须具有相同的面部特征。法案要求加强外籍学生的追踪系统，追踪如外籍学生是否实际报到入学等情况。法案禁止如利比亚和伊拉克等被列入支持恐怖主义黑名单国家的人民前来美国，除非来自这些国家的人民能获确认不会构成威胁。

从表面上看，美国收紧了移民政策，外国人进入美国更难了，但从长远看，美国是一个移民国家，吸收移民，主张开放已经成为美国人的共识。如在大学和科研机构的游说下，范恩斯坦放弃了停发学生签证的议案，而是联合其他三位议员提出新议案，要求加强边境安全和对发放签证进行严格的审查。此外，美国要加快经济的复苏，需要有实力和有才华的人加入。每年大量游客涌入美国，为美国带来了数亿美元的经济收入，受过高等教育、技能熟练的外国劳工活跃了美国的劳动市场，特别是科学技术部门，而每年超过50万的外国留学生更是带来了一笔可观的收入。分析显示，虽然2000年留学生人数仅占全美大专院校学生总数的3.4%，但所付的学费与杂费占了7.9%。据估计，每年留学生约贡献110亿美元给美国经济。这些经济效应使得美国考虑移民体系问题时，不得不谨慎行事。

因此可以预见，在“9·11”事件的冲击下，已经出台和即将出台一些严格的移民政策，影响是短期和局部的。从长远看，美国的移民政策不会发生根本性的变化，吸收一定数量的移民是美国的既定方针。据移民与归化局最新公布的资料，2000年美国接受了约85万的移民，2001年估计是150万人。在可预见的未来，这个水平不会发生太大的变化。

二

“9·11”事件发生后，美国政府将打击对象锁定在本·拉登及伊斯兰教极端分子。由于此事件中人员伤亡极大，给美国民众心理带来了挥之不去的阴影，导致最近在美国社会出现了一股反阿拉伯/穆斯林的情绪。据一家机构的民意调查显示，大多数的美国人对阿拉伯人或穆斯林感到不安，其中42.4%的人是非常不安，44.3%的人是有点不安。尽管当今美国种族矛盾有所缓和，但不和谐的声音却始终存在，因种族而起的仇恨犯罪也时有发生。

据推测，现居美国的阿拉伯裔约有300万，由于美国人口普查表上未将阿拉伯裔单独列为一个族裔集团，故没有精确的数字。在这300万人中，绝大多数人出生在美国，是美国公民，居住在各州，但其中1/3的人口集中在加利福尼亚、密歇根和纽约。阿拉伯裔美国人中以天主教徒和东正教徒为主，一般文化水平较高，从事商业或为专业人士。阿拉伯裔政治上活跃，2000年大选中，约有80%的适龄人士登记为选民，传统上阿拉伯裔投民主党的票，目前在政府内阁中能源部长亚伯拉罕是黎巴嫩裔。阿拉伯裔美国人的主要社团组织是“阿拉伯裔美国人协会”和“阿拉伯裔美国人反歧视委员会”，为维护阿拉伯裔的权利而进行游说活动。由于宗教和种族情绪，阿拉伯裔美国人与母国（或祖国）有着紧密联系，但他们又是出生在美国，故对母国和美国表示出双重的忠诚，自称是“真正的阿拉伯人及完全的美国人”（Truly Arab and Fully American），这种双重忠诚在此次事件中表现得十分突出。

事发当日，阿拉伯裔美国人协会就立即发表声明，称阿拉伯裔与全美人民一样，为此起悲剧所震惊，但同时呼吁民众不要指责或伤害阿拉伯裔邻居和同事，因为他们像其他美国人民一样是受害者，“不管最后发现谁是恐怖主义行为的元凶，任何种族/宗教社团都不能被认为是嫌疑犯而受到伤害”。阿拉伯裔美国人协会态度明确，在自己的网站上刊出广告，招募能讲流利阿语人士，配合联邦调查局（FBI）的调查行动。同时也联合其他阿拉伯裔组织，向阿拉伯裔社区发出警示，采取自我保护措施。至于一般的阿拉伯裔民众，也用积极为死难者捐款的方式，表达自己的心情，奥兰多市的阿拉伯裔社区向当地的红十字会捐助了5万美元，占该会收到的总捐款的21%。阿拉伯裔人在此次事件发生后也表现出团结一致和凝聚力，波士顿地区穆斯林学生大会在事发后如期举行了，因为他们认为此时更需要团结在一起。

但是，在“9·11”事件发生后，美国各地还是出现了一系列的反阿拉伯/穆斯林的仇恨犯罪行动，据美国—伊斯兰教关系协会的统计，此类案件约有625起，美国人权委员会的热线电话自2001年9月13日以来也收到310个反阿拉伯的仇恨犯罪的举报电话。一个锡克族人网站记录了有关仇恨犯罪案件有270起，这些犯罪活动的地点分布在各州，如亚利桑那、加利福尼亚、科罗拉多、佛罗里达、佐治亚、伊利诺伊、路易斯安那、马里兰、马萨诸塞、密歇根、新泽西、纽约、得克萨斯、宾夕法尼亚等地。这些带有种族因素的仇恨犯罪行为大致有三种形式：（1）袭击清真寺，破坏阿拉伯裔的商店。炸弹在得克萨斯登顿市的伊斯兰协会内爆炸，几名少年向马萨诸塞的一家阿拉伯裔的便利商店内投掷燃烧瓶，声称要向阿拉伯人讨回血债。华盛顿州埃德蒙兹的一家阿拉伯人的杂货店被抢劫。（2）直接对阿拉伯人或穆斯林进行人身攻击。在佛罗里达的布鲁克斯维尔市，一名穆斯林妇女在正常驾车过程中，被人挤下车道，西雅图一名索马里妇女在购物中心的停车场内遭到三名白人的袭击。（3）在学校、工作场所及其他公共场合公开侮辱阿拉伯裔或穆斯林。密歇根州亨廷顿伍兹的一名也门穆斯林被雇主无理由解雇，路易斯安那州杰斐逊教区的几所学校因中东裔学生遭到同学的辱骂而被迫关闭，美国西北航空公司从明尼阿波利斯飞往盐湖城的一次航班上，三名阿拉伯裔在其他乘客的要求下，被撵下飞机。到目前为止，上述仇恨犯罪导致了三起死亡，一是在亚利桑那凤凰城的一名锡克族男子因缠头巾和蓄须，被疑为是拉登的支持者，在其工作的加油站被枪杀；另一起是在加州的圣加布里埃尔，一名埃及裔杂货店主被杀；第三起发生在底特律附近，一名45岁的也门裔美国人背部遭12枪而亡，凶手声称是为了替在华盛顿和纽约的死难者报仇。

上述种族仇恨犯罪，不仅给阿拉伯裔美国人造成了人员伤亡，而且也破坏了其正常的生活，一些穆斯林妇女因为害怕遭袭击而被迫离家躲避。阿拉伯裔商业上的损失也是空前的，伊利诺伊州内珀维尔的阿拉伯裔居民汗拥有一家加油站，“9·11”事件后一些人通过电子邮件中伤他家悬挂拉登的照片，导致他的加油站和杂货店生意下降了1/3，汗认为这些人也仅仅是为了找替罪羊，可他的生意却全部被毁。

为了制止种族仇恨犯罪的出现和蔓延，美国总统、政府及阿拉伯裔人士和组织均做了大量工作，客观上收到了一定的效果。

2001年9月17日，布什总统走访了华盛顿地区的清真寺，并按穆斯林的习俗脱鞋进入。在清真寺，他要求全国人民不要把矛头指向阿拉伯裔邻居，伊斯兰的教义是要求和平的。2001年9月26日布什在白宫分别会见了锡克族人士和阿拉伯裔/穆斯林美国人社团领导人，再次强调即将发动的战争是针对邪恶和极端分子的，伊斯兰是主张和平和友善的，呼吁美国人民要珍惜生命，不要波及无辜，“我们都是美国人，相同的理想和价值观把我们紧紧地联合在一起”。在向塔利班发动军事打击后，布什发表的讲话中仍称，美国是阿富汗人民的朋友，而且我们是全世界信仰伊斯兰教的近十亿教徒的朋友，美国是那些从事恐怖活动的个人及组织的敌人，这些人根本不是伊斯兰教徒，他们只是打着伊斯兰教的幌子在从事谋杀活动。

国会参众两院联合召开新闻发布会，提倡宗教宽容，号召全国上下一致反对恐怖主义，认为恐怖主义是试图分裂美国，“但他们失败了，我们从未像现在这样团结一致”。在公开场合对阿拉伯裔美国人出言不逊的共和党众议员约翰·库克西也正式道了歉。

阿拉伯裔美国人社区也做了大量工作：(1) 拉斯维加斯的穆斯林社区首次向非教徒开放了清真寺，在院子里悬挂美国国旗，并向来访者散发小册子和书籍。一位穆斯林告诉来访者，“无知经常会滋生仇恨”。而来访者也感到从中受益匪浅，认为“来自传媒的信息完全是穆斯林要杀死我们”。更多的穆斯林人士认为，“等到悲剧发生后才开始向世人解释我们是谁真是太不幸了”。(2) 通过法律手段保护自己的权益。前面提到的伊利诺伊的加油站主汗就诉诸法律，他认为这是拯救他生意的惟一方法。锡克人社团的一位发言人说，“法律行动作为一种威慑力量将开始启动，这是寻求正义的最好方法”。(3) 联合其他少数族裔集团一起行动。阿拉伯裔人在“9·11”事件后的遭遇得到了其他少数族裔的同情与支持。如在纽约，亚洲法律保护和教育基金会表示愿意代表那些因种族、宗教或相貌而被拒绝上飞机的人士打官司；在旧金山，华裔“肯定性行动”组织和律师协会也开始培训律师，准备为仇恨犯罪牺牲者出庭辩护。

“9·11”事件后美国社会出现的明显带有种族因素的仇恨犯罪案件，从表面上看事件本身是导火线，但背后却有着深刻的文化和宗教原因。目前美国的种族构成正在发生明显的变化，语言和文化也随之向多样化和多元化方向发展，但“瓦斯普”（WASP，White Anglo-Saxon Protestant）仍是社会的主流，种族矛盾及种族差异仍然存在。反对多元主义，限制和排斥外来移民，这只会加剧美国国内的种族对立和分裂，导致美国国内更多的冲突，削弱美国的力量。所以美国的种族问题至今并未得到妥善解决，大熔炉实际上是个充满种族矛盾的火药桶，一遇火星就会燃烧。

三

美国每十年一次的人口普查，其内容之广，以至于对美国人生活的方方面面均产生了影响，从国会选区的划分到社区资金的分配，等等。本文仅涉及人口普查中有关种族的调查结果，以及从这种结果看种族成分构成的变化，对美国政治及社会文化的影响和意义。

2001年3月起，美国人口统计局陆续公布了2000年人口普查的结果。从已公布的材料，有关种族方面，可以看出有四个新特点。

(1) 2000年人口普查有史以来第一次允许答卷者回答自己属于一个以上种族。调查问卷上注有此项说明，“可以标出一个或一个以上种族”，最后的统计结果是，约有2%的美国人，也就是近700万人选择一个以上的种族选项，其中约有5%的非洲裔、6%的拉美裔、14%的亚裔和2.5%的白人选择多种族。

(2) 拉美裔与非洲裔人口基本持平。人口学家曾预言，到2005年拉美裔人口将超过非洲裔，成为美国第一大少数族裔。而人口普查的结果表明，这个预言提前实现了。普查表明，当今美国的种族构成是：白人69.1%，拉美裔12.5%，非洲裔12.1%，印第安人及阿拉斯加土著民0.7%，亚裔及太平洋岛民3.6%，其他0.3%，两个以上种族1.6%。

（3）少数族裔人口的比例上升。2000年，每4个美国人中就有1人是属于少数族裔，在加利福尼亚州，已经出现了“少数族裔多数”的现象，即白人人口的比例不到50%，少数族裔占了人口多数（拉美裔33%、非洲裔7%、亚裔12%）。十年间加州人口构成发生了巨变，1990年时白人人口还占3/4以上。加州已成为美国未来人口构成的一个缩影。同时除加州外，在全美100座最大城市中已有一半的城市白人已成为少数族裔。

（4）少数族裔人口趋于年轻化，如35%的拉美裔人的年龄低于18岁。

通过考察以上四个方面的变化，可以预计，这种种族构成变化势必对美国的政治、社会及文化等方面产生一系列的影响。

（一）允许选择一个以上种族归属对黑人的影响

19世纪的人口普查仅把人口分为白人、黑人和黑白混血。由于遭受种族歧视，黑人想方设法隐瞒自己的身份。此外美国奉行“一滴黑血原则”（one-drop rule），即一个人哪怕只有一滴黑人血统，这个人就会被划为黑人。此次人口普查中，允许选择一个以上种族，无疑可以使不少黑人改变身份，但黑人选择这个项目的比例最小，尤其在50岁以上的、长期生活在南方地区的黑人人群中。

这首先是因为时代毕竟变化了，黑人地位有了提高，黑人更注重种族的自豪感。朱莉娅·杰斐逊的先人是黑人，通过隐姓埋名，远离家乡，变成了白人。在2000年人口普查时，已经67岁的她将自己的种族由白人改回了黑人。她的一个亲戚表示不理解，认为她把先人的努力和牺牲置之不顾。朱莉娅在回答为什么她一个中产阶级的妇女，毕生都被认为是白人，却在改种族时说，“我想向世人显示，我不再害怕为黑人，时代毕竟变了”。朱莉娅从黑人到白人再到黑人的经历，从一个侧面说明黑人开始更注重种族的认同感和自豪感。

其次，与所在地的种族融合程度有关。如密西西比州的华伦县，在2.2万居民中，只有不到1%的人在普查中为自己选择了黑人和多种族，整个密西西比州在选择“多种族”上的比例也大致相同。在被问及“多种族”的问题时，华伦县的许多黑人说，他们在选择种族时实际上还是黑白两种，对所谓新的“多种族”持怀疑态度，即使那些与其他种族通婚的黑人，在为子女选择种族归属时，也选择了黑人，而不是“多种族”。当地一位黑人官员说，这里的黑人（在种族问题）已经习惯非此即彼了。一位黑人居民也认为，“这里的大多数黑人认为他们自己就是黑人，而不是其他什么”，许多黑人感到这是一件值得骄傲的事情，不想用其他的想法来改变自己。对于生活在像密西西比这样的南方黑人而言，“种族隔离和黑奴的历史具有切肤之痛”，所以对于许多老年黑人来说“谈论种族问题依旧是个痛苦的事”，他们选择“多种族”的比例小也就可以理解。相反，在种族关系相对宽松、种族融合比较好的地区，选择“多种族”的比例较高。如俄克拉何马的科曼奇县，2.4万黑人中有8%在此次普查中选择了“多种族”，在全国也属高比例地区，这里黑人长期与当地的印第安人融合，而且由于该县的劳顿是个军事基地，美国军队是最早取消种族隔离的机构，这也对当地的种族关系产生了影响，所以这里跨种族婚姻以及产生的“多种族”孩子极其普遍，人们以自己是“多种族”而感到自豪，一位具有黑人和西班牙裔两种血统的居民说，当我能选择两种种族时，我为什么要摈弃黑人血统或西班牙裔血统呢？因此，正如《纽约时报》对此的评论，“是社会和环境的力量，而不是生物的力量，影响了人们的种族认同”。

（二）由于移民及高生育率，使得拉美裔人口膨胀，影响力

与日俱增

据2000年人口普查的资料，拉美裔人口为3530万，占美国总人口的12.5%，而1990年是2240万人，十年间增加了60%。其中墨西哥裔人数最多，占了总数的60%，为2060万人，其次是波多黎各裔，为340万，居第三位的是古巴裔，约120万人。

拉美裔人口的急剧增加对美国政治、经济，乃至通俗音乐、饮食习惯都产生了影响。综观拉美裔对美国政治的影响，其突出表现首先是拉美裔积极参与政治，活跃于政坛；二是对总统和地方选举的影响，拉美裔成为两党不能忽视的因素，其影响不仅在于他们的人数，而且在于他们手中的选票，已经变得举足轻重了。

现在拉美裔国会议员有19名，在参众两院535名议员中占的比例是3.5%，低于拉美裔占总人口的比例（12.5%），但他们在国会中成立拉美裔党团，表现活跃，与布什总统开展对话，涉及与拉美裔关心的移民、教育、减税、任命更多拉美裔官员等方面，拉美裔党团还筹集了200万美元至400万美元的款项帮助拉美裔候选人竞选。此外，在拉美裔人口集中的州或市，拉美裔开始出来竞选州长（市长）。如2001年6月洛杉矶市长选举，其激烈程度空前，面对占近一半人口的拉美裔人，拉美裔候选人安东尼·维拉瑞戈苏的势头猛烈，希望成为洛杉矶129年来第一个拉美裔市长。由于拉美裔人口的大幅度增加，使得两党不得不正视其潜在的力量了。目前在435个国会选区中，有122个选区的拉美裔人口比重超过12.5%的全国水平，在3530万拉美裔人中有2300万人超过选举年龄，在2000年总统选举中，拉美裔选民占了总选民的7%，约有700万拉美裔参加了投票，2/3的人投了民主党人的票。在某些州，拉美裔的选票起到决定作用，如在俄勒冈州，戈尔以6700票险胜布什，两党的分析员均称由于拉美裔的投票取向决定了戈尔在该州的胜利。据估计，2004年将有1100万拉美裔参加投票。为了2002年的中期选举和2004年总统选举，两党都开始拉拢拉美裔选民的活动。共和党方面，布什的助手说，为了争取连任，布什必须把拉美裔的支持率提高到40%以上（2000年他获得了30%的拉美裔选民的支持，是1984年里根当选以来最高的），抓住拉美裔选民“是我们的任务和目标”。需要指出的是，在分析拉美裔对美国政治的影响方面，不能夸大其词，一方面拉美裔的投票率很低；另一方面由于背景不同，拉美裔集团内部政治观点也有很大分歧，换言之，就是拉美裔人的多样性导致了政治观点的多样性。

（三）人口构成的变化与美国社会多样性

依据此次人口普查的数据，目前美国每十个人中就有一个人出生在外国，共有2840万人，占美国人口的11%，此外还有1480万人的父母双方出生在外国，1270万人有一方父母是出生在外国，三者加起来共有5600万人有“外国血统”，占美国总人口的20%，而30年前这个数字是3400万，创了历史新高。目前这些移民或移民的后代主要居住在加州、纽约、佛罗里达、得克萨斯、新泽西和伊利诺伊州，占了总数的70.4%，其中加州人口中25.9%的居民是在外国出生的，纽约州为19.6%，在大城市中，洛杉矶市的外国出生的人口占29.6%，纽约市占22.8%。

面对少数族裔在全国总人口中的比例不断增加，美国公众对这种人口变化的趋势表示接受。在美国新闻研究中心的一次全国性的民意调查显示，约七成的人知道加州人口结构的变化，即加州成为了美国第一个少数族裔占多数的州，约42%的人认为这种“族裔多元化”是“好事”，28%的人认为是“坏事”，其他人则表示“无所谓”。同时美国人对移民的态度也变得越来越宽容。44%的受访者认为，今天的移民比上一代的移民更能适应美国的生活方式，而持相反观点的人约为21%。此外，认为移民“损耗”了美国的经济者已从1994年的63%下降至38%。

对于种族（族裔）多元化接受的表现之一，就是各个族裔彼此接触、彼此杂居、彼此通婚，“多种族人”的出现就是最典型的成果，是种族融合的产物。据这次人口普查资料，跨种族联姻（包括婚姻和家庭式伙伴）从1970年的50万个增加到1990年的200万个。有专家预测，到2050年，将有21%的美国人来自不同种族通婚的家庭，目前这个比例是7%左右，他们估计在第三代拉美裔和亚裔美国人中至少有50%与异族通婚。在不同种族通婚的比例中，黑白人通婚比例是最低的，但较之20世纪60年代前还是有了很大进步，1970年人口普查中，只有6.5万对黑白通婚的家庭，1990年人口普查中，全国6%的黑人房主有异族配偶。而最近的研究显示，约有1/10的黑人娶了白人妻子，比黑人女子嫁给白人的比例略高一些。异族通婚比例的提高，从一个侧面说明了人们对族裔多元化的接受，但“多种族人”这个概念的使用，使人们重新思考关于种族及种族关系相关的问题。如有近2%的人选择自己是多种族，无疑会打破种族原有的格局，这是一些少数族裔组织和领导人不愿看到的，他们更强调种族的认同感。其次，由于外来移民的不断增加，少数族裔人口的比例持续上升，如果把拉美裔美国人作为一个独立的人群，预计到2060年7月1日，白人将成为占美国总人口49.6%的少数，到2070年7月1日，还将会降至46.8%。“少数族裔多数”将在全国出现，这种现象的出现是否会使美国的价值观、政治和社会出现相应的变化？许多人认为，这是不可能的，因为美国虽然种族很多，但却只有一种主流文化的存在，种族文化只能被同化和吸收，美国拉美裔当选官员协会的一名官员说：“所有移民的价值观与所有美国人的一样。在这个国家里，移民被主流社会同化是有历史的。移民希望如此，他们想成为美国的一部分，美国想要的一切也是移民想要的。”但是从美国的历史进程看，美国种族多样性、文化多元性是必然的发展趋势，例如拉美文化对美国社会的影响，西班牙语在美国的通用，最后，种族关系的传统模式悄然发生着变化。美国种族关系中的黑白模式逐步被打破，由于拉美裔和亚裔人数的上升，使得少数种族内部各集团因为政治、经济利益冲突而使关系紧张，如黑人与朝鲜裔人，在佛罗里达黑人与拉美裔人、尤其是与古巴移民，这使得原本已经复杂的种族关系更加扑朔迷离。

2001年美国大事记

一　月

2日，美国总统克林顿与巴解组织主席阿拉法特在华盛顿就美提出的巴以和平新建议举行两轮会谈，会谈未取得新的突破。

美国当选总统布什完成了整个内阁的组建工作。同时，美国股市开年各大股指纷纷重挫，其中纳斯达克指数以2291.90点报收，创下两年来的新低。

3日，美联储宣布将联邦基金利率和贴现率分别降低0.5个百分点和0.25个百分点，降至6%和5.75%。4日再度决定将贴现率降低0.25个百分点，达到5.5%的水平。为几个月来持续低迷的纽约股市注入了活力。

美国第107届国会举行会议并开始工作，来自伊利诺伊州的共和党人哈斯特尔特再次当选众议院议长。

世界最大的电脑中央处理芯片制造商美国英特尔公司宣布推出800兆赫的新型赛扬芯片，其出厂价为170美元。

6日，美国国会举行参众两院联席会议，正式宣布布什当选下届总统。

9日，由于被指责在家中收留和雇用非法移民，被布什提名为新政府劳工部长的琳达·查维斯女士宣布将不出任这一职务。

美国又发生一起恶性枪杀事件，一名持枪歹徒在得克萨斯州休斯敦市开枪打死3人，而后自己开枪自杀。

11日，布什提名美籍华人赵小兰女士出任新政府的劳工部长。

美国科学家宣布培育出了世界上首只转基因猴，这是世界上首次培育成功转基因灵长类动物，此项成果将为人类最终战胜糖尿病、乳腺癌、帕金森氏症和艾滋病顽症提供帮助。

12日，美国与韩国联合调查组在汉城发表联合声明，美国方面承认1950年曾在韩国老根里杀害韩国难民。

17日，被布什提名为国务卿的前参谋长联席会议主席鲍威尔，重申了一个中国的原则，并表示支持中国加入世贸组织。

18日，美国总统克林顿在白宫通过电视向全国发表告别演说。

19日，克林顿发布了他卸任前的最后一道行政命令，宣布解除美对南联盟的贸易和经济制裁。

克林顿与独立检察官罗伯特·雷达成协议，克林顿离任后在葆拉·琼斯性骚扰案以及由此引发的莱温斯基性丑闻案中将被免予起诉。至此，历时7年、耗资5000万美元的琼斯案终于画上了句号。

20日，乔治·沃克·布什正式入主白宫，成为21世纪的美国第一位总统。

25日，美联储主席格林斯潘在参院预算委员会作证时说，过去几个月中，美国经济增速急剧下降，目前的增长速度可能已“非常接近于零”。

26日，美国总统布什表示，他将部署国家导弹防御系统(NMD)，并且将单方面削减美国的核武器数量。

28日，美国副总统切尼称，尽管遭到俄罗斯和中国的反对，美国仍打算部署NMD。

31日，美联储再次将联邦基金利率和贴现率各下调0.5个百分点，分别降到5.5%和5%，以刺激经济增长。

二 月

5日，美国总统布什在白宫与到访的加拿大总理克雷蒂安举行礼节性会晤。同日，美国又发生一起恶性枪杀事件，一名持枪男子在伊利诺伊州芝加哥市附近的一家工厂内打死4人，打伤4人，而后开枪自杀。

5日，美国曼哈顿联邦地区法院开始初审涉嫌制造1998年8月7日美国驻肯尼亚和坦桑尼亚大使馆爆炸案的4名嫌疑人。

6日，美国国防部宣布，美国军方计划在今年5月或6月进行国家导弹防御系统（NMD）导弹拦截技术的第四次试验。

7日，美国一名中年白人男子皮克特在白宫外开枪，随即被警察逮捕。枪击事件没有造成人员伤亡。

美国参议院表决同意美国政府向联合国补交5.82亿美元的会费。

8日，美国总统布什向国会正式提交关于10年内大幅减税1.6万亿美元的计划。

9日，美国“亚特兰蒂斯”号航天飞机与建设中的国际空间站成功对接。

10日，美国“格林维尔”号核潜艇在夏威夷附近海域巡弋时撞沉一艘日本科学实习船，船上35人中9人失踪。

美国要求阿富汗塔利班武装关闭其在纽约的办事处。

12日，美国航空航天局宣布，无人探测器“鞋匠尼尔”号成功降落到“爱神”小行星上，并向地球发回了信号。

13日，布什称美国必须加强军队的现代化建设，以对付“美国所面临的威胁”。

14 日，布什说他将不会轻易地向海外派驻维和部队。

16 日，布什对墨西哥进行闪电式工作访问，与墨西哥总统福克斯联合发表《瓜纳华托声明》，加强合作。

美英战斗机再次轰炸伊拉克巴格达以南的一些军事和民用设施，造成 8 人受伤。

21 日，美国纽约股市连续第三天下跌，其中纳斯达克指数跌至近两年以来的最低点。

24 日，美国国务卿鲍威尔抵达开罗，开始就任以来的首次中东七国之行，其散布的“伊拉克威胁论”遭到了埃及外长穆萨的公开驳斥。

26 日，美国国家航空航天局宣布，发现火星可能存在原始微生物的新的有力证据。

27 日，美国 2000 年人权报告受到中、法、委内瑞拉等一些国家的严厉驳斥。

28 日，布什向国会提交总额达 3189 亿美元的 2002 财政年度国防预算，比国会批准的上年度预算增加 89 亿美元。

西雅图地区发生了 52 年来最严重的地震，达里氏 6.8 级。

三　月

3 日，联邦储备委员会主席格林斯潘在国会作证时表示，在保持财政稳定的前提下，他支持减税而不是增加政府开支。

美国国民警卫队的一架军用 C-23 型双引擎运输机在佐治亚州中部坠毁，机上 21 人全部罹难。

4 日，新华社报道，美国政府曾耗资数亿美元在原苏联驻美大使馆下面建造了一条秘密地道，用于搞窃听活动。

5 日，美国副总统切尼在乔治·华盛顿大学医院接受了紧急心脏手术。

加利福尼亚州南部城市圣迭戈附近的桑塔纳高中发生一起枪击案，导致至少2人死亡，14人受伤，凶手是一名15岁的男生。

8日，美国众议院通过了布什提交的10年内减免总额达9580亿美元的个人所得税计划。

英特尔公司宣布，将在今后9个月中裁减5000名员工，相当于公司员工总数的6%。

12日，思科公司宣布大幅裁员的消息使投资者进一步失去信心，纳斯达克指数两年多来首次跌破2000点大关，以1923.38点报收；道—琼斯指数也狂泻436.37点，以10208.25点报收，创道指有史以来的第五大跌幅。受其影响，拉美的巴西、墨西哥和阿根廷三大股市和东京股市也纷纷大幅下挫。

14日，随美国“发现”号航天飞机抵达空间站的美国女宇航员赫尔姆斯进入建设中的空间站，正式接替俄罗斯人克里卡廖夫的位置。国际空间站顺利地完成了首次居民的更替。

18日，以色列总理沙龙抵达华盛顿，开始对美国进行为期5天的访问。

19日，布什与到访的森喜朗举行会晤，重点讨论了两国经济形势，表示将各自采取相应的措施促使经济回升。

20日，美联储再次将联邦基金利率和贴现率分别下调0.5个百分点，使这两项利率分别降到5%和4.5%。这是美联储自今年初以来第三次降低利率。

21日，“发现”号航天飞机结束了13天的太空之旅，返回佛罗里达州卡纳维拉尔角的肯尼迪航天中心。

22日，由于联邦调查局（FBI）特务汉森涉嫌为俄罗斯从事间谍活动而被捕，美国决定驱逐51名俄罗斯外交官。这是美国在苏联解体之后，第一次大举驱逐俄外交官。俄罗斯对此表示抗议，并宣布驱逐相同数目的美国外交官。这是自冷战结束以来，俄美两国最为严重的外交官驱逐战。

25日，钱其琛副总理结束访美。这是小布什就任美国总统后，中国赴美访问的最高级官员，也是美大选后双方高层的首度接触。

28日，美国政府宣布将不会执行关于温室气体排放的《京都议定书》。

29日，美国总统布什说，他已下令有关部门重新审议美国帮助俄罗斯控制大规模武器扩散的援助计划，以确保有效使用有关资金。

30日，美军出动F-15型战斗机轰炸伊拉克南部地区的高射炮阵地，这是美军首次空袭伊南部地区。

31日，美国军方再次成功地进行了一次导弹拦截试验，两枚PAC-3型“爱国者”导弹击中一枚“来袭”的弹道导弹。

四　月

7日，俄亥俄州辛辛那提市一名手无寸铁的黑人青年因违反交通规则，在试图逃跑时被一名白人警察开枪打死，引发了该市的种族暴力冲突。

8日，美国国务卿鲍威尔承认美军侦察机在撞机事件中“侵犯”了中国领空，并对此表示“抱歉”。

11日，美国驻中国大使普理赫向唐家璇外长递交了关于美机撞毁我机事件的致歉信，次日美24名机上人员回国。

13日，美国国务卿鲍威尔访问马其顿和波黑，这是布什政府执政后美国国务卿首次访问巴尔干地区。

14日，伊利诺伊州芝加哥市郊区发生一起枪杀事件，一名男子开枪打死2人，打伤20人。

18日，中美双方开始就撞机事件及相关问题举行谈判。

美联储将联邦基金利率和贴现率双双降低0.5个百分点，分别降至4.5%和4%。

纳斯达克综合指数以1638.80点报收，跌至两年半来最低点。

联合国人权委员会第五十七届会议再次拒绝美反华提案。这是美国在日内瓦人权会议上利用人权问题干涉中国内政的图谋第10次遭到失败。

19日，美国和古巴恢复中断了40年的定期航运。

美国海军太平洋舰队决定不把撞沉日本渔业实习船，造成9人死亡的“格林维尔”号潜艇前艇长沃德尔交由军事法庭审判。

美国“奋进”号航天飞机从卡纳维拉尔角的肯尼迪航天中心升空，开始为期11天的太空飞行。

20日，一架秘鲁战斗机在该国境内的亚马逊丛林上空击落一架美国小型私人飞机，机上的5人中有2人死亡。

美军与韩国军队举行“联合战时增援演习”。

23日，美总统布什批准向台湾出售包括四艘“基德”级驱逐舰和八艘柴油动力潜艇在内的一批武器。

美国海军宣布，太平洋舰队给“格林维尔”号潜艇前艇长沃德尔一封申斥信，以对他在该艇撞沉日本“爱媛”号渔业实习船事件中的过失进行处罚。

五 月

1日，布什总统正式公布了美国新的导弹防御计划，称之为“星球大战之子”，为此美国必须突破1972年美苏签署的《反弹道导弹条约》。该计划受到了国际社会的强烈批评。

3日，美国落选联合国人权委员会，这是该机构1947年举行首次会议以来美第一次没有当选。

7日，美国一个大陪审团以过失杀人和妨碍公务两项轻罪，起诉上月在俄亥俄州辛辛那提市枪杀一名黑人的白人警察斯蒂文·罗奇。

10日，美国众议院通过了一项修正案，决定冻结定于明年向联合国组织缴纳的2.44亿美元拖欠会费，直到美国在联合国人权委员会中落选的席位得到恢复。

11日，布什表示尽管他对美国丧失在联合国人权委员会中的席位感到“十分恼火”，但他仍然认为美国应当补交其拖欠联合国的会费。

15日，以布什的特别助理、美国国家安全委员会资深主任扎勒米·哈利勒扎德为首的一个专家小组发表一份有关美国亚洲新战略的研究报告。

美联储再次将联邦基金利率和贴现率分别下调0.5个百分点，以刺激经济增长。

23日，布什在白宫会见了正在美访问的达赖喇嘛。

24日，美国参议员詹姆斯·杰福兹宣布退出共和党，成为参议院的一名独立人士，这一举动使民主党重新夺回了1994年失去的参议院控制权。

25日，32岁的美国盲人男子埃里克·魏亨马耶尔登上珠穆朗玛峰，成为第一个征服世界最高峰的盲人。

29日，北约外长在布达佩斯举行的理事会会议上未能就支持美国推行NMD问题达成协议。

31日，白宫发言人弗莱舍说，布什将要求国会批准在2001财政年度增加56亿美元的国防开支，使本年度的国防预算达到3156亿美元。

六　月

1日，布什致信参众两院领导人，正式要求国会同意将对华正常贸易关系再延长一年。

3 日，美国宇航局表示，尽管 X-43A 高超音速飞机的首次试飞失败，宇航局仍将继续执行原型机的试飞任务。

6 日，达施勒由国会参院少数党领袖变成多数党领袖，民主党同时夺回了 1994 年失去的参院各委员会主席职位。

美国宣布就核技术和导弹开发等一系列问题恢复同朝鲜谈判。

8 日，美国新任参议院多数党领袖达施勒批评布什政府在短期内建立导弹防御系统的考虑，认为这将会给美国带来困扰。

众议院少数党领袖格普哈特认为国会将阻挠为匆忙建立“不知道能否起到实际作用”的导弹防御系统而采取的任何步骤。

11 日，6 年前制造俄克拉何马城爆炸案的主犯蒂莫西·麦克维被处死。

布什宣布，美国政府推迟 6 个月就把美国驻以使馆从特拉维夫搬迁至耶路撒冷的问题做出决定。

12 日，美国 6 位民主党众议员声明反对布什政府推行导弹防御计划。

美总统布什 12—16 日访问西班牙、比利时、瑞典、波兰和斯洛文尼亚五国，修补美欧关系，兜售导弹防御计划。

美国国家科学院新发表的一份报告驳回了布什总统对全球变暖的怀疑。

16 日，布什和俄总统普京在斯洛文尼亚首都卢布尔雅那举行首次会晤。

17 日，美国国务卿鲍威尔称，如果美苏 1972 年《反弹道导弹条约》成为美国建立国家导弹防御系统的障碍的话，美国将单方面废除这一条约。

18 日，布什在白宫会见到访的日本外相田中真纪子。

纳斯达克指数连续第七个交易日下跌，再跌破 2000 点大关。

20 日，美英战机轰炸伊拉克北部地区，炸死 23 名平民，另有 11 人受伤。这是自 1998 年以来伤亡最惨重的一次空袭。

24 日，来自南加州侨界的各阶层人士约 200 人在洛杉矶环球影视城举行活动，愤怒抗议李登辉访问美国，从事分裂祖国活动。

27 日，美联储将联邦基金利率和贴现率下调了 0.25 个百分点，分别达到 3.75%和 3.25%。这是今年以来美联储连续第 6 次降低利率，总降幅已达 2.75 个百分点。

28 日，美国华盛顿哥伦比亚特区上诉法院裁定，撤销地区法院法官杰克逊有关将微软一分为二的判决。

29 日，美国国务卿鲍威尔 27—29 日访问埃及、以色列、巴勒斯坦和约旦，并促成巴以双方就实施“米切尔报告”时间表问题部分达成一致。

美国商务部公布的统计显示，今年首季度美国的实际国内生产总值按年率计算增长 1.2%。

30 日，一颗用于探测宇宙中最古老光线的航天器，成功地从美国佛罗里达州卡纳维拉尔角的肯尼迪航天中心发射升空。

七 月

3 日，科罗拉多州赖夫尔市发生一起恶性枪杀事件。一名 42 岁的男子分别在一家食品杂货店和一个公园内持枪行凶，当场打死 3 人，打伤 4 人。

5 日，波音公司承认波音 757 发动机存有隐患。

6 日，涉嫌在日本冲绳强暴一名当地妇女的美国士兵蒂莫西·伍德兰德在驻日美军嘉手纳基地被日本警方逮捕。

9 日，美国军方在新墨西哥州怀特桑兹导弹试验场进行了一次 PAC-3 型“爱国者”导弹拦截试验。

10 日，美国参议院通过了布什政府追加 56 亿美元的国防开支计划。

12日，美国“亚特兰蒂斯”号航天飞机从肯尼迪航天中心升空，于15日成功地将价值1.64亿美元的空气阻隔舱安装到空间站上，并于24日返回。

14日，美国军方进行的国家导弹防御系统（NMD）的第四次导弹拦截试验获得成功。这是布什执政后宣布要搞新的NMD后的第一次试验。

18日，布什飞抵伦敦，开始他入主白宫以来首次对英国的正式访问。

美联储主席格林斯潘说，美国经济低速增长的时期还没有结束。

18—25日，布什访问英国、出席八国首脑会议、访问意大利、视察驻科索沃美军。

19日，美国众议院批准了布什总统提出的将对华正常贸易关系再延长一年的要求。

22日，布什和俄罗斯总统普京在热那亚举行首脑会晤后宣布，双方已同意在未来的美俄军备谈判中将把削减进攻性战略武器与导弹防御问题结合起来讨论。

23日，美国全国妇女组织等11个民间组织在华盛顿美国国务院门前举行示威，抗议政府近日拒绝“慰安妇”向日本政府提起的道歉和索赔诉求。

28日，美国国务卿鲍威尔28—29日访问中国。

30日，波音公司联合攻击战斗机样机的全部试飞计划宣告完成。

31日，美国众议院通过一项旨在全面禁止克隆人研究的法案。

八月

3日，布什签署国会通过的把对利比亚和伊朗的制裁再延长5

年的法案。

6日，美国艾尔弗雷德·A. 克诺夫出版社宣布，该社已与美国前总统克林顿达成协议，将于2003年出版克林顿回忆录。

美国空军在佛罗里达州卡纳维拉尔角用一枚大力神-4型火箭，将一颗价值2.56亿美元的导弹预警卫星送入太空。

7日，欧盟委员会宣布，世贸组织确认美国拨款法案第211条款违反了世贸组织与贸易相关的知识产权协议。

8日，美国司法部宣布，经过两年的秘密调查，美司法当局最近摧毁了一个被认为是全国最大的儿童色情商业网站，并逮捕了100多名涉案人员。

9日，布什宣布，有限度地支持人类胚胎干细胞研究。

10日，美英两国派遣约50架作战飞机空袭伊拉克三个防空基地，造成一人死亡，11人受伤。这是美国及其盟国自今年2月以来对伊发动的最大规模的一次空袭行动。

14日，美元对欧元的比价跌破0.9:1的关口。

15日，美元对日元的比价跌破1:120的大关。

20日，人民日报报道，森林火灾已蔓延至美国的10个州，21000名消防队员奋战在覆盖美国约236540公顷国土的32处大型火场上。

21日，美联储将联邦基金利率和贴现率分别下调0.25个百分点，达到3.5%和3%，从而使这两项利率降到了自1994年3月以来的最低水平。

联合国发言人说，截止到7月底，美国拖欠联合国会费高达23.3亿美元，占所有会员国拖欠会费总额的54%，创历史纪录。

22日，美国“发现”号航天飞机载着3名宇航员返回肯尼迪航天中心，为期12天的太空之旅结束。

25日，哥伦比亚警方与美国禁毒署联合行动，缴获3500万美元现金毒资，这是有史以来没收贩毒集团毒资金额最大的一次。

26日，新华社报道，今年第二季度美国申请破产的个人和企业数量达到40万件，刷新了1998年第二季度37.35万件的原纪录。

27日，英特尔公司正式推出2000兆赫奔腾4芯片。

30日，纽约股市再次大幅下跌，道指跌破1万点大关，以9919.58点收市。

九 月

3日，美国计算机制造业巨头惠普公司宣布，已经与康柏计算机公司达成转换股份250亿美元的合并协议。

4日，美国承认近年来一直在从事有关生物武器的研究，目的是为了发明一种疫苗，以保护美国人不受生物武器的威胁。

美国和英国出动战机袭击伊拉克南部和北部地区，造成4人受伤。

9日，美英再次轰炸伊南部“禁飞区”，造成8名伊平民死亡，3人受伤。

11日，两架被恐怖分子劫持的美国民航客机先后撞击纽约曼哈顿的世贸中心双子楼，其后，两幢110层的大楼轰然坍塌。此后半小时，距白宫不远的地方发生大火，接着，一架飞机撞击国防部所在地五角大楼，美国国会山也发生爆炸并起火，举世震惊。布什总统发誓捉拿和严惩肇事者。美国展开了史无前例的大救援行动。

12日，安理会一致通过决议，强烈谴责在美国发生的一系列恐怖袭击事件。当天下午，布什视察了被袭击的五角大楼。

13日，美国重新开放领空，允许商业和私人飞机飞行。

布什重申恐怖分子针对美国的袭击是“战争行为”。

14日，美国参众两院先后通过决议，授权布什动用武力对恐怖袭击事件进行报复。

参议院通过了紧急拨款法案，批准拨款400亿美元用于反恐怖行动。

布什正式宣布全国处于紧急状态。

15日，布什表示美国“正在准备一场对付恐怖分子的全面战争”，并首次宣布正在阿富汗的沙特富翁本·拉登是这次恐怖袭击的“首要嫌疑犯”。当晚，美国正式逮捕了一个与恐怖袭击有关的嫌疑犯。

17日，美联储突然宣布，将联邦基金利率从原来的3.5%降到3%，同时将贴现率从3%降到2.5%。一小时后，关闭了4个交易日的纽约华尔街股市恢复营业，道指、纳指开盘大跌。

美国大陆航空公司发出警报，如果没有经济援助，该公司将在10月底面临破产。

19日，美国国防部长拉姆斯菲尔德下令从美国本土向海湾地区派遣100—130架军用飞机，正式开始进行代号为“无限正义行动”的军事部署。同时，基地设在弗吉尼亚州诺福克海军基地的“罗斯福”号航空母舰战斗群驶往地中海。原准备回国的“企业”号航空母舰战斗群，将与“卡尔·文森”号航空母舰战斗群一起继续留在海湾地区。

美遭恐怖袭击后向巴基斯坦提出包括“情报互换”、“开放领空”和“后勤保障”在内的全面合作要求。

美国国防部宣布与洛克希德·马丁公司签署了一项正式购买第一批F-22“猛禽”隐形战斗机的合同。

20日，美国海军第七舰队的“小鹰”号航空母舰等舰艇离开日本横须贺基地，向印度洋集结。同时，约2200名美国海军陆战队员从北卡罗来纳州的勒琼兵营开赴地中海。

20—22日，美国国防部征召10303名空军国民警卫队人员和预备役人员（计划总征召额为3.35万人）。

21日，国防部长拉姆斯菲尔德下令从美国本土向海湾地区增派军用飞机。

由于更多的企业公布裁员计划以及投资者担心恐怖袭击事件将导致美国经济陷入衰退，纽约股市再次大幅下跌。道指收于8235.81点，为3年来最低水平，纳指以1423.19点报收。

美国会和政府就拯救航空业的一揽子计划达成协议，同意为受到恐怖袭击事件沉重打击的航空业提供150亿美元的财政援助。

22日，又有一批B-52轰炸机飞离美国路易斯安那州巴克斯代尔空军基地。据悉，美军最终将从本土派遣200多架军用飞机，使海湾地区的美国军用飞机总数达到550架左右。

布什解除了1998年由于印度和巴基斯坦进行核试验而对这两个国家实施的制裁。

24日，美国众议院一致通过了一项向联合国补交5.82亿美元拖欠会费的议案。

布什签署一项行政命令，冻结27个被美国认为与恐怖活动有关的组织和个人的金融资产，禁止美国任何个人与团体与它们做生意。

美国司法部长说，在对“9·11”恐怖袭击事件的调查中，执法部门已经拘留了352人，并计划再拘留392名与此案有关的嫌疑人。

25日，俄罗斯、乌克兰以及中亚几国分别表示准备为美国“实施反恐怖行动”时运输人道物资的飞机提供“空中走廊”。

美国国防部将原定的军事部署代号改为“持久自由行动”。

白宫宣布，布什推迟原定对日本东京、韩国汉城以及中国北京的访问。

26日，美国国防部决定继续将美军兵力数量保持在140万人，而且也不会削减12支航空母舰战斗群的数量。

27日，布什宣布，为了确保美国机场的安全，全美50个州的国民警卫队将协助现有机场保安工作。

28日，白宫官员证实，美国和英国的特种部队在过去的几天内已经进入阿富汗境内。

布什重申，美国政府不会与阿富汗的塔利班政权进行谈判。

29日，布什重申用一切手段打击恐怖主义。

十 月

2日，美联储宣布将联邦基金利率和贴现率分别下调0.5个百分点，以刺激经济复苏。

3日，布什向国会提交了一项600亿美元至750亿美元的刺激经济方案，道指受此激励重上9000点大关。

北约发言人宣布，美国已经请求其北约18个盟国就打击国际恐怖主义进行援助。

5日，美国劳工部发表报告称，9月份失业人数达到了19.9万人，为10年以来的最高水平。

美国国民卫队进驻机场，加强保安工作。

最先感染炭疽热病的佛罗里达州“美国媒体公司”所属《太阳》报的摄影部主任不治身亡，成为25年来美国第一个死于炭疽热的病人。

12日，布什说美国今后仍面临着恐怖分子袭击的危险，但恐怖分子打不垮美国。

13日，美国副总统切尼指出，本·拉登可能是制造炭疽热恐怖的幕后黑手。

15日，美国国务卿鲍威尔抵达伊斯兰堡，对巴基斯坦进行工作访问。

23日，美国国防部宣布再次征召300名海军预备役人员和40

名海军陆战队预备役人员。至此，美军自“9·11”事件以来征召的各兵种预备役人员总数已达32686人。

24日，美国众议院以两票的微弱多数通过了一项由共和党人拟定的经济刺激计划，要求布什政府在今后一年内通过提供1000亿美元的减税和退税等措施来帮助美国经济走向复苏。

25日，美国宣布取消原计划为发展国家导弹防御系统进行的两次导弹拦截技术试验。

29日，布什宣布成立一个“跟踪外国恐怖分子工作组”，以更加严格执行目前的移民政策，防止恐怖分子进入美国制造恐怖事件。

十一月

3日，美国总统布什称不断出现的炭疽病例是美国继“9·11”事件后受到的“第二轮恐怖袭击”。

6日，美联储今年以来连续第10次降息，将联邦基金利率从2.5%下调到2%，为1961年9月以来的最低水平，同时将贴现率从2%降到1.5%。

微软公司反垄断案中作为原告的18个州中有9个州同意接受微软公司与美国司法部达成的调解协议。

11日，布什在纽约世贸中心倒塌现场参加了追悼“9·11”事件遇难者活动。这次事件中有3748人失踪，599人被证实死亡。

12日，美国航空公司一架空中客车A-300型客机在纽约昆斯岛失事坠毁，机上255人全部丧生。

13日，美国宣布将在今后10年内把其核弹头数量从目前的7013枚减少到1700—2200之间；俄罗斯表示准备削减2/3的核弹头，使其数量控制在2000枚以内。

16日，美国参议院通过了一项旨在加强机场和飞机安全的航空安全法案；19 日，布什总统签署了该法案。

25 日，位于美国马萨诸塞州伍斯特的先进细胞技术公司宣布首次利用克隆技术培育出人类早期胚胎。国际社会对此反应强烈，布什呼吁参院通过禁止克隆人法案。

26 日，布什在白宫发表讲话时，首次把可能开发并利用大规模杀伤性武器，并以此威胁他国的国家列入打击恐怖主义的考虑范围。

美国全国经济研究所宣布，美国经济从今年 3 月份起已经陷入衰退。

美国中东特使津尼和助理国务卿伯恩斯开始对以巴争端进行新一轮的外交斡旋。

十二月

3 日，美国进行国家导弹防御系统计划的第五次拦截试验，并获得成功。

4 日，经过两天的印美“防务政策小组”会谈，美国同意接受印度提出的七项购买美制武器装备的要求。

布什首次表示美国可能对阿富汗以外地区运用武力，打击恐怖主义。

5 日，美国和俄罗斯宣布已经把核弹头及其运载工具数量削减到美苏《第一阶段削减战略武器条约》规定的数额。

道指重上万点大关，以 10114.29 点报收；纳指跃上 2000 点，收于 2046.84 点。

7 日，美国政府通过其设在哈瓦那的利益办事处向古巴外交部递交了外交照会，对本月 4 日“米歇尔”飓风给古巴造成的人员伤亡和财产损失表示关切和慰问，并愿意提供人道主义援助。

10 日，美联储决定将利率再次下调 0.25 个百分点，这使美国的这两项利率分别下降到1.75%和1.25%。

11日，美国国务卿鲍威尔结束对欧洲和中亚的五天访问。

13日，布什不顾国际社会的强烈反对，宣布美国决定退出美苏1972年签署的《反弹道导弹条约》。

美特种部队抵达托拉博拉地区，对本·拉登及其支持者隐藏的洞穴发动地面进攻。

14日，美国国防部决定取消已经开发了近十年的海军导弹防御系统，因为该系统耗资过多，而且许多技术问题没有解决。

16日，古巴从美国进口的第一批价值300万美元的食品运抵哈瓦那港。这是古美之间40年来的第一次贸易往来。

17日，美国“奋进”号航天飞机在肯尼迪航天中心降落。

古巴领导人卡斯特罗说，古巴将“破例”向美国购买食品和药品，作为对美国政府“善意举动”的回应。

19日，美国表示索马里可能成为美国打击国际恐怖主义行动的一个“潜在”目标，因为索马里曾是“基地”组织负责人活动的地方。

20日，美国国会通过了总额为3180亿美元的2002财年军费预算，比上一年度增加了270亿美元。

25日，人民日报报道，美国政府已经批准向印度出售以色列隼式早期雷达预警系统。

27日，哈瓦那30万群众抗议美国“纵容和鼓励古巴非法移民”的《古巴情况法》。

布什总统签署命令，正式宣布给予中国永久正常贸易关系地位。

28日，布什发誓将本·拉登绳之以法。

29日，古巴强烈谴责美国近日对1998年9月逮捕的5名古巴人做出的“不公正”判决，并授予这5名同胞“共和国英雄”称号。